안양대HK+
동서교류문헌총서
15

시나이 아랍어 필사본 154 역주
최초의 아랍어 그리스도교 변증서

안양대학교 신학연구소
안양대HK+ 동서교류문헌총서 15
시나이 아랍어 필사본 154 역주
최초의 아랍어 그리스도교 변증서

초판인쇄 2025년 9월 12일
초판발행 2025년 9월 15일

지은이 미상
번역 및 주해 정예은

펴낸곳 동문연
등 록 제2017-000039호
전 화 02-705-1602
팩 스 02-705-1603
이메일 gimook@gmail.com
주 소 서울특별시 용산구 청파로 40, 1602호 (한강로3가, 삼구빌딩)

값 30,000 원 (* 파본은 바꾸어 드립니다.)

ISBN 979-11-990374-6-5 (94230)
ISBN 979-11-974166-0-6 (세트)

* 이 저서는 2019년 대한민국 교육부와 한국연구재단의 HK+사업의 지원을 받아 수행된 연구임
 (NRF-2019S1A6A3A03058791).

시나이 아랍어 필사본 154 역주

최초의 아랍어 그리스도교 변증서

지은이 미상

정예은 번역 및 주해

동문연

발간에
즈음하여

안양대학교 신학연구소의 인문한국플러스(HK+) 사업단은 소외·보호 분야의 동서교류문헌 연구를 2019년 5월 1일부터 수행하고 있다. 다시 말하여 그동안 소외되었던 연구 분야인 동서교류문헌을 집중적으로 연구하면서, 동시에 연구자들의 개별 전공 영역을 뛰어넘어 문학·역사·철학·종교·언어를 아우르는 공동연구를 진행하고 있다. 서양 고대의 그리스어, 라틴어 문헌이 중세 시대에 시리아어, 중세 페르시아어, 아랍어 등으로 어떻게 번역되었고, 이 번역이 한자문화권으로 어떻게 수용되었는지를 추적 조사하고 있다.

또한 체계적으로 연구하기 위해서 동서교류문헌을 고대의 실크로드 시대(Sino Helenica), 중세의 몽골제국 시대(Pax Mongolica), 근대의 동아시아와 유럽(Sina Corea Europa)에서 활동한 예수회 전교 시대(Sinacopa Jesuitica)로 나누어서, 각각의 원천 문헌으로 실크로드 여행기, 몽골제국 역사서, 명·청 시대 예수회 신부들의 저작과 번역들을 연구하고 있다. 이제 고전문헌학의 엄밀한 방법론에 기초하여 비판 정본을 확립하고 이를 바탕으로 번역·주해하는 등등의 연구 성과물을 순차적으로 그리고 지속적으로 총서로 출간하고자 한다.

본 사업단의 연구 성과물인 총서는 크게 세 가지 범위로 나누어 출간될 것이다. 첫째는 "동서교류문헌총서"이다. 동서교류문헌총서는 동서교류에 관련된 원전을 선정한 후 연구자들의 공동강독회와 콜로키엄 등의 발표를 거친 다음 번역하고 주해한다. 그 과정에서 선정된 원전 및 사본들의 차이점을 비교 혹은 교감하고 지금까지의 연구에 있어서 잘못 이해된 것을 바로잡으면서 번역 작업을 진행하여 비판 정본과 번역본을 확립한다. 그런 다음 최종적으로 그 연구 성과물을 원문 대역 역주본으로 출간하는 것이다.

둘째는 "동서교류문헌언어총서"이다. 안양대 인문한국플러스 사업단은 1년에 두 차례 여름과 겨울 동안 소수언어학당을 집중적으로 운영하고 있다. 이 소수언어학당에서는 고대 서양 언어로 헬라어와 라틴어, 중동아시아 언어로 시리아어와 페르시아어, 코카서스 언어로 아르메니아어와 아제르바이잔어와 조지아어, 중앙아시아 및 동아시아 언어로 차가타이어와 만주어와 몽골어를 강의하고 있는데, 이러한 소수 언어 가운데 우리나라에 문법이나 강독본이 제대로 소개되어 있지 않은 언어들의 경우에는 강의하고 강독한 내용을 중점 정리하여 동서교류문헌언어총서로 출간할 것이다.

셋째는 "동서교류문헌연구총서"이다. 동서교류문헌연구총서는 동서교류문헌을 번역 및 주해하여 원문 역주본으로 출간하는 과정과 우리나라에 잘 소개되지 않는 소수 언어의 문법 체계나 배경 문화를 소개하는 과정에서 깊이 연구된 개별 저술들이나 논문들을 엮어 출간하려는 것이다. 이 본연의 연구 성과물을 통해서 동서교류의 과거 · 현재 · 미래를 가늠해 볼 수 있고 궁극적으로 '그들'과 '우리'를 상호 교차적으로 비교해 볼 수 있을 것이다.

안양대학교 신학연구소 인문한국플러스 사업단장

곽효석

كلمة ...؛

إن تنقيح مخطوط تاريخي قديم وتصويبه والتحقيق فيه ولاسيما إن كان مخطوطا دينيا –
يُعَدُّ من المهام العسيرة لأيّ باحث يحقِّق فيه؛ وبذلك لقدم المخطوط من حيث كتابة ألفاظه
ومصطلحاته المبهمة أو غير المعجمة أحيانا من جانب، وما قد يكون قد طرأ على المخطوط من
عاديات الزمان محْوًا أو درسًا أو تلفًا أو تحريفًا من جانب آخر، وما قد يتعاور تلك الألفاظ
والمفردات في سياقاتها وتراكيبها وعباراتها من خطأ في الإعراب أو نقص في بنيتها أو اختلاف في
أسلوبها من جانب ثالث.

إضافة إلى قوة ناسخ (ناقل) المخطوط العربي وحذقه بمدى معرفته باللغة العربية وبأساليبها
البلاغية وبأنماطها وبقواعد نحوها وصرفها ومعجمها. ولذا قد نجد جدلا ما لا ينتهي حول بعض
المعاني في مخطوط ما بسبب ناسخه الذي أهمل أو غفل عن كتابة حرف أو إشارة إلى تعديل أو
حذف أو غيره ممّا يقع في عالم المخطوطات التاريخية.

وعليه فإنّ تحقيق المخطوطات القديمة وتنقيحها أمر يتطلّب حذقا وصبرا لا يتمتّع به كثيرٌ من
المحققين التاريخيين؛ ذلك أنّهم قد يقعون في خطأ تاريخي آخر دون قصد منهم. ولذلك كنتُ
أتهيّب كثيرا من التحقيق اللغوي لمخطوط تاريخي خوف الوقوع في مزالق المعاني المؤوّلة أو
المباني المهلهلة، فترميم القديم من المخطوطات القديمة لا يعني تجديده تماما مما أصابه.

وقد طُلِبَ إليَّ أن أتشارك وأتعاون مع باحثة أكاديمية من كوريا الجنوبية تحقِّق في مخطوطات
الفكر المسيحي القديم المدوّنة باللغة العربية – وهي القسيسة Jung Yeeun (يي يون جونغ
). فقد طلبت إليَّ أن أقوم بتصويب مخطوط تاريخي ديني قديم العهد ذي أجزاء ثلاثة؛ اسم
المخطوط (مخطوط جبل سيناء العربية رقم 154). فأدّيت المطلوب بأمانة وصدق ما استطعتُ

إلى ذلك سبيلا؛ فقَوَّمتُ بعض إعوجاج بنيته التركيبية تارة وأسلوبه تارة أخرى، إضافة إلى تصويب الخلل الإملائي أو النحوي أو الصرفي، دون أن أعيّر أو أبدّل من دلالة المعاني أو تفسيرها حسب رأيي فيها؛ فهذا أمر تهيّبته.

غير أنّي حين أنهيت المطلوب وجدت نفسي قد ألمْمتُ بشيء من المعرفة بتاريخ الفكر المسيحي وخصوصا في موضوع مثير للجدل؛ وهو موضوع تثليث الربّ المعروف بين الناس في وقتنا الحالي، فوجدت أن هذا الموضوع لا يزال محل اختلاف ونزاع عميقين بين الأديان السماوية الثلاثة ولا سيما الدين الإسلامي. ويمكن ملاحظة أنّ ثمة مشتركات متفقة بين الإسلام والمسيحية من حيث إنهما كلاهما يؤمنان برب واحد إله واحد خالق واحد؛ بيد أن الاختلاف أو الخلاف قد يتمحور في طبيعة الرسل والأنبياء ووظيفتهم. وإنّ مَن يتصفّح المخطوط المسيحي المذكور أعلاه سوف يجد فيه أبعادا دينية وتاريخية تحكي قصة النبيّ المسيح عيسى عليه السلام، وما قام به من معجزات ربانية فُسّرتْ تفاسير ذات جدل بيننا حتى يومنا هذا.

ولكن وبصورة عامة يمكن أن يشكل المخطوط التاريخي فرصة تاريخية للبشرية أن تضع إيمانها الديني في أعماقها لتتعايش مع الأخرين، وأن يكون فرصة لحوار أديانٍ من أجل الإنسان المعاصر، وأنْ تطوي خلافها ونزاعها الديني تحت ضلوعها كي تنبض القلوب بنبض المحبة والسلام والشعور بالعدل والمساواة في الكرامة الآدمية في كوكبنا الوحيد؛ فكل الأديان اليهودية والمسيحية والإسلامية تؤمن بربّ واحد وخالق واحد، وتؤمن بالجنة والنار، وتؤمن بالعدالة والثواب والعقاب. لا نريد أن يكون نبشنا لما مضى من علوم طواها الزمان هو قدح لزناد الحرب بيننا؛ فهذا ليس من خُلق المؤمنين بالله وبالأنبياء والرسل. وعليه فلنتخذ ما هو مشترك ديني بيننا لنتعايش به متفاهمين متعاونين على إعمار الأرض التي تحترق فسادا وتلوثا بما يقوم به الإنسان نفسه الذي يدعونا إلى الجنة والسعادة الأبدية. وها أنذا المسلم أمد يدي إلى القسيسة المسيحية لنكون معا متسالمين متكاتفين متضامنين من أجلنا وأجل حفدتنا؛ فالخير غاية كل إنسان سَوي القلب والعقل.

إبراهيم محمد نصير جعفر
دولة الكويت 2024

추천의
글

역사적이고 오래된 필사본, 특히 종교사본을 교정하고 바로잡으며 연구하는 일은 필사본 연구자에게 고된 과제입니다. 그 이유는 고사본에서는 단어나 용어가 모호하거나, 자음에 점이 빠진 경우가 발견될 뿐만 아니라, 사본은 오랜 세월을 거치며 지워지거나 마모되고, 심지어 훼손되거나 변형된 영역이 있을 수 있고, 또한 단어와 어휘가 문맥, 구조, 표현 방식에서 문법적 오류, 불완전한 형태의 문장, 문체의 차이를 가진 부문이 있을 수도 있기 때문입니다.

아랍어 사본 필사자가 갖춘 언어에 대한 전문적인 지식, 수사학적 기술, 양식, 언어의 형태와 의미와 사용에 대한 이해 역시 중요한 요인이 될 수 있습니다. 사본의 해석에 대한 끝없는 논쟁은 필사자가 문자를 필사하고, 또 수정하거나 삭제하거나 역사사본 세계에서 발생한 내용을 기록하면서 빠뜨리거나 부주의한 데에서 비롯된 것입니다.

그리고 고사본을 연구하고 교정하는 작업은 많은 역사 연구자들이 갖추기 어려운 전문성과 인내를 필요로 합니다. 왜냐하면 의도하지 않게 또 다른 역사적 오류에 빠질 수 있기 때문입니다. 본인도 역사적 필사본에 대한 언어 연구를 수행하는 데에 적잖이 조심스러웠습니다. 이것은 해석된 의미나 허술한 구조에서 실수를 범하게 될 두려움 때문이었습니다. 그러므로 고

사본을 복원한다는 것은 단순히 손상된 부분을 온전하게 만든다는 것을 의미하지 않습니다.

본인은 한국에 있는 학술 연구원인 정 목사로부터 아랍어로 기록된 고대 기독교 사상에 대한 필사본을 검수해 달라는 요청을 받았습니다. 그녀는 내게 세 부분으로 구성된 고대 종교사본, 시나이 아랍어 필사본 154번이 바르게 교정되었는지를 확인해 달라고 요청하였습니다. 본인은 가능한 정직하고 성실하게 요청을 수행하며 필사본의 구문 구조와 형식에서 문젯거리가 된 것들과 철자와 형태와 의미상 오류를 바로잡았고, 이 과정에서 나의 주관적인 생각에 따라 의미나 그 해석을 변개하지 않으려 노력했습니다. 이것은 내가 조심스러워했던 일이기 때문입니다.

그렇게 본인은 작업을 마치고 나서, 기독교 사상의 역사에 대한 지식을 얻을 수 있었습니다. 특히, 오늘날 사람들 사이에서 논란이 되는 삼위일체 주제에 대해 알게 되었습니다. 이 주제는 천상의 세 종교(유대아교, 기독교, 이슬람을 가리킴), 특히 이슬람에서 여전히 깊은 갈등의 대상입니다. 이슬람과 기독교는 모두 한 주님, 한 하나님, 한 창조주를 믿는 다는 점에서 공통점이 있지만, 그 차이점은 메신저와 예언자의 본질과 이들의 역할에 있습니다. 앞서 언급한 기독교사본을 면밀히 살펴보면, 예언자 그리스도 예수의 이야기, 그리고 오늘날까지 우리 사이에 논란의 여지가 있는 해석을 불러일으킨 예언자 예수가 행하신 신적인 기적들에 대한 종교적, 역사적 측면들을 발견하게 될 것입니다.

이 역사사본은 전반적으로 인류에게 자신의 종교적 신앙을 내면 깊숙이 새기고, 타인과 함께 살아가는 법을 배울 수 있는 역사적인 기회가 될 수 있으며, 뿐만 아니라 현대인을 위한 종교간 대화의 장을 만드는 기회가 될 수 있습니다. 나아가 가슴 속에 종교적 갈등과 분쟁을 묻어 두게 하고, 우리 지구에 존재하는 사랑과 평화, 정의와 인간의 존엄성에 대한 평등을 느끼며

심장을 고동치게 만들 것입니다. 유대아교, 기독교, 이슬람은 모두 한 주님과 한 창조주를 믿으며, 천국과 지옥을 믿으며, 정의와 보상과 형벌을 믿습니다. 우리는 시간에 묻힌 과거의 학문을 파헤쳐 전쟁의 불꽃이 튀는 것을 원하지 않습니다. 이는 하나님과 예언자들과 메신저들을 믿는 신자들의 이 마음이 아닙니다. 그러므로 우리는 공통된 종교적 가치를 받아들여 서로 공생하며 이해하고 천국과 영원한 행복으로 우리를 초대한 인류가 파괴하고 오염시킨 이 땅을 재건하는 데에 서로 협력해야 합니다. 그리고 본인은 무슬림으로서 이제 기독교 목사에게 손을 내밀어 우리와 우리 다음 세대를 위해 평화롭게 어깨를 맞대고 연대하고자 합니다. 선이란 마음과 정신을 막론하고 모든 인간의 목표입니다.

이브라힘 무함마드 나시르 자파르
2024년 쿠웨이트에서

차 | 례

제4부 아랍어 원문

역주자
서문

　시나이 아랍어 필사본 154에 수록된『하나님의 삼위일체적 본성』은 8세기 이슬람 세계 속에서 그리스도교 신앙을 수호하기 위해 아랍어로 작성된 최초의 그리스도교 변증서이다. 저자는 알려져 있지 않으나, 팔레스티나 남부 지역에 거주한 동방교회 수도사로 추정된다. 이 변증서에는 정통 그리스도교 핵심 교리가 놀라울 정도로 잘 집약되어 있다. 이것은 삼위일체, 성육신, 구원, 십자가, 세례 등이 이 변증서의 중요한 주제라는 것으로 알 수 있지만, 사실 삼위일체 하나님, 그리스도의 인류 구원 사건에 대한 진술을 이 변증서 어디서나 찾을 수 있기에 그렇다. 그러므로『하나님의 삼위일체적 본성』은 삼위일체 하나님과 성육신을 통한 그리스도의 구원사에 대한 변증을 목적으로 쓰였다고 할 수 있다.

　『하나님의 삼위일체적 본성』은 전체적으로 그리스도교의 가르침을 성경 이야기 중심으로 논증한 변증서이다. 전체 내용의 약 3분의 2가 성경 인용문으로 구성되어 있으며, 대부분의 인용문에는 저자의 신학적 해석이 더해져 있어 성경 주석과 같은 느낌을 준다. 그리스도교의 신앙과 신학을 변호하는 데 있어 저자가 성경을 최우선으로 삼은 변증 구조는『하나님의 삼위일체적 본성』의 주제와 깊은 연관을 맺고 있다.

　『하나님의 삼위일체적 본성』은 초기 아랍어 그리스도교 변증 문헌의 독특한 특징을 잘 보여준다. 저자는 무슬림들이 사용하는 종교적 관용어와 꾸란의 개념 및 어휘를 적극적으로 차용하여 그리스도교를 참된 종교로 변호한다. 꾸란을 직간접적으로 인용하는 논증 방식은 변증서의 전체 구조와 논리에서 뚜렷하게 드러나며, 이는 비잔티움이나 서방 그리스도교의 변증 방식과 차별화된 신학적 담론을 형성한다.

『하나님의 삼위일체적 본성』은 이슬람 세계 속에서 그리스도교가 자취를 감춘 것이 아니라, 지적인 활력을 유지하며 아랍 그리스도교의 발전을 이룩했던 교회사적인 경험을 반영한다.『하나님의 삼위일체적 본성』은 이슬람이라는 새로운 도전 앞에서도 그리스도인의 정체성과 신앙 고백을 굳건히 지키려는 아랍권 그리스도인들의 노력을 생생히 보여준다. 그들은 대립보다는 화해와 통합을 지향하는 변증을 전개했으며, 이러한 노력은 단순한 신학적 논쟁을 넘어, 그들의 신앙과 삶을 나타낸 귀중한 역사적 기록으로 남아 있다.

특히,『하나님의 삼위일체적 본성』이 시리아어나 헬라어가 아닌 아랍어로 작성되었다는 점은 당시 시대적 상황과 역사적 맥락 속에서 더욱 큰 중요성을 지닌다.『하나님의 삼위일체적 본성』은 아랍어라는 언어적 도구를 통해 그리스도교의 진리를 변호했을 뿐만 아니라, 이슬람 문화권 내에서 그리스도교의 지적이고 신학적인 역량을 보여주는 증거로 자리 잡았다고 볼 수 있다.

본서의 제1부 작품 해제는『하나님의 삼위일체적 본성』이 수록된 시나이 아랍어 필사본 154번(이하 Sinai ar. 154)의 선행 연구 검토, 역사적 맥락, 필사본의 특징, 문헌 구조 및 내용 분석을 체계적으로 다룬다. Ⅰ장은『하나님의 삼위일체적 본성』을 현재 소장하고 있는 성 캐더린 수도원을 소개하여 역사적 맥락을 담고 있다. Ⅱ장은 작품이 포함된 Sinai ar. 154에 대한 전반적인 설명이다. Ⅲ장은 이 작품에 대한 기존 선행 연구들을 검토하고, 작품이 기록된 시대적 배경을 논한다. 또한, 작품의 서지학적 정보를 제공하며, 기록 시기에 대한 학계의 논의를 소개하고, 문헌의 구조와 내용을 분석한다. 본서는『하나님의 삼위일체적 본성』의 구체적인 내용 분석을 다루지 않는다. 이와 관련된 내용은 역자의 석사학위논문을 참고하기 바란다. 마지막으로, Ⅳ장은 작품의 편집 과정과 번역 작업을 설명하며, 고대 문헌이 현대 독자들에게 어떻게 접근 가능하게 되었는지를 기술한다.

본서의 2부와 3부는『하나님의 삼위일체적 본성』의 편집본과 그 번역을 제공한다. 이 변증서는 이집트의 성 캐더린 수도원 도서관에 보관 중인 Sinai ar. 154 필사본 가운데 마지막 부분에 해당한다. 본서는 도서관이 제공하는 디지털화된 필사본 이미지를 저본으로 삼아 완전한 편집본을 작성했고, 이 편집본을 토대로 번역 작업을 수행하였다. 이러한 과정에서 본서는 원문의 의미와 뉘앙스를 최대한 살린 편집본과 번역을 제공하고자 노력했다.

이 과정에서 많은 어려움과 도전이 있었다. 번역에서 직역을 원칙으로 삼고자 하였으나, 이를 우리말로 매끄럽게 옮기려 하다 보니 불가능한 부분이 적지 않았다. 그 결과, 일부 문장이 어색하거나 의역이 되어 본래의 뜻을 온전히 전달하지 못한 점에 대해 아쉬움이 남는다. 또한, 동일한 필사자가 작성했거나 비슷한 시기에 저작된 아랍어 그리스도교 문헌, 혹은 시리아어와 콥트어 등 관련 문헌을 충분히 검토하지 못했으며, 이슬람 문헌에서도 꾸란 외의 자료를 참고하지 못한 한계가 있다. 이러한 부족한 점들은 전적으로 역자의 미숙함으로 독자분들의 양해를 구하며, 향후 연구에서 이러한 점들을 보완할 것을 기약한다.

또한, 본서에서 다루지 못한 부분에 있어 꾸란의 차용 사례를 들 수 있다. 앞서 말했듯 아랍어권 그리스도인 변증가들은 독특한 사유방식을 통해 그리스도교를 변호하면서 논증 과정에서 꾸란을 차용한 바 있다. 역자는 석

사학위논문에서 다룬 사례 외에 본문에서 꾸란이 차용된 사례를 다수 추가
적으로 확인하였다. 이러한 꾸란 차용 사례들은 그 자체로도 방대한 자료를
제공하며, 독립적인 연구 주제로서 다룰 가치가 있다. 그러나 본서에서는
지면의 제약으로 인해 이 내용을 충분히 다루지 못했다. 향후 후속 연구에
서 이 주제를 보다 심도 있게 다루고자 한다.

본서의 출판은 국내 학계에 비교적 생소한 아랍어권 그리스도교 고전인
『하나님의 삼위일체적 본성』을 우리말로 소개할 뿐만 아니라, 본서의 4부에
필사본의 영인본까지 공개함으로써, 동서교류문헌 연구에 새로운 지평을
열었다고 평가할 수 있다. 특히, 전체 원문의 편집본을 완성한 것은 아랍
그리스도교 연구 분야에 학술적 기여를 할 것으로 예상된다. 이를 계기로
국내에서 아랍 그리스도교 연구와 관련 문헌에 대한 관심이 증진되고, 이슬
람과 그리스도교 사이의 종교 담론이 재조명되기를 희망한다. 더 나아가서
이러한 학술적 성과는 아랍−이슬람권 선교에 대한 새로운 접근법을 모색하
는 데 기여할 수 있으며, 현대 그리스도인의 신앙 이해를 심화하고 그들의
신앙 경험을 풍성하게 하는 데 일조할 수 있을 것이다.

본서의 출간은 많은 분들의 도움과 격려가 있었기에 가능했다. 먼저,
본서 간행에 심혈을 기울여 주시고 독자에게 읽을 기회를 마련해 주신 동문
연에 감사를 드린다. 여느 언어보다 복잡하고 까다로운 아랍어 편집에 정성
을 기울여 주신 데 대해 감사의 말씀을 드린다. 연구와 출판을 아낌없이 지
원해 주신 안양대학교 인문한국플러스 사업단에도 감사의 마음을 드린다.
특히, 어려움 속에서도 본서의 기획부터 집필을 독려해 주시고 앞서 이끌어
주신 곽문석 단장님, 원고를 세심히 검토해 주시고 마무리까지 헌신적으로
수고해 주신 김홍일 교수님, 그리고 연구 과정에서 활력을 불어넣어 주신
보조 연구원분들께 감사의 마음을 드린다. 역자의 스승이시며 여러 해 동안
위로와 영감을 주신 장로회신학대학교 서원모 교수님께 감사의 마음을 드

린다. 교수님께서 베풀어 주신 격려와 가르침은 역자의 학문과 삶에 큰 영향을 미쳤으며, 본서는 그 가르침의 작은 결실이다.

아랍어 최종 검수를 맡아 주신 쿠웨이트 대학교 이브라힘 자파르 교수님께 진심으로 감사를 드린다. 2007년 어학 연수 시절부터 이어진 인연 속에서, 교수님은 아랍어에 대한 조언과 격려를 아끼지 않으셨으며, 본서의 편집본과 번역 작업을 완성하는 데 큰 힘이 되어 주셨다. 본서의 일부를 읽고 귀중한 의견을 나누어 주신 여러 아랍 지인들에게도 감사를 드린다. 그 중에서도 하니 마흐무드, 자하라 무함마드, 자심 살만, 그리고 이 출판을 하나님의 귀한 사역으로 여겨 주신 알란 샤피이 목사님과 주반석 목사님께 감사를 드린다. 또한, 역자가 Sinai St. Catherine's Monastery, Arabic 154를 자유롭게 연구하고 본서에 영인본을 실사할 수 있도록 허락해 주신 성 캐더린 수도원과 캘리포니아 주립대학 도서관 시나이 필사본 프로젝트팀에 감사를 드린다. 여러 면에서 아낌없는 도움을 주신 베이루트 세인트조지프 대학교 아랍기독교문헌연구센터의 레나 다바기에게도 감사를 드린다. 그녀는 본서를 위해 음성 표기 파일을 제공했을 뿐 아니라, '아랍어 찾아보기'의 음성 표기를 직접 검토하고 수정해 주었다.

끝으로, 역자를 성도의 길에서 이탈하지 않도록 길러 주신 부모님께 한없는 사랑과 감사를 고스란히 드리고 싶다.

'성 삼위일체 하나님께 영광을!'

2024년 12월 겨울
정예은

일러두기

1 이 편집본은 이집트 시나이의 성 캐더린 수도원 도서관에 소장된 Sinai St. Catherine's Monas-tery, Arabic 154 필사본을 저본으로 삼았고, 『하나님의 삼위일체적 본성』해당하는 부분을 디지털화된 필사본을 통해 직접 확인하여 교감하였다.[1] 한글 번역은 이 편집본을 따랐다.

2 아랍어 원문에는 제목이 기록되어 있지 않다. 최초로 영어와 아랍어 제목을 부여한 인물은 마거릿 깁슨(M. D. Gibson)으로, 영어 제목은 "On the Triune Nature of God," 아랍어 제목은 في تثليث الله الواحد(Fī taṯlīṯ Allāh al-wāḥid)이다. 이 제목은 학계에서 합의된 것은 아니지만, 널리 사용되고 있다. 서원모는 이를 한글로 『하나님의 삼위일체적 본성』으로 번역하였으며,[2] 본서에서도 이 제목을 채택하였다.

3 일반적으로 변증서라는 말이 주는 딱딱하고 강경한 인상과 달리, 이 변증서는 화해와 조화를 강조하는 온화한 어조를 취하며 비교적 자유로운 문체와 구어적 리듬을 유지한다.

4 본서에서 '아랍 그리스도교'(Arab Christianity)란 아랍권 안에서 예수를 그리스도로 믿고 아랍어를 공식언어로 사용하는 교회의 가르침을 의미한다.[3]

5 본서는 역자의 석사학위논문 "최초의 아랍어 그리스도교 변증서 『하나님의 삼위일체적 본성』에 대한 연구" (미간행 신학석사학위논문, 장로회신학대학교, 2023)의 일부분을 수정 · 보완하여 참고한 것이며, 논문에서 사용한 행 번호는 본서에서 유효하지 않다.

6 الله(Allāh)는 유일신을 의미하는 아랍어 표현으로, 본서에서는 이를 '하나님'으로 번역 · 표기하였다.

7 필사본은 원래 장(章)과 절(節) 구분이 없어서 역자가 내용에 따라 구분하고 주제별 제목을 부여하였다. 아랍어 편집본은 아라비아 숫자로 절만 구분되어 있으며, 번역에는 구두점을 추가하였다(제1부 작품 해제의 Ⅳ.4.a.'편집' 참조).

8 번역에서는 독자의 이해를 돕기 위해 아랍어 동사에 포함된 숨은 주어를 명시하였다. 성경 인용

---

1 Sinai Manuscripts Digital Library, "https://sinaimanuscripts.library.ucla.edu/catalog/ark:%2F 21198%2Fz1k950r1," [2024년 9월 9일 접속].

2 S. H. Griffith, *The Church in the Shadow of the Mosque: Christians and Muslims in the World of Islam*, 서원모 역,『이슬람 세계 속 기독교: 초기 아랍 그리스도교 변증가들의 역사 이야기』(서울: 새물결플러스, 2019).

3 아랍어를 사용하고 글을 쓰는 기독교인들의 사상과 저술에 대하여 우리말로 소개된 가장 기본적인 연구는 다음과 같다. S. H. Griffith, *The Church in the Shadow of the Mosque: Christians and Muslims in the World of Islam*, 서원모 역,『이슬람 세계 속 기독교: 초기 아랍 그리스도교 변증가들의 역사 이야기』(서울: 새물결플러스, 2019). 이 책은 그동안 소외되었던 이슬람-기독교 교류사의 전통과 그 학문적 가치를 개관한 중요한 연구서로, 예언자 무함마드(Muḥammad) 시대부터 십자군 전쟁 시대까지 이슬람 세계에 거주했던 시리아어와 아랍어권 기독교인들의 지적 성취와 이슬람 신학적 관점을 조망한다.

구절의 경우에는 예외가 있을 수 있다(제1부 작품 해제의 Ⅳ.4.b.'번역' 참조). 괄호 안 구절은 원문에 없으나 문맥 이해를 돕기 위해 역자가 추가하였다.

9 성경 인용의 출처는 기본적으로 『개역개정』을 따랐으며, 경우에 따라 각주에 예외를 제시하였다. 꾸란의 출처는 파하드국왕꾸란출판청(King Fahd Glorious Qur'an Printing Complex)에서 발행한 『성 꾸란 의미의 한국어 번역』(1996)을 따랐다.

10 아랍어 원문에서 성경 구절은 Smith Van Dyke(SVD)를 기초로 바로잡았다.

11 '찾아보기'에서는 본문에 빈번히 등장하는 아랍어 الله، إله/آلهة، المسيح، رب 및 이에 대응하는 우리말 '하나님', '신', '그리스도', '주님'을 제외하였다.

12 성경 책명과 성경에 나오는 인명과 지명은 『개역개정』을 기준으로 하되, 『새번역』, 『새한글』 등 다른 한글 성경을 참고하였다.

13 본서의 외국어 인명, 지명 및 일반 명사의 표기는 국립국어원의 『외래어 표기법』을 기본으로 하되, 아랍어의 한국어 표기는 한국아랍·아랍문학회의 '문어체 아랍어의 한글 표기 권고안'(2020)을 따랐다('꾸란', '칼리프', '아슈아르'는 예외). 아랍어의 로마자 표기는 아랍기독교문헌연구센터(Center de documentation et de recherches arabes chrétiennes)에서 제공한 음성번역표기 기준을 따랐다.[4] 본서의 로마자 표기에서는 다음과 같은 원칙을 적용하였다. 함자(ء)는 단어 시작 부분에서 표기하지 않으며, 타 마르부타(ة)는 어말에서 'ah'로, 그 뒤에 격어미나 접미사가 붙으면 'at'로 표기한다. 정관사(ال)는 다음에 오는 자음과의 동화 여부에 관계없이 항상 'al-'로 표기한다. 아랍어 인명은 사미르 신부(Fr. S. K. Samir)가 사용하는 표기를 따랐다(Kemal은 예외). 꾸란 주석가의 인명은 널리 사용되고 있는 표기를 채택하였다. 고대 시대 인명과 지명의 경우 한국교회사학회의 '교회사 인명·지명'(2019) 통일 규정을 따랐으며, 한국교부학연구회의 『교부학 인명·지명 용례집』(2008)을 함께 참고하였다. 자세한 내용은 아래의 〈아랍어 음성번역표기 일람표〉를 참조하기 바란다.

---

4 아랍기독교문헌연구센터의 음성번역표기법은 널리 알려져 있는 관례적 표기법으로, 해당 분야의 연구자들에 의해 많이 활용되고 있다.

〈아랍어 음성번역표기 일람표〉

	아랍어 문자	로마자	한글 표기		아랍어 문자	로마자	한글 표기	
			모음 앞	자음 앞·어말			모음 앞	자음 앞·어말
자음	ء	ʼ	-	-	ض	ḍ	ㄷ	드
	ب	b	ㅂ	브, ㅂ	ط	ṭ	ㅌ	트
	ت	t	ㅌ	트	ظ	ẓ	ㅈ	즈
	ث	ṯ	ㅅ	스	ع	ʻ	-	-
	ج	ǧ	ㅈ	지	غ	ġ	ㄱ	그
	ح	ḥ	ㅎ	흐	ف	f	ㅍ	프
	خ	ḫ	ㅎ	흐	ق	q	ㅋ	크, ㄱ
	د	d	ㄷ	드	ك	k	ㅋ	크, ㄱ
	ذ	ḏ	ㄷ	드	ل	l	ㄹ, ㄹㄹ	ㄹ, ㄹㄹ
	ر	r	ㄹ	르	م	m	ㅁ	ㅁ, 므
	ز	z	ㅈ	즈	ن	n	ㄴ	ㄴ, 느
	س	s	ㅅ	스	ه	h	ㅎ	흐, -
	ش	š	ㅅ	슈, 시	و	w	우	우
	ص	ṣ	스	스	ي	y	이	이
모음	ـَى/ـَا، ـَ	a, ā	아					
	ـِي، ـِ	i, ī	이					
	ـُو، ـُ	u, ū	우					

제1부

———

작품 해제

하나님의 삼위일체적 본성

8세기 이슬람 세계에서 저술된 시나이 아랍어 필사본 154는 최초의 아랍어 그리스도교 변증서로 알려져 있다. 이 문헌은 이집트 시나이 반도의 성 캐더린 수도원에서 발견되었으며, 아랍어로 기록된 필사본의 형태로 현재까지 이 수도원 도서관에 보존되고 있다. 원문에는 제목이 명시되어 있지 않으나, 현재 통용되는 제목은 마거릿 던롭 깁슨(M. D. Gibson)이 후대에 부여한 것이다. 영어로는 "On the Triune Nature of God," 아랍어로는 في تثليث الله الواحد(Fī taṯlīṯ Allāh al-wāḥid)로 명명되었다.[1] 한글 제목 『하나님의 삼위일체적 본성』은 서원모의 번역을 따른 것이다.[2]

『하나님의 삼위일체적 본성』은 이슬람 지배하에 있던 그리스도교 공동체가 자신들의 신앙을 어떻게 이해하고 표현했는지를 보여주는 중요한 사료이다. 특히, 당시 아랍권 교회가 직면했던 도전과 그 속에서 신앙을 수호하려는 노력을 엿볼 수 있는 귀중한 역사적 자료로 평가된다. 또한, 이 문헌은 이슬람교와 그리스도교 간의 초기 종교 대화의 사례를 제시하며, 현대 종교 간 대화에도 의미 있는 통찰을 제공한다.

---

1 그러나 이 제목은 아직까지 학계에서 합의된 제목은 아니며, 깁슨이 이 명칭을 어디에서 부여했는지에 대해서는 여전히 학자들 사이에서 의문이 남아 있다. 그럼에도 불구하고 학계는 여전히 "On the Triune Nature of God"이라는 제목을 사용하고 있다. 본서에서도 『하나님의 삼위일체적 본성』을 사용한다.

2 S. H. Griffith, 『이슬람 세계 속 기독교』.

I. 성 캐더린 수도원(Saint Catherine's Monastery)

성 캐더린 수도원은 세계에서 가장 오래된 수도원으로 알려져 있다. 비잔티움 황제 유스티니아누스 1세(Justinian I, 482-565)의 재위 시기(527-565)에 설립된 이후부터 지금까지 수도원 기능을 지속했다.[3] 수도사 공동체는 고대의 삶의 방식을 따르며 독서와 기도를 위한 시간을 포함한 일상 예배의 순환을 유지했다. 그러나 성 카라티나 수도원 지역에 정착이 이루어진 역사를 들여다보면, 수도원 내부에 있는 불타는 덤불(Burning Bush)[출 3:2참조]을 중심으로 3세기까지 거슬러 올라갈 수 있다.

성 캐더린 수도원은 파괴된 적이 없고 설립된 원형 그대로 보존되었기 때문에 역사, 문화, 종교, 관광 등 다양한 측면에서 중요한 의미를 지닌다. 대표적으로 수도원이 소유한 2000개 이상의 성화는 8-9세기 성상 파괴 운동 이전 시대의 매우 희귀한 납화 기법으로 그려졌으며 비잔티움 유산의 보고로 남아있다.[4] 6세기에 건립된 이후 2002년 이 지역은 종교적 건축물, 문화적 유산, 종교 다양성의 모습을 반영했다는 기준이 적용되어 유네스코 세계유산에 관광명소로 등재되었다(WHC-02/CONF.202/25).

성 캐더린 수도원 도서관은 3,300개의 필사본이 보관되어 있다. 이 중 3분의 2는 그리스어로 쓰였다. 나머지는 아랍어, 시리아어, 조지아어, 슬라브어, 폴란드어, 히브리어, 에티오피아어, 아르메니아어, 라틴어, 페르시아어 등을 포함한 13개의 언어로 되어있다. 이들 필사본은 4세기부터 19세기까지의 기간에 걸쳐 만들어졌다. 여기에 1975년 수도원에서 발견된 새로운 사본(New Finds) 약 1,100개를 포함하면, 현재 도서관이 소장하는 필사

---

3 Alice-Mary Talbot, "An Introduction to Byzantine Monasticism," *Illinois Classical Studies* 12/1 (1987), 240.

4 United Nations Educational, Scientific and Cultural Organization World Heritage Convention, https://whc.unesco.org/archive/decrec02.htm, [2024년 9월 9일 접속].

본은 모두 4,559개에 달한다. 대부분의 필사본은 예배용 혹은 수도생활의 가르침과 영감을 주는 그리스도교 작품들이다.

성 캐더린 수도원은 캘리포니아 주립대학 도서관(University of California at Los Angeles Library, UCLA Library)과 초기사본 전자도서관(Early Manuscripts Electronic Library)과 협력하여 시나이사본디지털도서관(Sinai Manuscripts Digital Library, SMDL)을 구축하였다. 이 프로젝트는 수도원이 소장하고 있는 4,559개의 필사본을 디지털화하여 웹사이트에 공개하는 것을 목표로 한다. 2018년 2월에 아랍어와 시리아어 필사본 1,172개의 디지털화 작업이 시작되었으며, 이 과정에서 『하나님의 삼위일체적 본성』이 포함된 아랍어 필사본도 디지털화되어 온라인에서 확인할 수 있게 되었다. 시나이사본 디지털 도서관 프로젝트는 그리스어, 조지아어, 슬라브어 및 기타 언어로 작성된 필사본 3,387개의 디지털화 작업도 예정되어 있다.

Ⅱ. 시나이 아랍어 필사본 154번

고문서학(paleography)의 연구에 따르면, 시나이 아랍어 필사본 154번 (이하 Sinai ar. 154)은 8세기 말에서 9세기 초에 기록된 것으로 추정한다. 이 필사본은 가로 13cm, 세로 18cm, 높이 5cm 정도 크기의 양피지 묶음으로 된 코덱스(codex) 형태 총 140장(ff. 1r-139v)[5] 분량에 쿠피체(장방형 서체)[6]

---

5 여기서 ff. 1r-139v가 139장이 아닌 140장이 되는 이유는 24번 장이 중복(f. 24ar, f. 24av, f. 24br f. 24bv)되었기 때문이다. 또한 '장(長)'은 folio의 번역이며, '면(面)'은 folio의 앞면(recto) 과 뒷면(verso)를 구분하여 나타낸 것이다.

6 쿠피체(Kufic)는 가장 오래된 아랍어 서체로 초기 이슬람 세계의 수도이자 지금의 이라크(Iraq) 의 도시 쿠파(Kufa)에서 유래되었다고 알려져 있다. 이슬람 미술 분야의 세계적인 학자인 실라 블레어(Sheila S. Blair)는 Kufic이란 말이 동방학자이자 루터교 목사로 슐레스비히(Schleswig) 의 총감독자 제이컵 애들러(Jacob G. C. Adler, 1756-1834)에 의해 서양 학자들에게 소개되었

로 내용이 기록되어 있다. 앞부분과 뒷부분이 결락되었는데, 그 중 16장은 프랑스국립도서관(The Bibliothèque nationale de France, BnF)에 소장된 **Arabe** 6725, ff. 28r–35v 로 밝혀졌지만, 나머지 부분의 소재는 모른다.[7]

Sinai ar. 154필사본은 삼부(三部)로 구성되어 있지만, 단일한 저작본이 아닌 개별적 텍스트들을 한데 모아 묶은 서책(書冊)으로 볼 수 있다. 첫째 부분은 사도행전, 야고보서, 베드로전서, 베드로후서, 요한1서, 요한2서, 요한3서, 그리고 유다서를 포함한 신약 성경이다.[8] 둘째 부분은 사막 교부들의 금언집에서 발췌된 내용이며, 마지막 셋째 부분은 이 연구의 대상이 되는 변증서이다. 전체 140장(ff. 1r-139r) 중 첫째 부분인 신약 성경은 97장 반(ff. 1r-97r)을 차지하고, 둘째 부분인 사막 교부들의 금언집의 일부 내용은 1장(ff. 97v-98r)을 차지하며, 마지막 변증서인 셋째 부분은 41장(ff. 99r-139v)을 차지하고 있다.[9]

첫째 부분의 마지막 면 f. 97r에는 부기(附記)가 기록되어 있으며, 여기에는 필사자가 수도사 무사(موسى الراهب, Mūsā al-rāhib)라고 쓰여 있으나, 필사 날짜와 장소 등 추가적인 정보는 제공되지 않고 있다. 필사자는 적어도 두

다고 언급했다. 그녀의 주장은 이 서체가 특정한 시대나 장소에서 사용된 특유의 서체가 아니라 초기 이슬람 시대에 꾸란 필사용으로 사용된 각진 스타일(angular style)을 지칭하는 서체로 받아들여야 한다는 것이다. 여기에 대한 자세한 논의와 이슬람 서체에 대해서는 Sheila S. Blair, *Islamic Calligraphy* (Edinburgh: Edinburgh University Press, 2006)를 참고하라.

7 S. K. Samir, "The Earliest Arab Apology for Christianity (c. 750)," in *Christian Arabic Apologetics during the Abbasid Period (750-1258)*, ed. Samir Khalil Samir and Jørgen S. Nielsen, 57-114, Studies in the History of Religions, vol. 63 (Leiden: Brill, 1994), 59. 역자는 BnF Arabe 6725의 장들이 변증서의 결락된 부분에 해당하지 않음을 확인했다.

8 사도행전, 베드로전서, 요한1서를 제외한 야고보서, 베드로후서, 요한2서, 요한3서, 유다서는 초대 교회에서 정경(Canon)으로 인정받는 데 논란이 되었다.

9 기존 연구에서는 f. 98v에 대한 논의가 이루어지지 않았다. 해당 면은 필체와 서지적 특성으로 미루어 볼 때 본문과의 직접적인 연속성이 없는 삽입물로 추정되며, 이에 대한 정밀한 분석은 추후 과제로 남겨두고자 한다. 역자는 이 면에서 "유대아 사람들"(اليهود), "토라"(التوراة) 등 그리스도교적 어휘를 확인하였다.

명 이상이라고 보는 것이 학자들의 일반적인 견해다.[10] 본문의 필체를 살펴보면 첫째와 둘째 내용을 기록한 필사자는 동일한 사람이며, 다른 필사자가 셋째 내용을 가늠해 볼 수 있다. 셋째 내용 변증서의 후반부에서는 다시 첫째 필사자의 필체가 나타나기도 한다. 한편, 필사 장소에 대해 두 가지 가능성이 있다. 하나는 성 캐더린 수도원이고, 다른 하나는 예루살렘 남부에 위치한 마르 사바 수도원(the Monastery of Mar Saba) 또는 마르 카리톤 수도원(the Monastery of Mar Khariton) 중 하나이다.[11]

Sinai ar. 154 필사본의 마지막 페이지

Sinai Manuscripts Digital Library, a publication of St. Catherine's Monastery of the Sinai in collaboration with EMEL and UCLA. sinaimanuscripts.library. ucla.edu

1. 목록집(Catalogue)

성 캐더린 수도원을 탐사한 사본전문연구가들은 수도원의 필사본들을 발견하고 연구하며, 이에 대한 결과물을 여러 차례에 걸쳐 목록집으로 출판했다. Sinai ar. 154가 담긴 목록집을 출판 순서대로 정리해 보면 아래와 같다.

---

10 Miriam L. Hjälm, "A Paleographical Study of Early Christian Arabic Manuscripts," *Collectanea Christiana Orientalia* 17 (2020), 48을 참조하라.

11 S. K. Samir, "The Earliest Arab Apology," 59.

· Margaret D. Gibson, *Catalogue of the Arabic Mss. In the Convent of S. Catherine on Mount Sinai*, Studia Sinaitica 3, (London: C.J. Clay and Sons, 1894), 22.

· Kenneth W. Clark, *Checklist of Manuscripts in St. Catherine's Monastery, Mount Sinai: Microfilmed for the Library of Congress, 1950*, (Washington: Library of Congress Photoduplication Service, 1952), 33.

· Aziz S. Atiya, *Arabic Manuscripts of Mount Sinai: A Handlist of the Arabic Manuscripts and Scrolls Microfilmed* (Baltimore: Johns Hopkins Press, 1955), 6.

· _____, *Catalogue Raisonné of the Mount Sinai Arabic Manuscripts: Complete Analytical Listing of the Arabic Collection Preserved in the Monastery of St. Catherine on Mt. Sinai*, vol. 1, trans. Joseph N. Youssef (Alexandria: al-Maʿārif, 1970), 296-298.

· Murad Kamil, *Catalogue of All Manuscripts in the Monastery of St Catharine on Mount Sinai* (Otto Harrassowitz, 1970), 16.[12]

이들 중 가장 이른 시기에 출간된 마거릿 깁슨(M. D. Gibson, 1843-1920)의 1894년 목록집과 케네스 클라크(K. W. Clark, 1903-1983)의 1952년 목록집은 Sinai ar. 154를 기록하고 있으나, 『하나님의 삼위일체적 본성』에 대해서는 언급하지 않는다. 깁슨은 해당 필사본이 앞부분과 뒷부분이 결락되어 있음을 지적하며, 그 내용을 "πράξεις τῶν ἀποστόλων καὶ αἱ καθολικαὶ ἐπιστολαί"(사도행전과 공동서신)으로 기술한다. 클라크 역시 이 사본을 "Acts and Epistles"(사도행전과 사도서신)으로만 간략히 분류한다.

---

12 아티야(Atiya Aziz)의 목록집에서 추가된 항목이 없다.

반면, 아지즈 아티야(A. S. Atiya, 1898-1988)와 무라드 카밀(Murad Kamil, 1907-1975)의 목록집에서는 Sinai ar. 154의 전체 내용을 상세히 기록하고 있다. 다음은 아티야의 목록집에 수록된 Sinai ar. 154에 대한 기술이다:

154. Acts and Epistles. ca. 8th-9th cent.

A. D. 139f. 18 x 12 cm. Parchment.

Acts, Catholic Epistles, Apophthegmata

selected from the Paradise of the Fathers,

and an anonymous sermon[13].

또한 아티야가 출판한 목록집은 깁슨의 목록을 보완하여 보다 상세한 필사본 목록을 제공한다. 아티야는 깁슨이 누락한 아랍어 필사본들을 추가했으며, 서문에서는 1950년 수도원 도서관 탐사와[14] 목록 작성 과정에 대한 설명을 덧붙여 선행 연구를 파악하게 해준다. 이러한 점에서 아티야의 목록집은 성 캐더린 수도원의 아랍어 필사본을 체계적으로 정리한 중요한 자료로 평가할 수 있다.

---

13 연구 초반에 『하나님의 삼위일체적 본성』은 설교 또는 신학적인 글 정도로 알려졌다.

14 1949년, 미국 의회도서관(Library of Congress)과 인간연구재단(American Foundation for the Study of Man)은 이집트 시나이 반도에 위치한 성 캐더린 수도원 도서관 소장 필사본 및 문서들을 마이크로필름화하는 대규모 프로젝트를 공동으로 실시하였다. 준비 과정을 거친 뒤, 1950년 1월부터 6개월간 수도원 도서관에서 현지 조사를 진행했으며, 이는 전체 소장 자료의 약 절반을 대상으로 이루어졌다. 이 프로젝트를 통해 총 12개 언어에 걸쳐 약 200만 장의 마이크로필름 이미지가 제작되었고, 그 중에서도 그리스어 및 아랍어 필사본이 가장 큰 비중을 차지하였다. 이 사업은 수도원이 소장한 귀중한 문헌들을 보존하는 동시에, 전 세계 학계가 해당 자료에 보다 용이하게 접근할 수 있도록 기반을 마련했다는 점에서 중요한 의의를 지닌다.

Ⅲ. 하나님의 삼위일체적 본성

이제 『하나님의 삼위일체적 본성』을 구체적으로 살펴보자. 먼저 이 필사본을 간략히 소개한 후 선행 연구를 정리하고, 역사적 배경을 살펴보고, 서지 사항을 다루며 그 중 중요한 논의인 기록 시기를 알아볼 것이다. 마지막으로 작품의 구조와 내용을 분석할 것이다.

『하나님의 삼위일체적 본성』은 8세기 중세 아랍어 필사본으로, 저자 미상의 최초 아랍어 그리스도교 변증서이다. 우리는 학문적 논의를 통해 변증서의 저자가 8세기의 시리아 수도사였을 것으로 추정한다. 저자는 그 당시 이슬람의 도전에 대응하여 그리스도인의 신앙을 변증하기 위해 작품을 저술했다. 우리는 이 변증적 작품 속에서 가장 간결하고 명확한 그리스도교의 신앙 고백을 발견할 수 있다.

『하나님의 삼위일체적 본성』은 이본이 존재하지 않기 때문에 현재까지 연구는 우리가 확인할 수 있는 유일한 Sinai ar. 154 필사본에 집중되어 진행되었다. 이 필사본을 최초로 발견한 학자는 마거릿 깁슨이다. 깁슨의 연구 이후 『하나님의 삼위일체적 본성』에 대한 연구를 심화한 대표적인 연구자로는 제임스 렌달 해리스(J. Rendel Harris, 1852-1941), 사미르 할릴 사미르(Samir K. Samir), 마크 스완슨(Mark N. Swanson), 시드니 그리피스(S. H. Griffith)가 있다.

1. 선행 연구

『하나님의 삼위일체적 본성』 연구는 1893년 마거릿 깁슨이 이집트 성 캐더린 수도원에서 Sinai ar. 154를 발견한 것이 그 시작점이다. 깁슨은 그 당시 상황을 이렇게 묘사했다. "1893년에 (성 캐더린 수도원) 수도사들이 대주교의 지시에 따라 우리의 작업을 위해 배정된 방으로 올라가는 계단 아래에 있는 작은 벽장에서 가져온 첫 열 두 권의 책 중 하나였습니다."[15]

  깁슨은 1899년 이 필사본의 편집본과 영어 번역을 출판했다.[16] 비록 해당 출판물에는 해제와 주석이 충분하지 않고, 편집본 또한 원문과 비교할 때 일부 누락이 있다는 점에서 아쉬움이 남지만, 그녀의 이 업적은 『하나님의 삼위일체적 본성』이 지속적으로 연구되는 데에 기여하였고, 이 작품이 중세 아랍어 및 아랍 그리스도교 연구에서 중요한 문헌으로 자리매김하는 데에도 중요한 역할을 하였다. 서문에서 깁슨은 이 작품을 신학적 소고(a theological treatise)로 언급했으며, 영어 제목 "On the Triune Nature of God"과 아랍어 제목 في تثليث الله الواحد을 함께 제시하였다. 성경, 외경, 꾸란의 인용 출처가 편집본의 여백에 표기되어 있으며, 편집 스타일은 필사본의 원문과 거의 동일하다. 그녀의 출판물은 여전히 많은 학자들에게 인용되고 있다.

  『하나님의 삼위일체적 본성』을 학문적으로 연구한 최초의 학자는 제임스 렌달 해리스(J. Rendel Harris)이다. 해리스는 깁슨의 책을 검토하며 그녀가 붙인 제목 대신 새로운 제목인 *Contra Muhammedanos*(무슬림에 반대하여)를 제안했다. 그는 깁슨의 연구가 개괄적인 수준에 머물렀다고 비판하며 새로운 작품 분석을 시도했지만, 주로 작품에 포함된 증거본문집(*Testimonia*)[17]을 중심으로 분석을 진행했다. 해리스는 작품이 초대 변증가들의 반유대아교 문헌(anti-judaic literature)과 유사하며, 그리스도교를 무슬림에게 설득하려는 노력의 결과물이라고 주장했다.[18] 그는 초기 교부들의 유대아인에 반

---

15 M. D. Gibson, *An Arabic Version of the Acts of the Apostles and the Seven Catholic Epistles, with a Treatise on the Triune Nature of God*, Studia Sinaitica 7 (London: C. J, Clay and Sons, 1899), v.

16 위의 책, 74-107(아랍어), 2-36(영어).

17 '테스티모니아'(*Testimonia*)는 초기 그리스도인들이 기독교 신앙, 특히 그리스도에 관한 교리적 진리를 입증하기 위해 성경 구절을 주제별로 수집·편집했다는 가설이다. 이렇게 엄선된 구절 모음은 주로 변증과 논쟁 목적으로 활용되었다고 알려져 있다.

18 J. R. Harris, "A Tract on the Triune Nature of God," *American Journal of Theology* 5

대한 변증서, 유대아인과의 대화, 증거본문집의 형식이 이 작품에서 발견
된 예를 분석하여 관련된 논의의 틀을 제시했다.[19] 해리스의 증거본문집에
대한 논의를 심화한 연구자로는 마크 스완슨(M. N. Swanson)과 데이비드 베
르타이나(David Bertaina)가 있다.[20] 이들은 『하나님의 삼위일체적 본성』이 구
약 성경을 활용하여 그리스도의 생애와 사역을 증언한다는 점을 강조했다.
또한 사미르 역시 이 작품의 후반부(ff. 111v–139v)가 증거본문집의 형식을 취
하고 있으며, 이를 통해 그리스도의 신성과 성육신, 십자가 사건과 죽음을
증언한다고 지적한 바 있다.[21]

　　『하나님의 삼위일체적 본성』이 본격적인 학계의 관심을 받은 것은 1988
년 이후의 일이다. 1988년 9월 1일, 루뱅 라 뇌브(Louvain-la-Neuve)에서 개
최된 국제 아랍 그리스도교 학술대회에서 사미르는 이 작품을 학계에 소개
했다.[22] 이후 발표한 논문에서 사미르는 깁슨의 편집본의 문제점을 지적하
며 작품을 체계적으로 분석했다. 그는 깁슨의 편집본을 보완 및 수정하고
현대 아랍어의 형태로 교정된 원문을 추가했으며 작품의 구조와 내용에 대
한 해설과 충실한 각주 등을 제공했다. 아쉽게도 이 논문은 작품의 일부만

(January 1901), 75-86; J. R. Harris, with the assistance of Vacher Burch, *Testimonies*,
vol. 1 (London: Cambridge University Press, 1916), 39-51. 해리스가 언급한 변증가들로는
2세기 순교자 유스티누스(Justin, the martyr), 아리스톤(Ariston), 이레나이우스(Irenaeus of
Lyons), 테르툴리아누스(Tertullian), 키프리아누스(Cyprian of Carthage) 등이 있다.

19 J. Rendel, *Testimonies*, 2 vols. (London: Cambridge University Press, 1916-1920);
Martin C. Albl, *"And Scripture Cannot Be Broken": The Form and Function of the Early
Christian Testimonia Collections* (Leiden: Brill, 1999).

20 Mark N. Swanson, "Beyond Prooftexting (2): The Use of the Bible in Some Early
Arabic Christian Apologies," in *The Bible in Arab Christianity* (Leiden: Brill, 2007), 91-
112; David Bertaina, "The Development of Testimony Collections in Early Christian
Apologetics with Islam," in *The Bible in Arab Christianity*, ed. David Thomas (Leiden:
Brill, 2007), 162-167.

21 S. K. Samir, "The Earliest Arab Apology," 65.

22 S. K. Samir, "Une apologie arabe du christianisme d'époque umayyade?" *Parole de
l'Orient* 16 (1990-91), 85-106.

을 다루고 있지만,[23] 사미르는 이전까지는 알 수 없었던 작품의 기록 시기를 추정할 수 있는 숫자를 원문에서 발견하는[24] 등 이 작품에 대한 심도 있는 논의를 촉진시켜 대중의 주의를 환기시키는 데 커다란 공헌을 세웠다. 사미르는 해당 논문에서 이 작품을 변증서(apology)로 규정하고, 저자가 꾸란을 수용하며 이를 그리스도교 신앙의 변증에 활용하고 있음을 강조하였다. 또한 아랍 그리스도교 변증 문학의 발전 과정에서 초기 단계의 특징을 제시하며 작품이 아랍 그리스도교 초기 변증 문학에 해당하는 작품임을 밝혔다. 이후 이 작품의 연구에서 가장 중점이 되는 주제는 변증이 되었다. 사미르 이후로 『하나님의 삼위일체적 본성』을 개별적으로 다룬 연구는 현재까지 나오지 않았다. 현재까지 이 변증서의 본문에 대한 연구는 깁슨의 편집본 다음으로 모두 이 사미르의 논문에 의한 것이라고 할 수 있다.[25]

사미르의 연구 이후 『하나님의 삼위일체적 본성』은 꾸란과의 상호 교류에서 문학적 가치를 지닌 작품으로 자리매김했다. 그리피스는 사미르의 논의를 확장하여, 이 작품이 이슬람에 대한 혐오나 비난이 아닌 상호 존중과 포용을 추구한 아랍 그리스도인들의 변증을 특징으로 담고 있다고 평가했다.[26] 스완슨은 『하나님의 삼위일체적 본성』을 중심으로 초기 아랍어 그리스도교 변증서에 나타난 꾸란의 표현[27]과 성경의 활용 방식[28]을 탐구했다.

---

23 사미르는 논문에서 『하나님의 삼위일체적 본성』의 새로운 편집본 간행에 대하여 언급하였지만, 아마도 그의 건강상의 문제로 인해 결실을 맺지 못한 것으로 추측된다.

24 제1부 작품 해제의 III.3.a.기록 시기를 참조하라.

25 S. H. Griffith, 『이슬람 세계 속 기독교』, 104. 또한 그리피스는 이 책의 서론에서 아랍 그리스도교를 연구하는 모든 이들은 사미르에게 커다란 빚을 졌다고 언급하며, 사미르의 선구적 작업을 인정한다.

26 위의 책, 104-110.

27 Mark N. Swanson, "Beyond Prooftexting: Approaches to the Qur'ān in Some Early Arabic Christian Apologies," The Muslim World 88 (1998), 297-319.

28 Mark N. Swanson, "Beyond Prooftexting (2)".

이를 종합하여 그는 작품에 미친 꾸란의 영향을 분석하고,[29] 이 그리스도교 작품이 당시 이슬람 문화권에 대한 이해와 인식을 잘 드낸다고 평가했다.

특히, 스완슨은 앞서 언급한 사미르가 발견한 작품의 기록 시기에 대한 논문을 발표했다.[30] 최근 논문에서 그는 『하나님의 삼위일체적 본성』에 대해 깁슨과 사미르가 편집하지 않은 본문 후반부의 번역과 전체 작품의 구조를 제공했다. 하지만 그가 제공한 번역은 작품의 일부에만 해당하며, 편집본은 없다는 점이 아쉽다.

아래는 스완슨이 제시한 전체 작품의 구조이다([ ] 안의 내용은 역자가 필사본의 범주를 고려해 추가함).[31]

서문과 시작 기도(Invocation and Opening Prayer) [f. 99r]

Ⅰ. 삼위일체와 성육신에 관해(On the Trinity and the Incarnation) [ff. 99r-111v]

  A. 삼위일체: 하나님과 그분의 말씀과 성령(The Trinity: God and His Word and His Spirit) [ff. 99r-102v]

  B. 그리스도(Christ) [ff. 102v-111v]

    1. 왜 성육신인가: 아담에서 그리스도까지의 구속 이야기

      (Why the Incarnation: The story of redemption, from Adam

---

29 Mark N. Swanson, "Apologetics, Catechesis, and the Question of Audience in 'On the Triune Nature of God' (Sinai Arabic 154) and Three Treatises of Theodore Abū Qurrah," in *Christians and Muslims in Dialogue in the Islamic Orient of the Middle Ages*, Beiruter Texte und Studien 117 (Beirut: Orient-Institut Beirut, 2007), 113-134.

30 M. N. Swanson, "Some Considerations for the Dating of Fī taṯlīṯ Allāh al-wāḥid (Sinai Ar.154) and al-Ǧāmiʿ wuǧūh al-īmān (London, British Library or. 4950)," *Parole de l'Orient* 18 (1993).

31 M. N. Swanson, "An Apology for the Christian Faith," in *The Orthodox Church in the Arab World, 700–1700: An Anthology of Sources*, ed. Samuel Noble and Alexander Treiger (Ithaca, NY: Cornell University Press, 2014), 41. 이에 해당하는 스완슨의 번역은 제1부 작품 해제의 IV.2.번역을 참조하라.

to Christ) [ff. 102v-108r]

스완슨은 이 논문에서 『하나님의 삼위일체적 본성』을 '그리스도교 신앙을 위한 변증서'(*An Apology for the Christian Faith*) 또는 줄여서 *Apology*(변증서)로 부르는 것을 선호한다.[32]

2. 시대 배경

a. 이슬람 세계 안에서의 그리스도교 교회

기원후 632년 무함마드 사후, 무슬림들은 한 세기도 지나지 않아 아라비아 반도를 넘어 서쪽으로는 스페인까지, 동쪽으로는 인도와 중국까지 세력을 확장한다. 여기에는 시리아, 팔레스티나, 이집트 전 지역이 포함되는데, 이 지역은 많은 그리스도인들이 거주하던 곳이었다. 이들은 원시 교회때 그리스도교 복음을 전해 받거나 또는 로마 제국의 박해 기간 피난 온 그

---

32 위의 글, 41.

리스도인의 후손이었다. 7세기 중엽부터 11세기 말까지 당시 그리스도교 인구의 절반이 이슬람 세계 안에 있었다.[33] 하지만 5세기 이후 그리스도론 논쟁으로 인해 큰 타격을 입어 균열된 채로 살고 있었다. 7세기 이슬람 환경과 칼리프의 통치 아래에서 이들은 새로운 도전에 직면하게 되었다. 동시에 이슬람 세계 속에 살면서 계속해서 자신의 정체성을 발전시켰다. 대표적으로, 동시리아 교회, 서시리아 교회, 황제파 교회, 콥트 교회 그리고 아르메니아 교회가 있다.

이 중 앞의 대표적인 세 교회는 모두 시리아 교회를 모체로 갈라져 나왔다. 시리아 교회란 시리아어를 사용하며 그리스도교의 예배와 신학적 활동을 수행한 교회로 정의한다.[34] 4세기 초에 그리스도교가 로마 황제의 종교가 되면서, 페르시아 제국에서는 가혹한 박해가 시작된다. 5세기 초에 이르러 페르시아 제국 안의 교회들은 로마 제국의 교회로부터 정치적 독립을 선언하고 독자적인 노선을 걸어간다. 페르시아 지역의 교회는 동시리아 교회라고 부를 수 있는데, 동시리아 교회는 중동, 인도, 그리고 비단길을 따라 중국의 당나라까지 그리스도교를 확산시킨 교회다. 우리에게는 경교라는 이름으로 더욱 익숙할 것이다.

5세기에 에데사(Edessa)에서는 주교와 신학교 교장 사이에 그리스도론을 두고 갈등이 일어났다. 주교는 단성론(Monophysitism)을 지지했고, 신학교 교장은 양성론(Dyophysitism)을 지지했으며, 결국 471년경 교장 나르사이(Narsai of Edessa, 503년 사망)는 신학교를 에데사에서 페르시아 영토인 니시비

---

33 S. H. Griffith, 『이슬람 세계 속 기독교』, 34-35.

34 시리아 교회에 대한 자세한 설명은 서원모, "아시아교회사의 첫 장으로서의 시리아교회: 역사서술의 쟁점." 『장신논단』 제46권 (2014. 12), 89-116을 보라. 이 외에도 이슬람 세계 속에서 아랍 그리스도교에 대해서는 서원모, "역사신학적 관점에서 본 기독교와 이슬람," *Muslim-Christian Encounter* 6/1 (2013), 7-47과 서원모, "중세 그리스도교의 이슬람 대응: 이슬람 문명권, 비잔티움, 라틴 그리스도교 세계의 비교," 『한국교회사학회지』 제45집 (2016), 17-23을 참조하라.

스(Nisibis)로 옮겼다.[35] 489년 황제 제논(Flavius Zeno, 재위 474-491)이 에데사의 학교를 폐쇄하자, 나르사이를 추종하는 교사와 학생들이 대거 니시비스로 이주했다.[36] 니시비스 신학교는 안티오키아 학파, 특히 몹스에스티아의 테오도로스(Theodore of Mopsuestia, 350-428)의 신학과 성경해석 방법을 토대로 교육을 시행했으며, 동시리아 교회의 신학의 요람이 되었다.

따라서 동시리아 교회는 디오도로스(Diodore of Tarsus, 약 390 사망)와 테오도로스와 나르사이와 당시 니시비스 주교였던 바르사우마(Barsauma of Nisibis, 496년 이전 사망)가 발전시킨 신학에 지대한 영향을 받았다.[37] 이들은 안티오키아 학파의 신학을 계승했으며, 그리스도론에서는 성육신한 그리스도 안에서의 신성과 인성의 구별과 공존, 온전한 인성을 강조하는 양성론을 주장한다. 이러한 동시리아 교회의 고유한 그리스도론은 대 바바이(Bābai the Great, 551/2-628)의 『연합론』(Liber de Unione)에서 확립되었다. 동시리아 교회는 흔히 네스토리오스파 교회(The Nestorian Church)로 알려져 있는데, 네스토리오스(Nestorius of Constantinople, 재임 428-431)는 시리아어를 알지도 못했고 동시리아 교회와는 아무런 관련이 없다.[38] 다만 네스토리오스는 안티오키아 학파에서 테오도로스의 지도를 받았기 때문에, 양성론적 그리스도론을 주장했고, 이런 점에서 동시리아 교회의 그리스도론과 유사했다.[39]

페르시아 지역의 교회와 달리 로마 제국의 교회는 제국 종교 정책에 직

---

35 서원모, "아시아교회사의 첫 장으로서의 시리아교회," 111.

36 위의 글, 111.

37 S. H. Griffith, 『이슬람 세계 속 기독교』, 231-236.

38 Mar O'dishoo, Metropolitan of Suwa (Nisibin) and Armenia, *The Book of Marganitha (The Pearl) on the Truth of Christianity*, trans. H. H. Mar Eshai Shimun X X III Catholicos Patriarch of the East (1965; repr., Chicago: The Literary Committee of the Assyraian Church of the East, 1988), 37.

39 동시리아 교회는 이후에 중동, 인도, 그리고 비단길을 따라 중국의 당나라까지 '경교'란 이름으로 그리스도교를 확산시킬 수 있었다.

접적인 영향을 받았다. 칼케돈 공의회(451) 이후 이집트와 시리아 등 제국 내 여러 지역에서 칼케돈 정식에 반대하는 단성론파 운동이 일어났다. 사루그의 야콥(Jacob of Sarug, 451-521)은 에데사 신학교를 두고 일어난 그리스도론 논쟁에서 나르사이에 반대했다. 야콥의 추종자들은 후에 안티오키아의 총대주교 세베로스(Severus of Antioch, 465-538) 무리에 편입되었다. 이러한 신학적 흐름에는 그 지역 일대를 지배하고 있던 마북의 필록세노스(Phioxenus of Mabbug, 약 440-523)의 신학이 영향을 미쳤다.[40] 이들은 알렉산드리아의 키릴로스(Cyril of Alexandria, 444 사망)의 그리스도론을 수용하며, 칼케돈 공의회를 반대하는 하나의 본성을 강조하는 자들이었다.

바실리스쿠스(Basiliscus, 재위 475-476)와 제논 등 비잔티움 황제들은 제국의 통일을 위해 칼케돈의 결정을 포기하고 단성론파와의 일치를 모색했지만, 오히려 교회와 제국이 분열만 초래했다. 유스티니아누스 1세도 처음에는 제국의 통일을 위하여 단성론자들에게 융화 정책을 펼쳤지만 결국 실패로 돌아갔고, 황제는 반대파들에게 칼케돈 정통주의를 강요했고, 단성론파는 박해의 중심에 놓이게 된다. 이때 세베로스를 따른 무리들은 박해를 피해 떠나거나 지하로 숨었다.

6세기 중엽 야콥 바라다이오스(Jacob Baradaeus, 500-578)가 에데사의 대주교로 서품이 되었고, 그는 은밀히 비칼케돈파 주교와 사제들에게 서품을 주었다. 시리아어권에서 칼케돈 신앙을 거부하고 키릴로스와 세베로스의 교리를 받아들이는 자들은 적대 세력에 의해 야콥파(Jacobites)라고 불리게 된다.[41] 이 야콥파는 7세기 말경에 이르러서야 이슬람 세계 속에서 비잔티

---

40 야콥, 세베로스, 필록세노스에 대한 연구서로는 Roberta C. Chesnut, *Three Monophysite Christologies: Severus of Antioch, Philoxenus of Mabbug, and Jacob of Sarug* (London: Oxford University Press, 1976)을 참고하라.

41 S. H. Griffith, 『이슬람 세계 속 기독교』, 238. 야콥파라는 명칭의 기원에 대한 다양한 해석에 대해서는 Nikolaj Seleznev, "Jacobs and Jacobites: The Syrian Origins of the Name and Its Egyptian Arabic Interpretations," *Scrinium* 9 (2013), 382-398을 참조하라.

움 정부의 통제로부터 정치적 해방을 얻고, 자신들만의 독자적인 교계 구조를 갖춘 교파적 정체성을 공고히 할 수 있는 기회를 얻게 된다.[42] 여기서는 이 교회를 중립적인 명칭으로 서시리아 교회라고 일컫는다. 서시리아 교회의 신학은 에데사의 야콥(Jacob of Edessa, 640-708)의 저작을 통하여 알 수 있다.[43] 서시리아 교회의 신학적, 교파적 정체성은 이슬람 세계 안에서의 여러 그리스도교 공동체 간에 대립과 무슬림의 종교적 도전에 대응하는 가운데 심화되었다.[44]

동시리아 교회와 서시리아 교회와는 달리 칼케돈 공의회의 결정을 받아들인 시리아, 팔레스티나, 이집트 지역의 그리스도교 공동체들이 있다. 이들은 제3차 콘스탄티노플 공의회(681)의 교리를 수용하고 단의론(Monotheletism)에 반대한다.[45] 황제파(Melkites)라는 이름은 이들을 지칭하는 말이다. 이 말은 시리아어 '말카야(ܡܠܟܝܐ)'에서 유래했으며, 비잔티움 황제와 동일한 교리를 따르는 자들을 가리키는 왕실주의자들(royalists) 또는 황제주의자들(imperialists)이란 뜻을 지닌다. 황제파라는 말은 그 당시 이들에게 적대적이던 단성론자들이 붙인 이름이다.

이슬람 등장 이전에 형성 과정에 있었던 동시리아 교회와 서시리아 교회와 달리, 황제파 교회는 이슬람 시대에 아랍어권에서 독특한 발전 과정을 거쳤다. 신앙적으로는 비잔티움 제국과 연계를 유지하면서도 자신들만의 독자적인 신학과 그리스도교 정체성을 확립해 나갔다. 그리피스의 견해에 따르면, 황제파 교회가 사회학적으로 구분되는 독특한 그리스도교 공동체로 자리잡게 된 것은 오로지 이슬람 지배 아래에서였다.[46] 다시 말해, 이슬

---

42 S. H. Griffith, 『이슬람 세계 속 기독교』, 238-239.

43 위의 책, 239.

44 위의 책, 239-240.

45 위의 책, 242.

46 위의 책, 242.

람 문화권 내에서 이들만의 독특한 정체성이 형성되고 발전했다는 것이다.

황제파 교회는 그리스도교 교회 중에서 최초로 이슬람 세계의 일상 언어인 아랍어를 교회 언어로 채택한 교회이다.[47] 그들은 이슬람 세계 안에서 그리스어가 쇠퇴하는 상황을 직면하면서, 아랍어를 교회 언어로 사용할 수밖에 없었다. 아랍 그리스도교가 여러 정파에서 발전했지만, 황제파 교회는 그 발전의 선두에 있었다. 사미르에 따르면, 황제파 교회는 최초로 아랍 그리스도교 신학을 발전시킨 교회 공동체이다.[48] 또한 최초의 아랍어 그리스도교 변증서인 『하나님의 삼위일체적 본성』이 바로 이 황제파 교회에서 나온 것으로 판단된다.

b. 이슬람 세계 안에서의 그리스도교의 대응

8세기 당시 그리스도인들은 이슬람 세계 속에서 자신들의 신앙과 교리를 명확히 정립해야 하는 도전에 직면했다. 칼리프 우마르 2세('Umar ibn 'Abd al-'Azīz, 재위 717-720)와 그의 후계자 칼리프 야지드 2세(Yazīd ibn 'Abd al-Malik ibn Marwān, 재위 720-724)는 무슬림에게 평등한 권리를 부여하여 사회 통합을 추구했고, 이로 인해 점령지에서 이슬람으로의 개종이 증가했다. 이러한 정치적·사회적 분위기는 아바스 칼리프조에서 더욱 강화되어, 이슬람의 일체성과 문화 통합을 통한 단일 신앙 형성이 강조되었다.

그리스도인들은 이슬람의 도전에 맞서 신앙을 변호해야 했고, 무슬림 정부의 개종 유인 정책에 흔들리는 그리스도인들에게는 신앙의 확신을 심어주어야 했다. 교회 지도자들은 이에 대응하여 그리스도인들의 정체성을

---

47 S. H. Griffith, "The Church of Jerusalem and the 'Melkites': The Making of an 'Arab Orthodox' Christian Identity in the World of Islam, 750-1050 CE," in *Christians and Christianity in the Holy Land: From the Origins to the Latin Kingdoms*, ed. Ora Limor and G. G. Stroumsa, 173-202 (Turnhout: Brepols, 2006).

48 S. K. Samir, "The Earliest Arab Apology," 110.

강화하고, 더 나아가서 아랍어 사용 대중에게 그리스도교 신앙과 관습을 알리는 데 주력했다.[49] 아바스 칼리프조 시대에 다수의 변증서가 출현한 이유는 바로 이러한 배경에서 비롯되었다고 볼 수 있다.

변증 작품과 관련한 대표적인 인물로는 테오도로스 아부쿠라(Theodore Abū Qurrah), 아부라이타 타크리티(Abū Rā'iṭah al-Takrītī), 압둘마시흐 킨디('Abd al-Masīḥ al-Kindī), 암마르 바스리('Ammār al-Baṣrī), 이브라힘 타바라니(Ibrāhīm al-Ṭabarānī), 후나인 이븐이스하크(Ḥunayn ibn Isḥāq), 쿠스타 이븐루카(Qusṭā ibn Lūqā), 야흐야 이븐아디(Yaḥyā ibn 'Adī) 등이 있다. 현재 확인 가능한 이슬람과 그리스도교 간의 아랍어 논쟁 작품은 상당한 양에 이른다.[50] 이들 중 8세기 익명의 그리스도인의 작품 『하나님의 삼위일체적 본성』은 초기 변증 작품의 대표적 예시이다. 이러한 저작들은 이슬람 세계 속에서 그리스도교 신앙을 보전하고 전파하는 데 중요한 역할을 했다.

c. 아랍 그리스도교 변증 신학

아랍 그리스도교의 변증 신학은 이슬람 초기 시대에 시리아권 그리스도교의 변증 전통에서 시작되었다. 아랍어로 저술된 변증서에서 다루어진 이슬람과 그리스도교 간의 논쟁 주제 대부분은 이미 시리아어 문헌에서 논의된 것이었다.[51] 시리아어 변증 문헌과 이후 아랍어로 번역되거나 작성된 변증 문헌을 비교해보면, 두 전통 사이에서 일치하는 주제들을 발견할 수 있

---

49 S. H. Griffith, "Eutychius of Alexandria on the Emperor Theophilus and Iconoclasm in Byzantium: a 10th-Century Moment in Christian Apologetics in Arabic," *Byzantion* 52 (1982), 154-190, quoted in Griffith, *ACMP* (1992; repr., Adershot, UK: Ashgate, 2003).

50 R. Caspar et al., "Bibliographie du dialogue islamo–chrétien (plan général, VIIe –Xe siècles)," *Islamochristiana* 1 (1975), 142-169.

51 S. H. Griffith, "Disputes with Muslims in Syriac Christian Texts: From Patriarch John (d 648) to Bar Hebraeus (d 1286)," in *Religionsgespräche im Mittelalter*, ed. Bernard Lewis and Friedrich Niewöhner (Wiesbaden: Otto Harrassowitz, 1992).

다.[52] 이를 통해 그리스도인들은 이슬람 세계에서 신앙과 교리에 대해 무슬림들이 제기한 질문에 답할 지침서를 얻었고, 신앙을 견고히 할 수 있었다.

아랍 그리스도교 변증 신학의 중요한 특징은 이슬람 세계 내에서 형성된 독특한 신학적 개념을 제시한다는 점에서, 이슬람 세계 이전이나 외부에서 작성된 그리스어나 시리아어 문헌과 구별된다는 것이다.[53] 이슬람 외부의 그리스도교 변증서들은 종종 무함마드와 꾸란을 거짓 예언자와 허구의 이야기로 비판하는 반면, 이슬람 초기 아랍어로 작성된 변증서들은 무슬림이 사용하는 언어와 논증 방식에 기초하여 그리스도교 신앙을 변호했다. 이러한 접근은 아랍 그리스도교가 신학적으로 독자적인 발전을 이루는 계기가 되었고, 다양한 시대와 장소에서 활동한 그리스도교 저자들에 의해 그 전통은 수세기 동안 유지되었다.

3. 서지 사항

이제 『하나님의 삼위일체적 본성』의 서지 사항을 살펴보자. 『하나님의 삼위일체적 본성』은 Sinai ar. 154의 가장 마지막 부분(ff. 99r-139v)에 포함되어 있으며, 현재까지 아랍어로 전해지는 유일한 사본이다. 이 작품은 표지나 부기(附記)가 없어 서지 정보를 직접 확인할 수 없으나, 작품을 기록한 시기는 8세기 중반에서 후반으로 추정되며, 저자는 그 시기 활동한 황제파 수도사일 가능성이 높다.[54]

첫 문장은 별도의 제목 없이 첫 페이지에서 바로 시작되며, 뒷부분은 결락된 상태로, 그 결락의 존재 여부는 불확실하다. 총 82면으로 구성되어

---

52 위의 글과 S. H. Griffith, 『이슬람 세계 속 기독교』, 238-239를 참조하라.

53 S. H. Griffith, 『이슬람 세계 속 기독교』, 142, 160, 184, 189.

54 S. K. Samir, "The Earliest Arab Apology," 59.

있으나, 공백 면인 f. 135v를 제외하고 글자가 기록된 면은 합치면 총 81면에 달한다. 또한, 각 장의 상단에는 숫자가 적혀 있어 해당 면을 용이하게 확인할 수 있다.

각 면에 필사된 행의 분량은 일정하지 않다. f. 99r에서 22행으로 시작하여 f. 107r부터 21행으로 줄어들고 f. 131r에 이르러 20행까지 줄어들다가 f. 135r에서 19행으로 최소치에 달한다. 다시 f. 136r에서 21행으로 증가하고 f. 136v부터 20행으로 줄어들어 이 분량이 마지막 면까지 유지된다. 한편, 한 행에 기록된 글자 수는 f. 122v 까지는 대략 6-10자로 일치한다. 이어서 f. 123r부터는 글자의 크기가 커지고 글자가 가로로 길어지면서 대략 4-6자로 줄어든다.[55]

필사본의 첫째 면(f. 99r)에서 가장 먼저 눈에 띄는 것은 붉은색과 녹색 잉크로 쓰인 첫째와 둘째 문장이다. 이 외에도 본문에는 붉은색 또는 녹색 잉크를 사용하여 기록한 부분이 많다.[56] 또한 본문에는 글자 사이에 검정색, 붉은색, 녹색 잉크로 그려진 작은 십자가 문양과 검정색의 짧은 두 사선이 표기되어 있다.[57] 이러한 십자가 문양과 사선은 모두 쉼표를 표기한 것으로 볼 수 있다. 이 외에도 본문에는 다른 모양의 쉼표와 마침표의 표기들을 발견할 수 있다. 그러나 이러한 채색 잉크로 쓰인 문장이나 구두점들은 해석에 큰 영향을 미치지 않으며, 특정한 규칙도 없기 때문에 염두에 둘

---

55 F. 123r에서 둘째 필사자로 교체된다. Miriam Lindgren Hjälm, "A Paleographical Study of Early Christian Arabic Manuscripts," *Collectanea Christiana Orientalia* 17 (2020), 48에서도 이 둘째 필사자에 대한 논의를 다룬다.

56 붉은색 잉크로 쓴 글씨가 있는 면은 f. 99r, f. 103r, f. 103v, f. 113r, f. 113v, f. 114r, f. 114v, f. 115r, f. 116v, f. 117r, f. 117v, f. 118r, f. 118v, f. 119v, f. 122v, f. 123r, f. 123v, f. 125v, f. 128v, f. 129r, f. 132v, f. 133r, f. 135r, f. 136r, f. 136v, f. 137r이고, 녹색 잉크로 쓴 글씨가 있는 면은 f. 99r, f. 103r, f. 103v, f. 115r이다.

57 글자 간에 삽입된 십자 문양은 필사본 f. 99r부터 f. 122v까지 나타나며, f. 123r부터 f. 139v까지는 짧은 평행선 두 줄이 등장한다.

필요는 없다. 간혹 문장이 일찍 마쳐져 빈 공간에 지그재그 선[58]과 독특한 십자가 문양 장식[59]을 그려 넣음은 작품의 아름다움을 부여하려는 노력으로 보인다.

Sinai ar. 154, 3 필사본에 나타난 다양한 문양들

99r

103r

122v

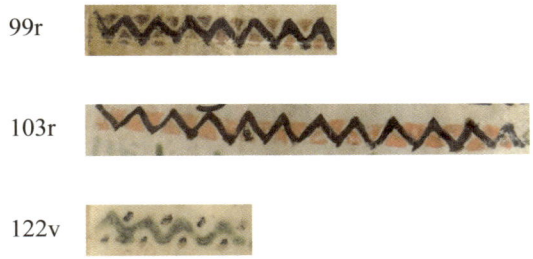

Sinai ar. 154 필사본 문장 마지막의 빈 공간을 채우기 위한 장식

흐려서 잘 보이지 않거나 또는 드물게 구멍이 뚫려 있는 글자를 판독해야 하는 경우만 제외하면, 전체적으로 본문을 읽는 데 어려움이 없다.[60] 본문에는 간혹 글자를 수정하거나 추가한 흔적들도 볼 수 있다. 특히 단어가

---

58 지그재그 문양이 있는 면은 f. 99r, f. 100r, f. 103v, f. 122v이다.

59 F. 123r, f. 130r,v, f. 131r, f. 139v의 맨 아래 중간위치에 그려져 있는데, 이들은f. 97r에서 십자가를 떠올리게 하는 커다란 장식 문양과 비슷하게 생겼다.

60 내용이 선명하지 않은 면은 f.131v과 f.135r이고, 구멍이 뚫려 있는 장은 f. 139이다.

첫째 문장의 가장 마지막 부분에서 잘려 둘째 문장의 첫 부분에서 다시 이어져 기록된 것도 흥미롭다.[61]

필사본에서 사용된 쿠피체는,[62] 수직 획과 수평 획이 매우 곧고 각진 형태를 띄고 있다. 이런 형태는 알리프(alif, 아랍어 자모의 첫 번째 글자)의 오른쪽으로 꺾인 발과 람(lām, 아랍어 자모의 23번째 글자)의 왼쪽으로 꺾인 발이 특징인 옛 서체의 각진 느낌을 강조한다. 또한 눈(nūn, 아랍어 자모의 25번째 글자)과 밈(mīn, 아랍어 자모의 24번째 글자)의 꼬리가 기준선에 머물러 있는 직선획들도 돋보인다. 문장이 들여쓰기 없이 빽빽하게 채워져 있어 독자들은 다소 답답함을 느낄 수도 있지만, 이러한 느낌은 오히려 시각적 균형감이 부여하여 안정감과 신뢰감을 준다.

또한 필사본에서는 알파벳을 늘려 써서 단어와 단어 사이의 공백을 줄이는 늘여쓰기 서체(خط المشق)의[63] 특징도 보인다.

a. 기록 시기

『하나님의 삼위일체적 본성』에서 중요한 논의 중 하나는 기록 시기이다. 필사본의 f. 110v에는 기록 시기와 관련된 흥미로운 내용이 포함되어 있는데, 이는 746이란 숫자와 관련된 것이다.[64] 해당 내용은 다음과 같다.

---

61 예를 들어, 영인본 f. 138v의 밑에서 둘째 문장을 보라. 이러한 경우는 f. 102v에서 처음으로 나타나며, f.123v부터는 모든 면에서 각각 한 번 이상 발견된다.

62 작품의 서체는 우리가 알고 있는 일반적인 쿠피체와는 다른 독특한 필체를 보여준다. 그동안 아랍어 서체 연구는 주로 이슬람 세계 내에서 이루어져 왔기 때문에, 그리스도교 문헌에서 발달한 서체의 특성과 변화 과정은 상대적으로 주목받지 못하였다. 특히 다양한 변형을 가진 쿠피체의 경우, 종교적 맥락에 따른 차이점을 체계적으로 분석한 연구는 매우 부족한 실정이다. 쿠피체의 실물 사진을 수록하고, 그 역사를 전반을 종합적으로 개관한 입문서로는 SMV Mousavi Jazayeri, Perette E. Michelli, Saad D Abulhab, *A Handbook of Early Arabic Kufic Script: Reading, Writing, Calligraphy, Typography, Monograms* (New York: Blautopf Publishing, 2017)가 있다.

63 이 서체의 역사는 이슬람교 제2대 우마르 정통 칼리프(재위 634-644) 시기까지 거슬러 올라간다.

64 S. K. Samir, "The Earliest Arab Apology," 62. 사미르는 이 아랍어 본문에서 사용된 두 개의

205 ولو لم يكن هذا الدين حقا من الله لم يثبت ولم يقم منذ سبع مئة سنة وست وأربعين سنة

205 그리고 이 종교가 하나님으로부터 온 진리가 아니었다면, 칠백사십
육 년 동안 든든히 서 있지도 세워져 있지도 않았을 것입니다.

즉, 746이란 숫자를 그리스도교가 지속된 정확한 기간으로 제시하면서
746년이란 오랜 기간을 유지해 온 '이 종교'가 바로 참 종교라고 변증하고
있다. 그런데 이 기간을 어떻게 계산해야 할까? 이 문제에서 학자들 사이에
논쟁이 일어났는데, 그 이유는 당시 사용된 역법이 명확히 알려져 있지 않
았기 때문이었다. 분명한 사실은 본문에 기록된 746이란 숫자는 명확한 아
랍어 표기라는 점과 이 숫자 자체의 애매함이나 모순은 없다는 점이다.

746년에 대한 기록을 연구한 학자들의 주장은 다음과 같다.[65] 사미르는
'성육신 황제파력법'(the Melkite era of the Incarnation)[66]에 따라 세 가지 가능
한 연도를 제시했다. 첫째, 그리스도의 성육신을 기준으로 737/738년,[67] 둘
째, 그리스도의 공생애 시작을 기준으로 767/8년, 셋째, 그리스도의 승천
또는 성령강림을 기준으로 770/1년을 제시했다. 스완슨과 그리피스는 모두

동사 يثبت(yatbut, 부동하다), يقوم(yaqūm, 서다)의 명사 형태인 ثبوت(tubūt), إقامة(iqāmah)
가 기록 시기에 대해 비슷한 문제를 가지고 있는 다른 아랍어 필사본 London, British Library
Or. 4950, f.156r에서 병행구절로 나타났음을 최초로 발견했다.

65 S. K. Samir, "The Earliest Arab Apology," 62-63; Mark N. Swanson, "Some
Considerations"; Robert G. Hoyland, *Seeing Islam as Others Saw It* (Princeton: Darwin
Press, 1997), 503; S. H. Griffith, 『이슬람 세계 속 기독교』, 163n47.

66 이 역법에 대해서는 S. K. Samir, "L'ere de l'Incarnation dans les manuscrits arabes
melkites du IIe au 14e siecle," *Orientalia Christiana Periodica* 53 (1987), 193-201을 참
조하라.

67 S. K. Samir, "The Earliest Arab Apology," 63. 사미르는 다른 연대에 비하여 737/738년을
강력하게 확신하고 있다. 이 때는 우마이야 칼리프조 시기(661-750)로 이 당시 황제파 그리스
도인들은 팔레스티나와 시리아 일대에서 그리스도교 공동체의 주류였기 때문이다.

'아니아노스 알렉산드리아력법'(the Alexandrain world era of Annianos)[68]을 적용했으나, 기준으로 삼은 그리스도의 사건에서 의견 차이를 보였다. 스완슨은 그리스도의 십자가 처형을 기준으로 계산한 788년을 주장했다. 그리피스는 그리스도의 성육신을 기준으로 계산한 755년으로 주장했다. 마지막으로, 알렉산더 트레이저(Alexander Treiger)는 최근 연구에서 『하나님의 삼위일체적 본성』의 기록 시기를 753/4년으로 밝혔다.[69]

결론적으로 학자들의 의견을 통해 『하나님의 삼위일체적 본성』의 기록 시기는 8세기 중후반이라고 해석할 수 있다.[70]

4. 내용 및 구조

『하나님의 삼위일체적 본성』은 이슬람 세계 속에서 그리스도교의 진리를 수호한 최초의 아랍어 저작으로, 그리스도교 변증서이다. 이 저작은 삼위일체론, 성육신론, 구원론 등 그리스도교의 핵심 교리를 제시한다.[71] 특징적으로는 다수의 성경 인용과 함께 꾸란의 표현 및 문체를 차용하여 그리스도교 교리를 뒷받침한다. 스완슨(Swanson)이 22개의 꾸란 유사 표현을 지적했으나, 실제로는 60개 이상의 꾸란 차용이 확인되었다.[72]

---

68 이 역법에 대해서는 Alexander Treiger, "Chronological Eras and Dates in Christian Arabic Manuscripts" (intensive course on Christian Arabic, Princeton University, Princeton, NJ, May 11-15, 2015), 1-2와 M. N. Swanson, "Some Considerations," 130-131을 참조하라.

69 Alexander Treiger, "New Works by Theodore Abū Qurra, Preserved under the Name of Thaddeus of Edessa," *Journal of Eastern Christian Studies* 68, no.1-2 (2016), 4-12를 참고하라.

70 본서는 그리피스의 주장에 기초하여 755년을 기록 시기로 삼는다.

71 이는 아랍 그리스도교의 신앙 정체성을 형성하는 데 중요한 역할을 했음을 시사한다. 사미르는 현존하는 아랍어 문헌들을 근거로, 아랍 그리스도교 신학의 기원을 황제파 공동체에서 찾는다 (S. K. Samir, "The Earliest Arab Apology," 110).

72 정예은, "최초의 아랍 그리스도교 변증서 「하나님의 삼위일체적 본성」에 대한 연구" (미간행 신학석사학위논문, 장로회신학대학교, 2023), 96-102.

이 변증서는 크게 세 부분으로 구성되어 있다. 제1장(1-11행)은 서문으로 하나님에 대한 찬양, 기도, 간구로 이루어져 있다. 제2장(12-216행)은 삼위일체와 그리스도의 성육신 및 구속, 참 종교에 관한 교리를 중심으로 전개된다. 제3장(217-500행)은 그리스도의 생애, 세례, 십자가, 부활, 재림에 대한 논의를 다룬다. 다만 변증서의 마지막 부분은 필사본의 결락으로 인해 그 내용을 확인할 수 없다.

각 장 별로 주요 내용을 정리하면 다음과 같다.

제1장 서문(1-11, 99r)[73]

  1. 찬양(1-4, 99r)

  2. 기도(5-9, 99r)

  3. 간구(10-11, 99r)

제2장(12-216, 99r-111v)

  1. 삼위일체 하나님(12-73, 99r-102v)

    - 성경이 증거하는 하나님 말씀과 하나님 영(12-30, 99r-100r)

    - 교부들이 유비로 말하는 셋은 하나(31-44, 100r-101r)

    - 인간이 파악할 수 없는 존재(45-55, 101r-101v)

    - 성경과 꾸란이 증거하는 삼위일체 하나님(56-73, 101v-102v)

  2. 그리스도 성육신의 필요성(74-130, 102v-105v)

    - 인류의 구원과 하늘로부터 내려온 은총에 대한 질문(74-75, 102v)

    - 아담의 타락과 인류에 미친 영향: 불순종과 구원의 필요성(76-

---

73 괄호 내 숫자는 역자가 구분한 행 번호(왼쪽)와 필사본의 폴리오 번호(오른쪽)를 각각 나타낸다.

83, 102v-103r)

- 인류와 그들의 구원 이야기: 노아 시대 홍수 사건(84-89, 103r-103v)

- 아브라함 이전까지의 타락과 하나님의 심판: 롯의 구원과 소돔의 멸망(90-95, 103v-104v)

- 이스라엘의 고난과 구원: 모세와 그리스도를 통한 하나님의 인도와 자비(96-110, 104v-105r)

- 이스라엘 자손의 타락과 사탄의 유혹: 예언자들의 경고와 사람들의 배척(111-118, 105r)

- 하나님의 자비와 구원의 약속: 예언자들의 간청과 예언(119-127, 105r-105v)

- 예언에 따라 하늘로부터 온 구원자 그리스도(128-130, 105v)

3. 그리스도의 구속(131-180, 105v-109r)

- 타락한 인류를 위한 하나님의 자비와 구원(131-140, 105v-106v)

- 전능한 하나님의 구속 사건과 악마의 멸망(141-149, 106v-107r)

- 하나님의 승리와 인간의 존귀함(150-154, 107r)

- 하나님의 빛, 하나님 말씀의 탄생(155-160, 107r-107v)

- 아담과 인류를 위한 하나님의 자비와 구속(161-167, 107v-108r)

- 그리스도의 신성과 하나님의 일을 통한 그리스도의 신적 권능(168-176, 108r-108v)

- 하나님과 인간의 중보자, 그리스도(177-180, 108v-109r)

IV. 편집본과 번역

『하나님의 삼위일체적 본성』은 성 캐더린 수도원의 도서관이 소장한 Sinai ar. 154(ff.1r-139v) 필사본에 가장 마지막 부분에 해당되는 작품이다. 본서는 수도원 도서관이 제공한 아랍어 필사본의 디지털 이미지를 직접 확인하여 원문에서 작품의 온전한 편집본을 완성하고 완역을 마쳤을 뿐만 아니라, 작품의 이해를 위한 주해를 추가하였다.

1. 편집본

현재까지 출판된 필사본의 아랍어 편집본은 깁슨이 유일하며, 본문의 일부를 편집한 사미르의 아랍어 본문이 있다. 두 학자가 편집한 본문의 범위는 다음과 같다.[74]

M. D. Gibson, *An Arabic Version*, 74-107. (ff. 99r بسم الأب ~ 133r باسم المسيح)

S. K. Samir, "The Earliest Arab Apology," 61-62(f. 110v اللهم برحمتك ~ ولو لم يكن هذا الدين), 67-69(f. 99r ويعرف الحق عبرة ~), 76-81(ff. 102v أما في المسيح ~ 103r والخطية والموت), 86-86(ff. 84-96(f. 105v وما فيهما من كرامته ~ فماذا أبين), 97(f. 108v ونعظم اسمه العظيم ~ 107r فلما رأى الله خلقه 105v), 99-100(f. 109v وقرّبنا إليه ~ والمسيح هو الوسيط فمن هذا الذي يستطيع

---

74 관련 범위를 명확히 하기 위해 괄호를 추가하였으며 괄호 내 아랍어는 역자가 교정한 것이다. 깁슨의 편집본의 경우 중간에 수록되지 않은 필사본의 부분은 f.106r, f.107r, f.110v-f.111r 그리고 قال لهم غمالائيل رجل, f.111v이다.

فأظهر المسيح نور الله (f. 110r)، 101, (وروح القدس في السموات والأرض ~
110v ~ وإنما كانوا اثني عشر (ff. 110r), 102-104، (لما هو في الملائكة ~
أجرهم على الله بحق ~ وكذلك يريد الله (f. 122r)، 105, (والحق على الباطل,
له السلطان والقدرة في السماوات والأرض 111v ~ ولو لم يكن (ff. 111r)، 106

2. 번역

또한 이 필사본의 번역과 관련하여 현재까지 공개된 자료는 다음과 같
다.[75]

영어

M. D. Gibson, *An Arabic Version*, 2-36.

S. K. Samir, "The Earliest Arab Apology," 61-62, 66-69, 75-79, 81, 83-
88, 90-106. (1-11행, 74-84행, 128-154행, 177-178행, 187-
192행, 196행, 200-206행, 213-216행, 359행)

M. Swanson, "Apology," 42-58. (1-167행, 197-206행, 302-306행,
322/أنه ختم-324행, 358/فآمن به كثير-359행, 380-385행, 423-
428/وقال في المسيح행, 481-484/وأهلك إبليس بصلبه행, 497-500행)

---

75 최근 학계에서는 스완슨이 해당 변증서를 영어로 완역했다는 비공식적 정보가 있으나, 현재까
지는 공식 발표나 출판 기록은 확인되지 않았다. 또한 포르투갈어로 진행중인 원문의 일부 편
집 및 번역 연구가 존재하는 것으로 알려져 있으나, 구체적인 자료 추적이 어려워 본 연구에서
는 다루지 않았다. 이후 언급된 마리아 갈로(Maria Gallo)의 이탈리아어 번역의 경우 인쇄본의
전체 사본을 연구 후반부에 입수하게 되어 충분한 검토를 거치지 못했으며, 후속 연구에 포함
할 계획이다. 앞서 언급한 여러 영어 번역 가운데 그녀의 번역은 가장 작은 분량을 다루고 있음
에도 불구하고, 그 해설과 분석은 초기 아랍 그리스도교에 대한 이해에 매우 풍부하고 가치 있
는 내용을 담고 있다. 한편, 괄호는 관련 범위를 명확히 하기 위해 역자가 추가한 것이며, 괄호
내 숫자는 역자가 구분한 행 번호를 나타낸다.

이탈리아어

Maria Gallo, *Palestinese anonimo: Omelia arabo-cristiana dell'VIII secolo* (Rome: Città Nuova, 1994).

3. 필사본의 아랍어

이 필사본의 아랍어는 남부 팔레스티나 지역에서 사용된 중세 아랍어(Middle Arabic)로,[76] 이는 아랍 그리스도인들이 사용한 아랍어의 초기 형태로 간주된다. 중세 아랍어는 고전 아랍어(Classical Arabic) 및 현대 표준 아랍어(Modern Standard Arabic)와는 어형, 형태, 구문에서 차이를 보이며, 일부 구어체 아랍어와 유사한 특징을 공유한다. 조슈아 블라우(Joshua Blau)는 그의 저서 *A Grammar of Christian Arabic, Based Mainly on South Palestinian Texts from the First Millennium* Corpus Scriptorum Christianorum Orientalium vols. 267, 276, and 279(Louvain: Peeters, 1966-1967) 서문에서 중세 아랍어의 특징을 개괄한다.[77] 또한 8세기부터 10세기까지의 아랍어 필사본의 용례를 통해 중세 아랍어 및 그리스도교 공동체에서 사용된 아랍어의 문법적 특성과 개념을 체계적으로 정리하고 설명한다. 이 중 사용된 필사본 중 하나로 Sinai ar. 154는 중세 아랍어의 특징을 보여주는 대표적인 사례로 언급된다.

이 필사본의 아랍어의 표기법상 두드러지게 나타나는 특징은 다음과

---

76 Joshua Blau, *A Grammar of Christian Arabic, Based Mainly on South Palestinian Texts from the First Millennium*. Corpus Scriptorum Christianorum Orientalium vol. 267 (Louvain: Peeters, 1966), Introduction과 Benjamin Hary, "MIDDLE ARABIC: Proposals For New Terminology," *Al-ʿArabiyya* 22, no. 1/2 (1989), 19-36 참조.

77 블라우(Blau)는 고전 아랍어의 문법적 요소들이 중세 아랍어에서 '소실되었다'(disappeared)고 지적한다.

같다.[78]

a. 음운법

· 까프(qāf)는[79] 윗점 두 개가 아니라 아랫점 하나로 표기된다.

  예) قبله (f. 99r 2)

· 타 마르부타(tā marbūta)가 윗점 두 개가 빠진 하(hā) 또는 타(tā)의 어
  미 형태로 표기된다.

  예) الملايكه (f. 99v 13), بايت (f. 109r 181)

· 함자(hamza)는 기록되어 있지 않다. 대신 그 위치에 야(yā) 또는 알리
  프(alif)가 자리한다.

  예) الخلايف (f. 99r 7)

· 알리프 막수라(alif maqṣūra)가 알리프(alif)로 표기되는 경우가 많다.
  야(yā)의 어미 형태로 표기되기도 한다. [Blau, 81]

  예) انتها (f. 99r 4), تعالا (f. 100r 30)

· 단어 내에서 유사한 음가 또는 형태를 지닌 자음이 사용될 때 오기가
  발견된다. 단어에서 오기를 유발하는 자음 군(郡)은 다음 표와 같이
  분류할 수 있다(각 칸에 제시된 알파벳들이 하나의 군을 형성한다).

---

78 아래에 제시된 예시에서는 필사본에 기록된 아랍어를 사용하였으며, 괄호 내 숫자는 필사본의
   폴리오 번호와 역자가 구분한 행 번호를 순서대로 나타낸다.

79 사미르(Samir)는 작품의 글자체인 쿠피체는 필사본의 시대를 짐작하게 한다고 언급하며 글
   자 '까프'(ق, qāf)가 마그립지역에 서 사용된 글자 '파'(ف, fā')일 가능성에 대한 의문점을 제기
   했다(S. K. Samir, "The Earliest Arab Apology," 60). 이를 밝히기 위해 몽페르 살라(Juan
   Pedro Monferrer Sala)가 후속 연구를 수행했다. 이 연구에서 몽페르 살라는 작품이 8세기 말
   과 9세기 초의 초기 팔레스티나 남부 텍스트의 문헌적 특징을 가진다고 주장했다(Juan Pedro
   Monferrer Sala, "Once Again on the Earliest Christian Arabic Apology: Remarks on a
   Palaeographic Singularity," *Journal of Near Eastern Studies* 69, no. 2 [October 2010],
   196-197).

표)

ب, ت, ث, ن	ج, ح, خ	ض, ذ, د	ز, ر
س, ش	ص, ض	ط, ظ	

예) تذرع (f. 99r 8) , برجزه (f. 123r 367)

· 야(yā)의 아랫점 두 개는 생략될 때가 많다.

예) الدى (f. 99r 2)

b. 형태법

· 남성 복수 명사가 여성 단수로 취급되는 경우가 많다. [Blau, 287-288]

예) اجتمعت ملوك الارض (f. 122v 366) , وراته المجوس (f. 116r 281)

· 남성 명사 규칙복수 명사 격변화의 사용이 불규칙하다. [Blau, 224-228]

예) فلما راوه بنى اسرايل (f. 130r 429) , واعطا الحواريون روح البدس (f. 108v 173)

· 4형 동사 형태를 가진 동사가 1형 동사의 의미를 가진다. [Blau, 157-163]

예) وذلك حين اعمد المسيح (f. 128v 419) , بعد هذا على الارض ارى (f. 123r 369)

c. 구문법

· 형용사의 수식용법에서 피수식어(수식 받는 명사)의 정관사가 생략되어 있거나, 성, 수, 격이 일치하지 않는다.

예) ملكا عظيم (f. 116r 284) , بايه واحد (f. 109r 181) , ملك موامره العظيمه (f. 114r 253)

· 명사 연결형(الإضافة)에서 전연결어에 정관사가 붙어 있다. [Blau,

359-361]

예) وهدام من الضلاله ابليس (f. 117v 304), الى الدهر الداهرين (f. 110r 195)

· 동사 과거 부정문에서 동사 직설법 형태가 그대로 사용된다. [Blau, 62, 185-186]

예) فمن لم يطيعه (f. 104v 108), لم يكون (f. 137r 482)

· 무효화 불변사(الحروف الناسخة)와 무효화 동사(الأفعال الحروف)가 사용되는 문장에서 문장 성분의 변화 규칙이 지켜지지 않는다. [Blau, 343-344]

예) لبد كان كلمه وروحا (f. 108r 166)

· 접속사 불변사(حروف النصب) 뒤에 오는 동사 변화 규칙이 지켜지지 않는다. [Blau, 259-274]

예) لا يستطيعون ان يبطلون (f. 110v 206), وامرهم ان ينتشرون (f. 109r 181)

· 동사 미완료형이 부분적으로 명령형을 대체한다. [Blau, 270-272]

예) يكون نور فكان نور ثم قال يكون رفيع فكان رفيع (f. 99r 25-26), توفمنا (f. 99r 1)

다시 말해, 이 필사본의 아랍어 표기 특징은 유사하게 들릴 수 있는 말소리들이 혼용되어 등장한다는 점, 단어의 성(gender)과 수(number)와 격(case)의 구분이 불규칙하게 나타났으며, 어말 변화(i'rāb)의 읽기가 모호하여 법(mood), 시상(tense)의 분간이 거의 사라지게 되었다는 점을 들 수 있다.[80]

---

80 이러한 특징은 텍스트를 독해할 때 문법적 오류와 비문으로 읽히지만, 앞서 언급한 초기 중세 아랍어의 고유한 언어 현상으로 볼 수 있으며, 본서에서 역자는 시대에 따른 언어의 문체와 양식을 이해하고 이를 수용하고자 한다. 다만, 현대 아랍어 형태로 필사본을 교감하는 작업은 학술적 관점에서 유의미하다고 판단된다.

4. 본서의 편집과 번역

a. 편집

본서는 Sinai ar. 154 필사본에 포함된 세 편의 작품 가운데 마지막 변증서 부분을 대상으로, 시나이사본디지털도서관(SMDL)을 통해 원본을 직접 확인하고 편집본을 완성한 것이다. Sinai ar. 154는 비교적 보존 상태가 양호한 편에 속하며, 특히 둘째 필사자가 필사했을 것으로 보이는 후반부에서도 일부 면이 흐릿하게 나타나는 경우가 있지만, 이를 식별하는 데 큰 어려움은 없었다. 본서의 편집본은 기존에 깁슨이 편집한 판본에서 누락된 마지막 부분(f. 133r. توا الله نا ~ f. 139v)을 포함하여 원문 전체를 온전히 편집하였다. 이로써 본서가 최초로 소개한 텍스트는 Sinai ar. 154에 실린 『하나님의 삼위일체적 본성』의 완전판이다.

이 편집본은 필사본 아랍어를 바탕으로 한 교정본이다. 편집 과정에서 원문 자체의 형태를 최대한 보존하고자 하였으나, 보다 정확한 원문의 의미 전달과 현대 학계의 동향을 반영하기 위해 일부 표현은 현대 아랍어 규칙에 따라 교정하였다.

필사본 원문에서 교정된 대부분의 단어는 본서의 편집본 하단 각주에 표기하였다. 다만, يبوم, سانين, لاكن과 같이 반복적으로 나타나는 단어에 대해 교정을 실시한 경우에는 해당 단어의 최초 등장 시에만 각주를 달았다. 또한, 빈번히 출현하는 특정 사례들은 각주 처리를 생략하였으며, 그 기준은 다음 네 가지로 요약된다. 첫째, 알파벳 자음에 붙은 점의 교정이다. 원문에 누락된 아랍어 자음의 점은 추가하고, 불필요한 점은 제거하였다. 둘째, 함자(hamza)와 타 마르부타(tā marbūṭa)를 모두 추가하였다. 셋째, 겹자음 부호 샤다(šaddah), 모음탈락 부호 수쿤(sukūn), 그리고 단모음 기호는 필요에 따라 선택적으로 추가하였다. 예를 들어, 수동태 동사의 첫 자음 위에는 단모음 'u'를 나타내는 담마(dammah)를 일관되게 표기하였으나, 샤다의 경우에는 필수적이지 않은 위치에서는 생략하였다. 넷째, 장모음 'ā'를 나타내는 알리프 막수라(alif maqṣūra), 야(yā), 그리고 알리프(alif)를 구분하여 교정하였다. 독자는 본 편집본을 참고할 때 이러한 교정 사항을 염두에 두어야 한다.

이 외에도 본서는 본문의 이해를 돕기 위해 원문에 없는 장과 행을 구분하였다. 또한, 우리말 어법과 가독성을 고려하여 복잡한 문장을 둘 이상의 문장으로 나누거나 짧은 두 문장들을 한 문장으로 합치고, 이어지는 서로 다른 문장의 절들을 연결하는 방식으로 편집하였다.

편집본의 이해를 돕기 위한 내용은 일러두기에 상세히 제시해 두었으니 참고하기 바란다.

b. 번역

이 번역은 앞서 언급한 본서의 편집본을 저본으로 삼아 작업되었다. 번역 과정에서 어려웠던 점은 원문에 담긴 의미를 적절히 전달할 우리말을 고르는 일이었다. 사전에서도 찾기 어려운 어휘나 아랍인에게 조차도 낯선 구문이 등장할 때마다 해석에 많은 시간을 할애해야 했다. 성경 인용문 중에서도 익숙하지 않은 용어나 출처가 명확하지 않은 구절이 사용된 경우도 있었다. 이러한 문제들은 본서의 주요 논의 범위를 넘어서는 부분이었기에, 이에 대한 세부적인 논의는 본서에서 다루지 않았음을 밝힌다. 그러나 저자가 어떤 판본을 사용했는지 확인하기 어려운 것이 사실이나, 멜키트 공동체 출신이므로 70인역을 사용했을 가능성이 높고, 아랍어 번역본이나 구전 자료 사용 가능성도 있다고 추정해 볼 수 있다.

역자는 꾸란 구절의 번역에 각별한 주의를 기울였다. 먼저 해당 구절을 번역한 뒤, 변증서 저자의 의도를 고려하여 다시 번역하였다. 이는 저자가 그리스도인이라는 사실에 비추어, 그가 꾸란을 그리스도교적 관점에서 읽었을 가능성을 간과하지 않기 위함이다. 저자가 그리스도인이라는 점을 고려하고, 그리스도교적인 관점에서 꾸란을 읽었을 가능성을 염두에 두었음을 독자에게 알린다. 실제로 저자는 꾸란을 읽을 때 자연스럽게 삼위일체 하나님을 떠올리며 읽었을 것이다.

작품에 인용된 성경, 외경, 꾸란 구절은 모두 역자의 번역이다. 성경 인용문의 경우, 한글 성경에서 용어 등을 참조하였으나, 원문의 적확한 이해를 위해 역자가 직접 사역하였다. 따라서 한글 성경에 익숙한 독자들에게는 생소할 수 있음을 밝힌다. 역자는 Smith Van Dyke(SVD)본과 London Polyglot(Brian Walton, 1653-7)을 아랍어 원문과 비교하기도 하였다. 꾸란 번역과 관련하여는 이븐 카시르(Ibn Kathir, 1300-1373)의 주석과 압둘라 유수프 알리(Abdullah Yusuf Ali, 1872-1953)의 주석 *The Holy Quran: Text, Translation and Commentary*(1946)를 참고했다.

각주에 적힌 성경, 외경, 꾸란 인용문의 출처는 깁슨의 편집본과 스완슨의 번역에 수록된 정보를 참조하여 보완 및 수정한 것이다. 성경 인용문의 경우, 독자들에게 익숙한 『개역개정』을 기준으로 출처를 표기했다. 다만, 이사야 63장 9절(203행과 438행)에서는 『개역개정』과의 차이로 인해 예외적으로 칠십인역을 채택했다. 꾸란 인용의 출처는 파하드국왕꾸란출판청(King Fahd Glorious Qur'an Printing Complex)에서 발행한 『성 꾸란 의미의 한국어 번역』(1996)을 따랐다.

번역 방식에 관해서는 원문의 의미를 최대한 정확히 전달하고자 노력했으나, 이러한 시도가 일부 문장을 다소 매끄럽지 않게 느껴지게 할 수 있다. 예를 들어, 아랍어에서는 동사에 주어가 포함되는 경우가 많지만, 우리말에서는 이를 명시적으로 표현해야 의미가 분명해지므로, 원문에는 없더라도 역자가 주어를 보완하여 기록하였다. 또한 우리말은 단수와 복수를 엄격히 구분하지 않는 경우가 많으나, 번역에서는 일부를 구분하여 옮긴 부분이 있다. 아울러 우리말에서는 소유격 대명사나 목적격 대명사를 보통 생략하지만, 번역에서는 이를 충실히 포함시켰다. 이러한 번역 방식은 독자들에게 다소 생소하거나 불편하게 느껴질 수 있으며, 뿐만 아니라 독자들의 상상력을 제한하거나 원치 않게 변증서 저자의 의도를 오해하게 할 가능성이 있다는 점을 자인하는 바이다. 또한, 무명의 저자가 변증서를 집필하며서 있었던 그리스-로마, 유대아, 페르시아, 아랍-이슬람, 그리고 그리스도교 사상의 복합적 지평을 온전히 반영하기에는 역자의 역량이 부족했음을 절감한다. 비록 작업을 마쳤지만 아쉬움이 남는다. 그럼에도 이 번역이 아랍 그리스도교 이해에 작지만 의미 있는 기여를 하기를 바란다.

끝으로, 편집본과 번역에 사용된 기호와 약자는 다음과 같다.

기호

//	폴리오 간의 구분
( )	역자에 의해 추가된 단어
˹ ˺	역자에 의해 교정된 본문
[ ]	역자가 복원한 본문
⟨ ⟩	깁슨의 편집본
{ }	사미르가 편집한 본문

약자

Ms = 필사본

A = 중복된 단어

B = 행간에 기록된 문자 또는 단어

g = Gibson의 편집본 또는 번역

s = Samir의 편집 본문 또는 번역

m = Swanson의 번역

mg = margin 여백

f = folio 폴리오

v = verso 앞 면

r = recto 뒷 면

참고문헌

서양서적

Albl, Martin C. *"And Scripture Cannot Be Broken": The Form and Function of the Early Christian Testimonia Collections*. Leiden: Brill, 1999.

Ali, Abdullah Yusuf. *The Holy Quran: Text, Translation and Commentary*. Vol. 1. New York, NY: Khalil Al-Rawaf, 1946.

Atiya, Aziz Suryal. *Arabic Manuscripts of Mount Sinai: A Handlist of the Arabic Manuscripts and Scrolls Microfilmed*. Baltimore: Johns Hopkins Press, 1955.

_____. *Catalogue Raisonné of the Mount Sinai Arabic Manuscripts: Complete Analytical Listing of the Arabic Collection Preserved in the Monastery of St. Catherine on Mt. Sinai*. Translated by Joseph N. Youssef. Alexandria: Dār al-Maʿārif, 1970.

Bahador, Syed Ahmed Khan. *A Series of Essays on the Life of Mohammad V1 and Subjects Subsidiary Thereto*. London: Trübner & Co., 1870.

Bell, Richard. *Introduction to the Qur'an*. Edinburgh: Edinburgh University Press, 1953.

Blair, Sheila S. *Islamic Calligraphy*. Edinburgh: Edinburgh University Press, 2006.

Blau, Joshua. *A Grammar of Christian Arabic, Based Mainly on South Palestinian Texts from the First Millennium*. Corpus Scriptorum Christianorum Orientalium vols. 267, 276, and 279. Louvain: Peeters, 1966-1967.

Brock, Sebastian. *An Introduction to Syriac Studies*. Gorgias Handbooks 4 Piscataway, NJ: Gorgias Press, 2006.

Brockelmann, Carl. *History of the Arabic Written Tradition*. Vol. 1. Leiden: Brill, 2016.

Chesnut, Roberta C. *Three Monophysite Christologies: Severus of Antioch, Philoxenus of Mabbug, and Jacob of Sarug*. London: Oxford University Press, 1976.

Clark, Kenneth W. *Checklist of Manuscripts in St. Catherine's Monastery, Mount

Sinai: Microfilmed for the Library of Congress, 1950. Washington: Library of Congress Photoduplication Service, 1952.

Cragg, Kenneth. *A History in the Middle East*. London: Mowbray, 1992.

Dennett, Daniel C. *Conversation and the Poll Tax in Early Islam*. Cambridge, MA: Harvard University Press, 1950.

Fathers of the English Dominican Provinc. *St. Thomas Aquinas Summa Theologiea*. New York: Benzier Brothers, 1947.

Gacek, Adam. *Arabic Manuscripts: A Vademecum for Readers*. Leiden: Brill, 2009.

Gallo, Maria. *Palestinese anonimo: Omelia arabo-cristiana dell'VIII secolo*. Rome: Città Nuova, 1994.

Gibson, M. D. *How the Codex Was Found: A Narrative of Two Visits to Sinai from Mrs. Lewis's Journals, 1892-1893*. Cambridge: Macmillan and Bowes, 1893.

_____. *An Arabic Version of the Acts of the Apostles and the Seven Catholic Epistles, with a Treatise on the Triune Nature of God*. Studia Sinaitica 7. London: C. J, Clay and Sons, 1899.

_____. *Catalogue of the Arabic Mss.: In the Covent of St. Catharine on Mount Sinai*. Studia Sinaitica 3. London: C. J, Clay and Sons, 1894.

Graf, George. *Geschichte der christlichen arabischen literatur*. Vol. 2. Vatican City: Biblioteca Apostolica Vaticana, 1947.

Griffith, Sidney Harrison. *The Church in the Shadow of the Mosque: Christians and Muslims in the World of Islam*. Princeton, NJ: Princeton University Press, 2008.

_____. *The Bible in Arabic: The Scriptures of the "People of the Book" in the Language of Islam*. Princeton, NJ: Princeton University Press, 2013.

Gutas, Dimitri. *Greek Thought, Arabic Culture: The Graeco-Arabic Translation Movement in Baghdad and Early ʿAbbāsid Society (2nd-4th/8th-10th Centuries)*. London: Routledge, 1998.

Haddad, Rachid. *La Trinité divine chez les théologiens arabes (750-1050)*. Paris: Beauchesne, 1985.

Harris, J Rendel, with the assistance of Vacher Burch. *Testimonies*. 2 Vols. Cambridge: Cambridge University Press, 1916-1920.

Hoyland, Robert G. *Seeing Islam as Others Saw It: A Survey and Evaluation of Christian, Jewish, and Zoroastrian Writings on Early Islam*. Studies in Late

Antiquity and Early Islam 13. Princeton: Darwin Press, 1997.

Ibn Kathir. *Stories of the Prophets*. Edited by Hadeer Refat Abo El-Nagah. Translated by Sayed Gad. Egypt: Dar Al-Manarah, 2020.

Jazayeri Mousavi, S. M. V., Perette E. Michelli, and Saad D. Abulhab. *A Handbook of Early Arabic Kufic Script: Reading, Writing, Calligraphy, Typography, Monograms*. New York: Blautopf Publishing, 2017.

Kamil, Murad. *Catalogue of All Manuscripts in the Monastery of St Catharine on Mount Sinai*. Wiesbaden: Otto Harrassowitz, 1970.

Kościelniak, Krzysztof. *Between Constantinople, the Papacy, and the Caliphate: The Melkite Church in the Islamicate World, 634-969*. Abingdon: Routledge, 2022.

Lane, Edward William. *An Arabic-English Lexicon*. 8 vols. London: Williams and Norgate, 1863-1993.

Lewis, A. S. *In the Shadow of Sinai: A Story of Travel and Research from 1895-1897*. Cambridge: Macmillan and Bowes, 1898.

Mar O'dishoo, Metropolitan of Suwa (Nisibin) and Armenia. *The Book of Marganitha (The Pearl) on the Truth of Christianity*. Translated by H. H. Mar Eshai Shimun X X III Catholicos Patriarch of the East. 1965. Reprint, Chicago: The Literary Committee of the Assyraian Church of the East, 1988.

Migne, J. P., ed. *Patrologiae cursus completus: Series Graeca*. 162 vols. Paris, 1857-1886.

Novum Testamentum Graece. 28th ed. Stuttgart: Deutsche Bibelgesellschaft, 2012.

Ricks, Thomas W. "Developing the Doctrine of Trinity in an Islamic Milieu: Early Arabic Christian Contributions to Trinitarian Theology." Unpublished Ph.D. dissertation, The Catholic University of America in Washington D.C., 2012.

Saheed International. *The Qur'ān: Arabic Text with Corresponding English Meanings*. Riyadh: Al-Muntada Alislami, 1997.

Septuaginta. 2nd ed. Stuttgart: Deutche Bibelgeselschaft, 2006.

Thomas, David, ed. *The Bible in Arab Christianity*, History of Christian-Muslim Relations. Vol. 6. Leiden: Brill, 2007.

_____, and Alexander Mallett, eds. *Christiam-Muslim Relations: A Bibliographical History*. Vol. 2. Leiden: Brill, 2010.

_____, and Barbara Roggema, eds. *Christian-Muslim Relations: A*

Bibliographical History. Vol. 1. Leiden: Brill, 2009.

Zervos, George T. *The Protevangelium of James: Critical Questions of the Text and Full Collations of the Greek Manuscripts 2*. London: T&T Clark, 2022.

번역서적

최영길.『성 꾸란 의미의 한국어 번역』. 메디나: 파하드국왕꾸란출판청, 1996.

Griffith, Sidney Harrison. *The Church in the Shadow of the Mosque: Christians and Muslims in the World of Islam*. 서원모 역.『이슬람 세계 속 기독교: 초기 아랍 그리스도교 변증가들의 역사 이야기』. 서울: 새물결플러스, 2019.

Guelich, Robert A. *Mark 1-8:26*. (WBC 34A.). 김 철 역.『마가복음 1-8:26』. (성서주석 34/상) 서울: 솔로몬, 2001.

Gutas, Dimitri. *Greek Thought, Arabic Culture: The Graeco-Arabic Translation Movement in Baghdad and Early 'Abbāsid Society (2nd-4th/8th-10th Centuries)*. 정영목 역.『그리스 사상과 아랍 문명』. 파주: 글항아리, 2013.

Kelly, John N. *Early Christian Doctrines*. 박희석 역.『(고대) 기독교교리사』. 고양: 크리스챤다이제스트, 2004.

Lewis, Bernard. *The Middle East*. 이희수 역.『중동의 역사』. 서울: 까치글방, 1998.

Pseudo-Dionysian. *De Coelesti Hierarchia*. 김재현 역.『천상의 위계』. 서울: 키아츠, 2011.

Rippen, Andrew, and Teresa Bernheimer. *Muslims: Their Religious Beliefs and Practices*. 공일주, 정승현, 현한나 역.『무슬림들의 신앙과 실천』. 서울: 기독교문서선교회, 2022.

논문

서원모. "중세 그리스도교의 이슬람 대응: 이슬람 문명권, 비잔티움, 라틴 그리스도교 세계의 비교."『한국교회사학회지』제45집 (2016), 7-67.

_____. "아시아교회사의 첫 장으로서의 시리아교회: 역사서술의 쟁점."『장신논단』제46권 (2014. 12), 89-116.

_____. "역사신학적 관점에서 본 기독교와 이슬람: 초기 압바스 시대 기독교인 대응을 중심으로." *Muslim-Christian Encounter* 6/1 (2013), 7-47

_____. "시리아 교부 에프렘의 사역자의 경건"『한국교회사학회지』제65집 (2023), 1-43.

정예은. "최초의 아랍 그리스도교 변증서「하나님의 삼위일체적 본성」에 대한 연구." 미간행 신학석사학위논문, 장로회신학대학교, 2023.

Anthony, Sean W. "Further Notes on the Word Ṣibgha in Qur'ān 2:138." *Semitic Studies* 59/1 (2014), 117-129.

Bertaina, David. "The Development of Testimony Collections in Early Christian Apologetics with Islam." In *The Bible in Arab Christianity*, edited by David Thomas, 151-174. Leiden: Brill, 2007.

_____, S. T. Keating, M. N. Swanson, and A. Treiger, eds. "Bibliography of Sidney H. Griffith's Publications." In *Heirs of the Apostles: Studies on Arabic Christianity in Honor of Sidney H. Griffith*, Arabic Christianity: Text and Studies, 495-517. Leiden: Brill, 2019.

Brock, Sebastian. "The Robe of Glory: a biblical image in the Syriac tradition." *The Way* 39, (1999), 247-259.

Caspar, Robert, Abdelmajid Charfi, Miguel De Epalza, A. T. Khoury, and Paul Khoury. "Bibliographie du dialogue islamo–chrétien (plan général, VIIe –Xe siècles)," *Islamochristiana* 1 (1975), 125-181.

Gibson, Nathan P., Miriam L. H.. Peter Tarras, Ronny Vollandt, and Vevian F. Zaki. "Bible in Arabic: An Update on the State of Research." In *Between the Cross and the Crescent: Studies in Honor of Samir Khalil Samir, S.J. on the Occasion of His Eightieth Birthday*, edited by Željko Paša, 57-84. Orientalia Christiana Analecta 304. Rome: Pontifical Oriental Institute, 2018.

Griffith, Sidney Harrison. "The Gospel in Arabic: An Inquiry into Its Appearance in the First Abbasid Century." *Oriens Christianus* 69 (1985), 126-167.

_____. "Disputes with Muslims in Syriac Christian Texts: From Patriarch John (d 648) to Bar Hebraeus (d 1286)." In *Religionsgespräche im Mittelalter*, edited by Bernard Lewis and Friedrich Niewöhner, 251-273. Wiesbaden: Otto Harrassowitz, 1992.

_____. "From Aramaic to Arabic: The Languages of the Monasteries of Palestine in the Byzantine and Early Islamic Periods." *Dumbarton Oaks Papers* 51 (1997), 11-31.

_____. "The Qur'ān in Arab Christian Texts; The Development of an Apologetical Argument: Abū Qurrah in the Maǧlis of al-Ma'mūn." *Parole de l'Orient* 24 (1999), 203-233.

_____. "The Prophet Muḥammad, His Scripture and His Message According to the Christian Apologies in Arabic and Syriac from the First Abbasid Century." In *La vie du prophète Mahomet: Colloque de Strasbourg, octobre 1980*, 99-146. Paris: Presses Universitaires de France, 1983. Quoted in S. H. Griffith, *Arabic Christianity in the Monasteries of Ninth-Century Palestine*. Variorum Collected Studies Series 380. 1992. Reprint, Aldershot, UK: Ashgate, 2003.

_____. "Eutychius of Alexandria on the Emperor Theophilus and Iconoclasm in Byzantium: a 10th-Century Moment in Christian Apologetics in Arabic." *Byzantion* 52 (1982): 154-190. Quoted in S. H. Griffith, *Arabic Christianity in the Monasteries of Ninth-Century Palestine*. Collected Studies Series 380. 1992. Reprint, Aldershot, UK: Ashgate, 2003.

_____. "The Monks of Palestine and the Growth of Christian Literature in Arabic." *The Muslim World* 78 (1988): 1-28. Quoted in S. H. Griffith, *Arabic Christianity in the Monasteries of Ninth-Century Palestine*. Variorum Collected Studies Series 380. 1992. Reprint, Aldershot, UK: Ashgate, 2003.

_____. "Answers for the Shaykh: A 'Melkite' Arabic Text from Sinai and the Doctrines of the Trinity and the Incarnation in 'Arab Orthodox' Apologetics." In *The Encounter of Eastern Christianity with Early Islam*, edited by Emmanouela Grypeou, Mark Swanson, and David Thomas, 277-309. Leiden: Brill, 2006.

_____. "Arguing from Scripture: The Bible in the Christian/Muslim Encounter in the Middle Ages." In *Scripture and Pluralism: Reading the Bible in the Religiously Plural Worlds of the Middle Ages and Renaissance*. edited by T. J. Heffernan and T. E. Burman, 29-58. Studies in the History of Christian Traditions 123. Leiden: Brill, 2006.

_____. "The Church of Jerusalem and the 'Melkites': The Making of an 'Arab Orthodox' Christian Identity in the World of Islam, 750-1050 CE." In *Christians and Christianity in the Holy Land: From the Origins to the Latin Kingdoms*, edited by Ora Limor and G. G. Stroumsa, 173-202. Turnhout, Belgium: Brepols, 2006.

_____. "When Did the Bible Become an Arabic Scripture?" *Intellectual History of the Islamicate World* 1 (2013), 7-23.

_____. "The Unity and Trinity of God: Christian Doctrinal Development in Response to the Challenge of Islam; An Historical Perspective." In *Christian Theology and Islam*, edited by Michael Root and James J. Buckley, 1-30. Eugene, OR: Cascade Books, 2013.

_____. "Christians and the Arabic Qur'ān: Prooftexting, Polemics, and Intertwined Scriptures." *Intellectual History of the Islamicate World* 2 (2014),

243-266.

Harris, J. Rendel. "A Tract on the Triune Nature of God." *American Journal of Theology* 5, no. 1 (January 1901), 75-86.

Hary, Benjamin. "MIDDLE ARABIC: Proposals For New Terminology." *Al-'Arabiyya* 22, no. 1/2 (1989), 19-36.

Lindgren Hjälm, Miriam. "A Paleographical Study of Early Christian Arabic Manuscripts." *Collectanea Christiana Orientalia* 17 (2020), 37–77.

Monferrer Sala, Juan Pedro. "Once Again on the Earliest Christian Arabic Apology: Remarks on a Palaeographic Singularity." *Journal of Near Eastern Studies* 69, no. 2 (October 2010), 195-197.

Samir, Samir Khalil. "L'ère de l'Incarnation dans les manuscrits arabes melkites du IIe au 14e siècle." *Orientalia Christiana Periodica* 53 (1987), 193-201.

_____. "Une apologie arabe du christianisme d'époque umayyade?" *Parole de l'Orient* 16 (1990-91), 85-106.

_____. "The Earliest Arab Apology for Christianity (c. 750)." In *Christian Arabic Apologetics during the Abbasid Period (750-1258)*, edited by Samir Khalil Samir and Jørgen S. Nielsen, 57-114. Studies in the History of Religions. Vol. 63. Leiden: Brill, 1994.

Seleznev, Nikolaj. "Jacobs and Jacobites: The Syrian Origins of the Name and Its Egyptian Arabic Interpretations." *Scrinium* 9 (2013), 382-398.

Swanson, Mark N. "Some Considerations for the Dating of Fī taṯlīṯ Allāh al-wāḥid (Sinai Ar.154) and al-Ǧāmiʿ wuǧūh al-īmān (London, British Library or. 4950)." *Parole de l'Orient* 18 (1993). 117-141.

_____. "Beyond Prooftexting: Approaches to the Qur'ān in Some Early Arabic Christian Apologies." *The Muslim World* 88 (1998), 297-319.

_____. "Folly to the Ḥunafāʾ: The Crucifixion in Early Christian-Muslim Controversy." In *The Encounter of Eastern Christianity with Early Islam*, edited by Emmanouela Grypeou, Mark Swanson, and David Thomas, 237-256. Leiden: Brill, 2006.

_____. "Apologetics, Catechesis, and the Question of Audience in 'On the Triune Nature of God' (Sinai Arabic 154) and Three Treatises of Theodore Abū Qurrah." In *Christians and Muslims in Dialogue in the Islamic Orient of the Middle Ages*. Beiruter Texte und Studien 117, 113-134. Beirut: Orient-Institut Beirut, 2007.

_____. "Beyond Prooftexting (2): The Use of the Bible in Some Early Arabic Christian Apologies." In *The Bible in Arab Christianity*, edited by David Thomas, 91-112. Leiden: Brill, 2007.

_____. "An Apology for the Christian Faith." In *The Orthodox Church in the Arab World, 700-1700: An Anthology of Sources*, edited by Samuel Noble and Alexander Treiger, 40-59. Ithaca, NY: Cornell University Press, 2014.

Talbot, Alice-Mary. "An Introduction to Byzantine Monasticism." *Illinois Classical Studies* 12/1 (1987), 229-241.

Treiger, Alexander. "Chronological Eras and Dates in Christian Arabic Manuscripts." Intensive Course on Christian Arabic, Princeton University, Princeton, NJ, May 11-15, 2015.

_____. "New Works by Theodore Abū Qurra Preserved under the Name of Thaddeus of Edessa." *Journal of Eastern Christian Studies* 68, no.1-2 (2016), 1-51.

Vollandt, Ronny. "The Status Quaestionis of Research on the Arabic Bible." In *Studies in Semitic Linguistics and Manuscripts: A Liber Discipulorum in Honour of Professor Geoffrey Khan*, edited by Nadia Vidro, Ronny Vollandt, Esther-Miriam Wagner, and Judith Olszowy-Schlanger, 442-467. Uppsala: Uppsala University Library, 2018.

인터넷 및 기타 자료

Biblia Arabica. "Bibliography of the Arabic Bible." http://biblia-arabica.com/bibl/index.html.

Brain Walton Polyglot. https://archive.org/details/WaltPoly1PrologVariantReadings/WaltPoly3_Leviticus-Judges%29/.

Gallica. "Département des Manuscrits. Arabe 6725." https://gallica.bnf.fr/ark:/12148/btv1b8406179n.

Lebanon Bible Society. Arabic New Testament 1867 Van Dyck Original - COMPLETE EDITION. https://archive.org/details/ArabicNewTestament1867VanDyckOriginal-CompleteEdition/page/n257/mode/1up.

Sinai Manuscripts Digital Library. https://sinaimanuscripts.library.ucla.edu/catalog/ark:%2F21198%2Fz1k950r1.

The Arabic Lexicon. arabiclexicon.hawramani.com.

United Nations Educational, Scientific and Cultural Organization World Heritage

Convention. https://whc.unesco.org/archive/decrec02.htm.

جامعة الملك سعود المصحف الإلكتروني. quran.ksu.edu.sa.

ويكيبيديا الموسوعة الحرة. الأشعرId/wiki/https://ar.wikipedia.org.

ابن كثير. *تفسير القرآن الكريم*. الطبعة الثانية. الرياض: دار طيبة، ١٩٩٩.

ابن منظور، محمد بن مكرم. لسان العرب. الطبعة الأولى. بولاق: المطبعة الكبرى الميرية، ١٨٨٢-١٨٨٩.

الكتاب المقدس. الطبعة الثانية. القاهرة: دار الكتاب المقدس، ٢٠٢٢.

القرآن الكريم بالرسم العثماني. الطبعة الأولى. أبوظبي: مكتبة الصفاء، ٢٠٢١.

제2부

———

아랍어 편집

بسم الأب والابن وروح القدس إلاه واحد {

1 }اللهم برحمتك وفِّقنا¹ للصدق والصواب

2 الحمد لله الذي لم يكن قبله شيء وكان قبل كل شيء الذي ليس بعده

3 وهو وارث كل شيء وإليه مصير كل شيء الذي حفظ بعلمه علم كل شيء ولم

يسع لذلك إلا علمه²

4 الذي إلى علمه انتهى³ كل شيء وأحصى⁴ كل شيء بعلمه

5 نسألك⁵ اللهم برحمتك وقدرتك أن تجعلنا ممن يعرف حقك ويتبع رضاك

6 ويتجنب⁶ سخطك ويسبّح بأسمائك الحسنى⁷ ويتكلم⁸ بأمثالك العليا

7 أنت الراحم الرحمن الرحيم⁹ على العرش استويت وعلى الخلائق عليت وكل شيء

مليت¹⁰

8 تخير ولا يُخار عليك تقضي ولا يُقضى عليك تستغني عنا ونفتقر إليك قريب لمن

دنا منك مجيب لمن دعاك وتضرع¹¹ إليك

9 فأنت اللهم رب كل شيء وإلاه كل شيء فخالق كل شيء

---

1 Ms توفنا.

2 Ms g عمله s عقله.

3 Ms g انتها s انتهى.

4 Ms أحصى g احصا s احصى.

5 g نسلك.

6 g وبتح....

7 Ms الحسنى g الحسنات s الحسنا.

8 om. g.

9 om. g الجالس.

10 이 표현은 تملأت로 교정할 수 있지만, saǧ'(سجع: 서로 비슷한 운율을 가진 말투로 아랍어 산문에서 사용되어 온 수사적 장식의 한 형태)로 사용되었기 때문에 그대로 두었다. 이 변증서는 saǧ'가 초기 아랍어 그리스도교 문헌에서 사용된 드문 예에 속한다.

11 Ms عرزع g s وتذرع.

10 افتح أفواهنا وانشر ألسنتنا وليّن قلوبنا واشرح[12] صدورنا لنسبّح[13] باسمك[14]
الكريم العلي العظيم المبارك المقدس

11 فإنه لا إله قبلك ولا إله بعدك إليك المصير وأنت على كل شيء قدير}

f.99v 12 ولك الحمد اللهم خالق السماوات والأرض // وما فيهما بكلمتك وروحك

13 ولك الحمد اللهم ساكن النور وخالق الملائكة والروح ليسبّحوا باسمك اسمك
المقدس ولرسالة اسمك ولسلطان قدرتك

14 فهم لا يفترون من تعظيمك وتقديسك قائلين

قدوس[15] قدوس قدوس الرب العزيز الذي امتلأت السماوات والأرض من كرامته

15 وامّا يسبّحون ثلث[16] ويختمون برب واحد ليعلم الناس أنّ الملائكة يسبّحون لله
وكلمته وروحه ⌐إلاها واحدا وربا واحدا¬[17]

16 فلك نعبد ربنا وإلاهنا بكلمتك وروحك وأنت اللهم بكلمتك خلقت السماوات
والأرض وما فيهما وبروح القدس أحييت جنود الملائكة

17 فنحن نحمدك اللهم ونسبّحك ونمجّدك بكلمتك الخالقة وبروحك المقدس المحي
(أنت) إله واحد ورب واحد وخالق واحد

18 لا نفرق الله من كلمته وروحه ولا نعبد مع الله وكلمته[18] وروحه إلها[19] آخر

19 وقد بيّن الله أمره ونوره في التوراة والأنبياء والزبور والإنجيل أنّ الله وكلمته
وروحه إله[20] واحد ورب واحد

12 Ms g واسرح s واشرح.

13 g لتسبيح.

14 Ms اسمك.

15 B و.

16 ثلاث?

17 Ms الاه واحد ورب واحد

18 g بكلمته.

19 Ms الا.

20 Ms g وحد.

20 وسنبيّن²¹ ذلك إن شاء الله في هذه الكتب المنزلة لمن يريد العلم²² ويبصر

الأمور ويعرف الحق ويشرح²³ صدره ليؤمن بالله وكتبه

21 كما قال المسيح في الإنجيل

تدبّروا²⁴ الكتب فإنّكم تجدون فيها الحياة الدائمة

22 وقال أيضا

من ˹يسأل يُعط˺²⁵ ومن يلتمس يجد ومن يستفتح يُفتح له

23 ومكتوب أيضا في رأس التوراة التي أنزلها الله على موسى نبيه في طور سيناء

بدأ خلق الله السماء والأرض

24 ثم قال

روح الله كان على المياه

25 ثم قال بكلمته

يكون نور فكان نور

26 ثم قال

يكون رقيع فكان رقيع

27 وهي السماء الدنيا ثم قال

تنبت الأرض عشبا²⁶ وخضرة وشجرا²⁷ ذا ثمر وغير ذلك

وتُخرج الأرض نفسًا²⁸ حية من الوحوش والأنعام والسباع والدواب فكان كذلك

28 ثم قال

---

21 Ms سانبين.

22 g الحلم.

23 Ms g ويسرح.

24 Ms تدبرون.

25 Ms يسل يعطا.

26 Ms عشب.

27 Ms شجر.

28 Ms نفس.

وتخرج المياه من كل دابة ذات النفس وكل طير يطير في السماء على أصنافها

وأجناسها فكان كذلك

29 ثم قال

نخلق إنسانًا على شبهنا وتمثالنا

30 فقد بيّن الله في أول كتاب أنزله على نبيه موسى أنّ الله وكلمته وروحه إله واحد

وأنّ الله تبارك وتعالى خلق كل شيء وأحيا كل شيء بكلمته وروحه

31 ولسنا نقول ثلاثة[29] آلهة معاذ[30] الله ولكنا[31] نقول إنّ الله وكلمته وروحه // إله   f.100v

واحد وخالق واحد

32 وذلك مثل طبقة الشمس التي في السماء والشعاع الذي يخرج[32] من الشمس

والسخونة التي تكون من الشمس بعضها من بعض

33 لا نقول هي ⌐ثلاث شموس⌐[33] ولكن شمس واحدة فيها[34] ⌐أسماء ثلاثة⌐[35] ليس

يفترق بعضهم من بعض

34 وكمثل العين وحدقة العين والنور الذي في العين لا نقول هنّ ⌐ثلاث أعين⌐[36]

ولكن عين واحدة فيها أسماء ثلاثة

35 وكمثل النفس والجسد والروح لا نفرق بعضهم من بعض لا نقول ⌐ثلاثة أناس⌐[37]

ولكن إنسان واحد أسماء ثلاثة بوجه واحد

36 ومثل أصل الشجرة وفرع الشجرة وثمر الشجرة لا نقول هنّ ثلاث[38] شجرات

---

29 Ms ثلثه.

30 om. g.

31 Ms ولاكنا.

32 g تخرج.

33 Ms الشمس ثلثه.

34 g وها.

35 Ms ثلثه اسما.

36 Ms ثلثه اعين.

37 Ms ثلثه اناس.

38 Ms ثلثه.

ولكن شجرة واحدة بعضها من بعض

37 وإنْ كان يبدو[39] ويظهر للناس[40] في حينه فقد علمنا أنّ ذلك كله في الشجرة إذ أظهر وقبل أنْ يظهر

38 وكمثل عين الماء الذي[41] ينبع من العين فيجري منها[42] نهرا ومن ماء النهر يجتمع فيكون بحيرة لا تستطيع أنْ تفرق بعضه من بعض

39 وإنْ كان اسماؤها مختلفة لا نقول هي ثلاثة[43] مياه ولكن[44] ماء واحد في العين والنهر والبحيرة ؞ إذا اجتمع وإذا افترق

f.101r 40 وكمثل روح ؞ [45] // الإنسان وعقله والكلمة التي تُولد من عقله بعضها من بعض

41 والروح في العقل والكلمة من العقل وبعضه من بعض لا نفرّق بينهم وكل واحد من الآخر يبدو[46] ويُعرف

42 وكمثل الفم واللسان الذي في الفم والكلمة التي تخرج من اللسان كذلك قولنا في الأب والابن وروح القدس

43 به تنبأ الأنبياء وقالوا

فم الرب تكلم

فهذا كله بيان إيماننا بالأب والابن وروح القدس رب واحد

44 نعرف الله بكلمته وروحه وكلمة الله وروحه به نسبّحه ونحمده

45 وكذلك ينبغي أنْ يؤمن الناس به

46 ولكن ينبغي أن نعلم أنّا لا ندرك شيئًا من أمر الله ولا عظمته بكلام ولا بأمثال ولا

---

39 A.

40 g الناس.

41 Ms التى.

42 B.

43 Ms ثلثه.

44 g الا.

45 om. g.

46 Ms يبدوا.

بقول ولكن بإيمان وتقوى وخشية الله وزكاة[47] الروح

47 فإنْ كان مَن منِ الناس رجا أنْ يدرك شيئًا من عظمة الله فإنّه يطلب ظلّه الذي لا يدركه أبدا

48 وكل من ظن أنّه يخبر يقين قدر الله فإنّه قد قدّر على أنْ يكيل[48] ماء البحر بكفّه

49 فإنّ الله تبارك اسمه وتعالى ذكره أجلّ أمرا وأعظم ٔ شأنا من أنْ[49] تدركه[50] العقول والأبصار

f.101v   50 هو الذي[51] لا يُدرَك وكذلك ينبغي لله العلي الكريم[52] // ولكلمته وروحه فإنّ كل شيء من أمر الله عجب معجب

51 ولسنا نقول إنّ الله ولد كلمته كما يلد أحد من الناس معاذ الله ولكنا نقول إنّ الأب ولد كلمته كما تلد الشمس الشعاع وكما يلد العقل الكلمة وكما تلد النار السخونة لم يكن شيء من هؤلاء[53] قبل الذي وُلد منه

52 ولم يكن الله تبارك اسمه قط دون كلمة وروح ولكن الله منذ قط بكلمته وروحه

53 وكانت كلمته وروحه عند الله وبالله قبل أنْ يخلق الخلائق

54 لا تقول[54] كيف يكون ذلك فإنّ كل شيء من أمر الله عظمة وجبروتًا

55 وكما لا يستطيع أحد من الناس أنْ يدرك شيئًا من أمر[55] الله كذلك لا يستطيع أنْ يدرك كلمة الله وروحه

56 وكذلك قال الله في التوراة

---

47 Ms وذكاه.

48 g يطيل.

49 om. g.

50 Ms g يدركه.

51 om. g الدارك.

52 om. g الكـ.

53 Ms هاولا.

54 g نقول.

55 om. g.

نخلق الإنسان على شبهنا[56] وتمثالنا

ولم يقل[57] الله تبارك اسمه إنّي خلقت الإنسان

57 ولكنه قال إنّا خلقنا الإنسان ليعلم الناس أنّ الله بكلمته وروحه خلق كل شيء
وأحيا كل شيء

58 وهو الخلّاق العليم وتجدونه في القرآن

إنّا خلقنا الإنسان في كبد وإنّا فتحنا أبواب السماء بماء منهمر قال

59 تأتونا فرادى كما خلقناكم أول مرة وقال

60 // آمنوا بالله وكلمته وأيضا في روح القدس   f.102r

بل تنزّله روح القدس من ربك رحمة وهدى

61 فماذا أبْين من هذه وأنور حين نجد في التوراة والأنبياء والزبور والإنجيل وأنتم
تجدونه في القرآن أنّ الله وكلمته وروحه إله واحد ورب واحد

62 وقد أُمرتم أن تؤمنوا بالله وكلمته وروح القدس[58] فلِمَ تعيبون علينا أيها الناس أن
نؤمن بالله وكلمته وروحه ونعبد الله بكلمته وروحه ⌐ إلها واحدا وربّا واحدا وخالقا
واحدا⌐[59]

63 والله قد بيّن في الكتب كلها أنّ الأمر على ذلك في الهدى ودين الحق فمن خالف
على هذا فليس على شيء

64 وفي الإنجيل مكتوب حين عُمد المسيح في الأردنّ النهر المقدس أنّ الأب شهد من
السماء وقال

هذا ابني الحبيب الذي به شئت إياه فاسمعوا

65 وروح القدس نزل من السماء وحلّ عليه ليعلم الناس أنّ الله وكلمته وروحه إله
واحد ورب واحد في الأوّلين والآخرين

---

56 g شبيهنا.

57 Ms يعول.

58 Ms تعيبوا.

59 Ms اله واحد ورب واحد وخالف واحد.

66 ولا تقول إنّ الله ينتقل من مكانه أو يكون منه شيء دون شيء معاذ الله

67 بل نقول إنّ الله كله تامّ في السماء وكله تامّ في المسيح وكله تامّ في كل مكان

68 ألا ترى الشمس التي خلقها الله ضياءً [60] // ونورًا[61] لأهل الدنيا أنّها في السماء وفي   f.102v
الأودية والجبال والآكام والبحور

69 لا يفترق ولا ينتقل من مكان إلى مكان ولكنه حيث يشاء يكون كما يشاء

70 ملأ كل شيء عظمته وسلطانه ولا شيء أجلّ منه

71 وكذلك تنبأ داود النبي على صبغة المسيح وقال
صوت الرب على الماء المحمود أرعد الله على الماء الكثير

72 فماذا أبْين من هذه النبوّة على صبغة المسيح أنّ الأب شهد من السماء والابن كان
على الماء وروح القدس نزل عليه

73 وذلك كله إله واحد وسلطان واحد فهذا إيماننا وشهادتنا بالله وكلمته وروحه هو
الأب والابن وروح القدس إله واحد ورب واحد

74 {أمّا في المسيح فخلّص الناس ونجّاهم ذلك فسنبيّن ذلك إن شاء الله

75 كيف أرسل الله كلمته ونوره رحمة للناس وهدى ومَنَّ عليهم به ولِمَ نزل من
السماء خلاصًا[62] لآدم وذريته من إبليس وظلمته وضلالته

76 إنّ الله تبارك اسمه وتقدّس وتعالى خلق بفضله ورحمته العظيمة السموات والأرض
وما فيهما في ستة أيام

77 وخلق آدم من تراب ونفخ[63] فيه نسمة الحياة // فكان[64] آدم ٔنفسا حية ٔ[65]   f.103r

78 ثم أسكنه الجنة وخلق له من ضلعه زوجته وأوصاهما (أن) يأكلا من كل شجرة
في الجنة

---

60 om. g.

61 Ms ونور.

62 Ms خلاص.

63 g ونفح.

64 g وكان.

65 Ms نفس حى.

79 وأمّا من شجرة الخير والشر فلا يأكلا منها فإنّهما يوم يأكلان ⁶⁶ منها ˹موتا يموتان˺ ⁶⁷

80 فحسدهما إبليس وأراد أنْ يخرجهما من كرامة الله فأتى حواء زوجة آدم فقال لها لذلك ⁶⁸

81 قال الله لا تأكلا من شجرة العلم إنّه قد علم متى تأكلا منها تكونا ⁶⁹ إلاهين ⁷⁰ مثله

82 فزيّن لهما إبليس وغرّهما فأكلت منها حواء وأطعمت زوجها فعريا وبدت ⁷¹ لهما سوآتهما واستترا بورق التين

83 فأخرجهما الله من الجنة وسكنا مقابلها وجعل الله حائط الجنة من نار وورث آدم المعصية والخطيئة والموت فجرى ذلك في ذريّة آدم

84 لم يستطع ⁷² أحد من الناس نبيا ⁷³ ولا غيره أنْ يخلّص ذرية آدم من المعصية والخطيئة والموت}

85 وكان ما بين آدم ونوح عشرة آباء وذلك ˹ألفان ومئتان وسبعون˺ ⁷⁴ سنة

86 لا يذكرون الله ولا يعبدونه إلّا ⁷⁵ نوح ومن أحب الله وأطاعه منهم وكان نوح يعظمهم ويدعوهم إلى الله وهم يستهزئون به // ويخالفونه   f.103v

87 ثم إنّ الله أتى بالطوفان على بني آدم وعلى كل دابة في زمان نوح فغرق أهل الدنيا كلهم وخلّص نوحا ⁷⁶ وأهل بيته

88 وهم ثمانية ⁷⁷ أنفس في السفينة التي أمره الله أنْ يصنعها وكان معه في السفينة من

---

66 Ms ياكلا.

67 Ms موت تموتان.

68 g s كذلك لذلك.

69 Ms تكونان.

70 B لا.

71 Ms وبدات.

72 Ms يستطيع.

73 s لا نبي.

74 Ms الفين وميتين وسبعبن.

75 Ms الى.

76 Ms نوح.

77 Ms ثمنيه.

كل دابة وكل طير كما أمره الله

89 ثم أخرج الله نوحًا وأهل بيته بعد سنة من السفينة وسكن الأرض ببنيه وأهل بيته

وقرّب لله قربانا فتقبّل الله قربانه ذلك

90 ثم كا[ن] ما بين نو[ح] إلى إبراهيم[78] الطيب الذي اجتباه الله لطاعته عشرة آباء

وذلك ألف ومئتان سنة

91 فكان الناس يعبدون الشيطان من دون الله ويركبون المحارم ومعاصي الله إلّا

أصفياء الله

92 وهم قليلون[79] في زمانهم ينذرونهم ويدعونهم إلى الله ويلقون منهم البلاء الشديد

والعداوة الظاهرة من أقاربهم وغيرهم[80] من الناس

93 فصار الناس أشرّ ما كانوا قط وأسوأهم فعلا وأقبحهم[81] هيئة واشتعل الشرّ في الناس

وظهر فيهم عمل // إبليس الخبيث   f.104r

94 وعمل قوم سدوم الذي سكن فيهم لوط بن أخي إبراهيم العمل الفاحش الخبيث

القبيح فأهلكهم الله بمطر من نار ونفط

95 فلم يخلّص منهم أحدا ونجّى الله لوطا[82] وابنتيه من الهلاك فإنّ الله مع الذين

يتقونه ويعملون صلاحا

96 ثم كان ما بين إبراهيم إلى موسى نبي الله ⌐أربع مئة وثلاثين[83] سنة⌐[84] ثم دخل

إسرائيل[85] وبنيه إلى مصر

---

78 Ms ابرهيم.

79 Ms وليل.

80 Ms غيره.

81 Ms اقبحة g اوبحه.

82 Ms لوط.

83 Ms سلس ماه ابع.

84 원문에서 96행의 ما بين كان ثم부터 سنة وثلائين까지의 구절은 92행과 93행 사이에 위
    치하지만, 문맥의 흐름을 고려하여 현재 위치로 옮겼다.

85 Ms اسرايل.

97 وهم ⌐ خمس وسبعون ⌐ [86] نفسا بين رجل وامرأة وصبي فكثّرهم الله وأنماهم حتى
بلغوا ستمئة [87] ألف وزيادة

98 فقام على مصر فرعون آخر لم يكن يعرف يوسف ففرقهم وأتاهم [88] بالعمل الشديد
وأراد أنْ يهلك بني إسرائيل

99 وجعل نفسه إلاها واستعملهم بالبنيان الشديد وجهدهم أشد جهد [89] وقتل بنيهم
وخلّص الله موسى وربته بنت فرعون

100 فتضرّع [90] بنو [91] إسرائيل إلى الله أنْ يخلّصهم من الجهد الذي كانوا فيه ومن
يدي [92] فرعون

101 فاستجاب الله لهم وأطلعهم برحمته فخرج موسى من مصر فارًّا فساقه الله حتى
بلغ طور سيناء

102 فكلّمه الله تكليما من جانب الطور الأيمن وقال له
إنّه قد صعد إليّ نواح بني إسرائيل وجهدهم الذي أجهدهم فرعون وقومه

103 فأرسله الله // إلى فرعون وأيّده بالآيات (و)العظائم الكبيرة والقوة الشديدة ثم   f.104v
إن الله فرج البحر عن بني إسرائيل فأجازهم في وسطه وغرق فرعون وجنوده وكان
الله ⌐ شديدا وذا ⌐ [93] انتقام

104 وكان الله يهديهم بالليل بعمود من نار وبالنهار يظلهم بالغمام ورزقهم المنّ
والسلوى ومنّ عليهم أربعين سنة في أرض القفر

105 في ذلك يعصون الله ويركبون مساخط الرب فلم ينته [94] عنهم الشيطان حتى

---

86 Ms خمسه وسبعين.

87 Ms سته ميه.

88 Ms واتهم.

89 Ms الجهد.

90 Ms فتدرع.

91 Ms بنى.

92 g يد.

93 Ms دوا g شديد ذو شديد.

94 Ms ينتهى.

أفتنهم وعبدوا عجل الذهب من دون الله وموسى حينئذ عند الله في طور سيناء يقبل
التوراة

106 فأراد الله أن يهلك بني إسرائيل بأعمالهم الخبيثة فرغب موسى إلى الله وسأله أنْ
يتجاوز عنهم ويعفيهم من الهلكة

107 فقبل الله شفاعة عبده ونبيه موسى فتجاوز عنهم وعفاهم من الموت

108 ثم قال الله لموسى ولبني إسرائيل

إنّي أقيم لكم نبيا مثلي فأطيعوه في كل شيء يأمركم به فمن لم يطعه[95] فإنّي امحو[96]
اسمه وأهلكه من بني إسرائيل

109 والنبي هو المسيح كلمة الله وروحه الذي أرسله من السماء رحمة وهدى لذرية
آدم وخلاصهم

f.105r   110 ثم إن الله قبض[97] موسى نبيّه فكان ما عاش موسى// مئة وعشرين سنة

111 فعاد بنو[98] إسرائيل إلى أشرّ ما كانوا قط يعبدون الشيطان في كل مكان ولا يذكرون
الله ويذبحون بنيهم وبناتهم للشيطان وجنوده

112 وذلك بعد ما أدخلهم إلى أرض فلسطين الأرض المقدسة فأرسل الله إليهم أنبياءه
ورسله وكثّر فيهم الأنبياء

113 فكانوا يعظونهم ويدعونهم إلى الله ويبيّنون لهم[99] عمل الشيطان وفتنته وضلالته

114 فغلب الشيطان على بني إسرائيل وعلى الناس كلهم وأفقرهم وطغاهم

115 واتخذ الناس عبيدا[100] من دون الله وأفتنهم[101] وأضلهم بكل عمل خبيث

116 وولّب الناس على أنبياء الله ورسله وعمى قلوبهم ألا يفهمون كلام أنبياء الله

---

95 Ms يطيعه.

96 Ms امحو.

97 g فبين.

98 Ms ىى.

99 Ms له.

100 Ms عبيد.

101 Ms وافتهم.

117 فمنهم من قتلوه ومنهم من رجموه ومنهم من كذبوه وظهر عمل إبليس وضلالته في كل أمّة وكل قوم

118 وعبدوا النار والأصنام والدوابّ والشجر وعبدوا الحيوات والحيتان وكل دوابّ الأرض

119 فلم يرض[102] الله هذا لخلقه وكان الله أرحم الراحمين بخلقه وأحقّ من تولّى خلاصهم وفرقانهم من فتنة إبليس وضلالته

120 فلما رأى ذلك أنبياء الله أن بني آدم قد هلكوا وقد غلب عليهم // الشيطان ولم يستطيع أحد من الناس أنْ يخلّص ذرية آدم من الضلالة والهلكة f.105v

121 رغب أنبياء الله ورسله إلى الله وسألوه أنْ ينزل إلى خلقه وعباده فيتولّى برحمته خلاصهم من ضلالة الشيطان

122 فمنهم من قال

رب طأطى السماء واهبط إلينا

ومنهم من قال

الجالس على الكروبين أظهر لنا أقم[103] قوتك وتعال لخلاصنا

123 ومنهم القائل

لا شفيع ولا ملك ولكن الرب يأتي فيخلّصنا

124 وآخر تنبّأ وقال

أرسل الله كلمته فشفانا من جهدنا وخلّصنا

125 وآخر تنبّأ وقال

جهارا[104] يأتي ولا يلبث

126 وداود النبي تنبّأ وقال

مبارك الذي يأتي باسم الرب اللهم ربنا أطلعنا

---

102 Ms يرضا g يرضى.

103 Ms اويم.

104 Ms جهار.

127 وقال أيضا

يأتي الله ولا يسكت[105] النار تأكل قدامه وتنعّم أنْ تشتعل حوله

128 {فماذا أبْين وأنْور من هذه النبوّة على المسيح حين تنبّأ الأنبياء وقالوا إنّه إلاه وربّ ومخلّص

129 وهو الذي هبط من السماء خلاصاً[106] لعباده ولم فارق[107] العرش

130 فإنّ الله وكلمته وروحه على العرش وفي كل مكان تامّ لا ينتقص امتلأت السماوات والأرض وما فيهما من كرامته

131 فلما رأى الله خلقه قد هلكوا وقد استحوذ الشيطان عليهم وعبده كل أمّة وكل قوم} // من دون الله   f.106r

132 وأنبياؤه يرغبون إليه أنْ يخلّص ذرية آدم من هلكة إبليس وضلالته

133 وكانت سقطة آدم وذريته أشدّ من أنْ يستطيع أحد من الناس أنْ يعفيهم ويشفيهم من قرحتهم

134 فتوسع[108] الله عليهم برحمته ومنّ عليهم برأفته ولم ير[109] تبارك اسمه وتقدّس أنْ يضيع خلقه

135 ولم ير أنْ يكون خلق الناس برحمته فيتركهم أنْ[110] يعبدوا[111] الشيطان من دونه ويذبحون بنيهم وبناتهم للأصنام ويرتكبون[112] المحارم ومعاصي الله

136 وإبليس يفتخر على خلق الله بأنّه قد قهرهم وتعبّدهم وليس يستطيع أحد من الناس أنْ يخلّصهم من يده

---

105 Ms g يسكب.

106 Ms خلاص.

107 Ms يفارق.

108 s توسع.

109 Ms ارا.

110 om. s.

111 Ms يعبدون.

112 Ms ويركبون.

137 ولم ير الله أنْ يلي أحد من الناس خلاصا[113] بني آدم وذريته فتولّى ذلك برحمته فخلّصهم من يديّ إبليس وضلالته

138 لكيما يُشكر الله ويُحمد بنعمته عليهم ومنّه وفضله ورحمته وخلاصه لهم

139 ولم يكن ينبغي لهذا الخلاص ولهذه الرحمة العظيمة `يليها أحد من الناس إلا الله`[114] فأحب الله برحمته ورأفته وفضله أن يلي خلاص عباده وخلقه

140 لكيما يشكروا[115] له ويعبدوه[116] ويعلموا[117] أنّ الله هو ربهم أرحم الراحمين بخلقه وكان[118] الله أعلم بهذا خلْقه وخلاصهم

141 ﴿ولو أنّ الله وله[119] العزة والقدرة أراد أنْ يهلك إبليس وهو في العرش فعل // f.106v

142 لأنّه في كل مكان على كل شيء قادر لا يعجزه شيء[120] أراده[121] في السماوات والأرض

143 ولكن كان إبليس قد صرع[122] آدم وأفتنه وأورثه الموت والمعصية وأخرجه من الجنة وافتخر عليه وعلى ذريته

144 وظن الخبيث أنّه لا يزال يقهر ذرية آدم ويتعبهم وليس يستطيع أحد أنْ يخلّصهم من ضلالته

145 فأحب الله أنْ يهلكه ويكبه[123] بهذا الإنسان الذي أُفتن وأُستُضعف وأهلكه وجعله تحته بمعصيته الله فيما كان يرى

---

113 Ms خلاص.

114 s أن يليها أحدا من الناس، الا الله الا.

115 Ms يشكرون.

116 Ms ويعبدونه.

117 Ms ويعلمون.

118 s وصار.

119 s له.

120 Ms شيا.

121 B د.

122 g ضرع.

123 Ms يكبه g ويطيه.

146 فأرسل الله من عرشه كلمته التي هي منه وخلّص ذرية آدم ولبس هذا الإنسان
الضعيف المقهور من مريم الطيبة التي اصطفاها الله على نساء العالمين

147 فاحتجب بها وأهلك به إبليس[124] وأكبّته وكبّته وتركه ضعيفا ذليلا لا يفتخر على
ذريةَ آدم شديدَ الحسرة حين قهره الله بهذا الإنسان الذي * لبسه

148 ولو أنّ الله أهلك إبليس من دون أنْ يلبس هذا الإنسان الذي *[125] أكبّه[126] به لم
يكن إبليس يجد الحسرة والندامة

149 وإذن لقال الخبيث

إنّي قد صرعت وافتتنت وأخرجت من الجنة الإنسان الذي خلقه الله بيده على شبهه
ومثاله وقبضته من الله وأورثته)[127] // المعصية والموت فإن كان الله غلبني ليس ذلك   f.107r
بعجب الله قادر فاعل لما يريد لا يعجزه شيء أراده

150 فلذلك أهلك الله إبليس وأكبّه بالإنسان الذي لبسه منا لكيما لا يفتخر على ذرية
آدم بأنّه قهرهم وأفتنهم

151 فأحب الله أنْ يخزي إبليس وأنْ يجعله ضعيفا وبيّن[128] للناس أنّه ⸢عبد عاصٍ
ضعيف⸣[129] ألقاه الله من السماء بمعصيته فلا يتّقوه ويحقّروه

152 وجعل عباده وأولياء طاعته يستهزئون به ويحقّرونه بعد ما كان قد قهرهم
وتعبّدهم

153 فانظر أيها الإنسان ماذا عمل الله بنا وكيف رفعنا إلى ملكوت السماء وأكبّ إبليس
وأنزله أسفل المنازل وتركه ضعيفا شديد الحسرة

154 يرى فينا كرامة الله التي أكرمنا ورفعنا إلى السماء بالمسيح كلمته وروحه وجعلنا
مع ملائكته نسبّح ونعظّم اسمه العظيم}

---

124 g الشر.

125 mg *⋯*.

126 g كبه s طبه.

127 Ms g واورثه.

128 s وليبين.

129 Ms s عبدا عاصيا ضعيفا.

155 فأرسل الله كلمته ونوره إلى مريم التي اختارها الله من ذرية آدم طاهرة طيبة

156 فأتاها جبرائيل[130] رأس الملائكة وقال لها

f.107v السلام[131] عليك أيتها المباركة الرب معك // (تلدين المسيح مخلّص إسرائيل

157 فقالت مريم

أين يكون لي ولد ولم يمسني بشر

قال جبرائيل

روح الله عليك تنزل وقوة العلي فيك تحلّ والذي يُولد منك مقدسا[132] بن العلي يُسمّى وأنت مباركة في النساء

158 فمَن أصدق شهادة من جبرائيل رأس الملائكة الذي يقوم عند العرش ويرسل لكل بشير ونبوّة من الله

159 فوُلد المسيح من مريم المطهرة بروح القدس من غير يمسّها بشر[133] (المسيح) إله من الله ونور من نوره كلمته وروحه وإنسان كامل بالنفس والجسد من غير خطيئة

160 وبقيت مريم عذراء بعد ما ولدته فلو لم يكن المسيح إلها[134] من الله ونور لم تبق[135] مريم عذراء بعد ما ولدته ولكنها ولدت نور الله وكلمته رحمة وهدى وخلاصا[136] لخلقه

161 فخلّص آدم وذريته من ضلالة إبليس وأقام آدم من عثرته وشفى قرحته وجدد بلاءه وجبر صدعه

162 وأنقذه وذريته من يدِي[137] إبليس وأبطل ظلمته وطغيانه وفك رقابنا من عبادة

---

130 Ms جبريل.

131 Ms السلم.

132 Ms مقدس.

133 Ms بشرا.

134 Ms اله.

135 Ms تبقى g تبعا.

136 Ms خلاص.

137 g يدى.

الشيطان[138]

163 وصلب الخطيئة بصليبه[139] وأمات الموت الذي ورث آدم بالمعصية بموته وأظهر

164 وأقام الحق والبرّ والهدى برحمته ومنّه على الناس وعلى خلق الله ونوره في الناس

165 وبيّن لهم عظمته وأعلمهم أنْ يعبدوا[140] الله وكلمته وروحه ˈ إلها واحدا وربا

واحدا ˈ[141] وأعلم أنّ المسيح لم ينزل من السماء لخلاص نفسه

166 لقد كان كلمة وروحا[142] عند الله من قبل الدهر وكانت الملائكة يسبّحون لله

وكلمته وروحه رب واحد يقدس كل (شيء)

167 ولكنه نزل رحمة وخلاصا[143] لآدم وذريته من إبليس وضلالته ولم يفارق العرش

عند الله وكان إلها[144] من الله في السماء يدبّر الأمور ويرحم خلقه كيف يشاء

168 فعمل المسيح من الآيات عمل إله ليعلم الناس من عمله أنّه إله من الله ونور

169 وكذلك قال المسيح لبني إسرائيل

إنْ لم تؤمنوا لي فآمنوا[145] لعملي الذي أعمل

فخلق المسيح وليس يخلق إلا الله

170 وأنتم تجدون في القرآن وقال

وخلق من الطين كهيئة الطير فنفخ فيه فإذا هو طير بإذن الله

171 وغفر الذنوب ومن يغفر الذنوب إلا الله وأشبع من الجوع وليس يعمل هذا ولا

يرزق إلا الله

---

138 g وفطر قلبنا من عبادة الشيطان.

139 Ms بصلبه.

140 Ms يعبدون.

141 Ms اله واحد ورب واحد.

142 Ms روح.

143 Ms خلاص.

144 Ms اله.

145 Ms فاومنوا.

172 وأنتم تجدون هذا كله من أمر المسيح في كتابكم

173 // واعطى الحواريين[146] روح القدس وسلطهم على الشياطين وعلى كل مرض وليس

f.108v

يعطي روح القدس إلا الله هو الذي نفخ في آدم فإذا هو إنسان ذو[147] نفس حية

174 وصعد إلى السماء من حيث نزل على أجنحة الملائكة وليس يستطيع ذلك إلا الله

هو الذي نزل من السماء على طور سيناء وكلّم موسى وأعطاه التوراة

175 وهو في كل مكان أيّها[148] الإنسان تامّ لا ينتقص منه شيء

176 ثم يأتي المسيح يوم القيامة فيدين الناس بأعمالهم ويورث الصالحين ملكوت

السماء وحياة دائمة لا انقطاع لها

177 {والمسيح هو الوسيط[149] بيننا وبين الله إلاها من الله وإنسانا[150] لم يكن يستطيع

الناس (أن) ينظروا[151] إلى الله ويحيون فأراد الله رحمة بخلقه وكرامة لهم

178 فكان المسيح بيننا وبين الله إلاها من الله وإنسانا (المسيح) الديّان للناس بأعمالهم

فلذلك احتجب الله بإنسان من غير خطيئة فرحمنا بالمسيح وقرّبنا إليه}

179 فهذا كله قد تكلم به أنبياء الله وقالوا على المسيح قبل أنْ يظهر للناس

180 وسنبيّن ذلك كله من قولهم وكتبهم وبشراهم // بالمسيح فيما كان يُوحى إليهم

f.109r

بروح القدس في آخر كتابنا هذا إن شاء الله

181 ولكن نبدأ بآية[152] واحدة[153] قبله من قول المسيح إذ قال للحواريين حين صعد إلى

السماء من طور الزيت وأمرهم أن ينتشروا[154] في الدنيا كلها ويبشروا[155] عن ملكوت

---

146 Ms الحواريون.

147 Ms اد.

148 Ms ايه.

149 Ms g الوسط.

150 Ms انسان.

151 Ms ينظرون.

152 Ms يايت.

153 Ms واحد.

154 Ms ينتشرون.

155 Ms يبشرون.

السماء والتوبة على اسمه

182 قال لهم المسيح

إنّي أرسلكم اليوم كغنم بين الذياب ولكن اقعدوا في بيت المقدس حتى تلبسوا[156] القوة من السماء

183 وإنّي[157] أذهب إلى حيث كنت وأرسل إليكم البارقليط[158] روح القدس الصادق الذي لا يستطيع الناس أنْ ينظروا[159] إليه هو الذي يذكركم شأني وكل شيء كلمتكم به هو يتكلم في أفواهكم

184 وستُساقون[160] إلى ملوك الدنيا وذَوِي[161] السلطان فلا يهمنكم ما تتكلمون[162] به فإنّ الروح الذي أرسل إليكم هو يتكلم في أفواهكم فقعدوا في صهيون بيت المقدس

185 فنزل عليهم روح القدس الذي وعدهم المسيح كأنه ريح عاصف وذلك يوم العنصرة بعد صعود المسيح إلى السماء بعشرة أيام

186 فتكلم // الحواريون كلهم بألسنة من نار لكل لسان أمّة في الدنيا اثنان وسبعون[163] لسانا وصدقهم المسيح وعده حين صعد إلى السماء ولم يخلفهم قوله   f.109v

187 {فمن هذا الذي يستطيع أن يقضي في السماء فيجوز قضاؤه إلا الله وحده بكلمته وروحه[164]

188 فقد قضى المسيح في السماء ويقضي وأرسل إلى الحواريين روح القدس كما وعدهم

189 ولو كان مثل آدم أو مثل أحد من الناس نبي[165] أو غيره لم يستطع أن يقضي في

---

156 Ms تلبسون.

157 Ms انا.

158 Ms البرقليط.

159 Ms ينظرون.

160 Ms وساتساوبوا.

161 g ذوى.

162 Ms تتكلموا.

163 Ms اثنين وسبعين.

164 om. s.

165 Ms نبيا.

السماء ولا أنْ يطلع إلى السماء

190 ولبقي في الأرض كما بقي آدم ونوح وإبراهيم وموسى والأنبياء والرسل كلهم

191 ولكنه كلمة الله ونوره إله من الله نزل من السماء لخلاص[166] آدم وذريته من إبليس وضلالته

192 وصعد إلى السماء حيث كان في كرامته وسلطانه وملأ قلوب الناس الذين آمنوا به قوة وروح القدس لكيما يسبّحوا[167] الله وكلمته وروح القدس في السماوات والأرض}

193 وكذلك علّمنا المسيح (أن) نقول[168]

f.110r أبانا[169] الذي في السماء يتقدس اسمك تأتي ملكوتك تكون // مسرّتك كما في السماء كذلك في الأرض

194 رزق كفاف أعطينا يوما[170] بيوم واغفر لنا ذنوبنا كما نغفر نحن لمن يذنب إلينا ولا تدخلنا إلى البلاء يا رب

195 ولكن خلّصنا من الشيطان من أجل أنّ لك الملكوت والعزة والحمد إلى دهر[171] الداهرين آمين

196 {فأظهر المسيح نور الله في الناس وجعلهم مثل ملائكة الله في الأرض قد غلبوا شهوات الدنيا وحبها وكان مسرّة الله فيهم كما[172] هو في الملائكة}

197 ثم خرج الحواريون فاقتسموا الدنيا كلها بينهم فبشّروا عن ملكوت السماء والتوبة على اسم المسيح

198 وعملوا الآيات كلها بروح القدس وشفوا كل مرض وداء وأخرجوا الشياطين من بني آدم وأقاموا الأموات باسم المسيح

---

166 g بخلاص s لخلاص.

167 Ms يسبح.

168 Ms ان نهول = انهول.

169 Ms ابونا.

170 Ms يوم.

171 Ms الدهر.

172 s لما.

199 وأبطلوا الأوثان وعبادة إبليس من بني آدم وظهر نور الله وحقه في الأمم كلها وهدوهم إلى عبادة الله وطاعته

200 {وإنّما كانوا اثني[173] عشر رجلا مساكين ضعفاء غرباء في الناس لا ملك لهم ولا سلطان في الدنيا ولا مال يصانعون به ولا معرفة ولا قرابة يدلون بها على[174] أحد]

f.110v   201 // ولكن المسيح كان معهم أفضل من الدنيا كلها وأشد سلطان من سلطان الدنيا يقوّيهم ويعزّيهم بروح القدس ويريهم نوره وكرامته في كل مكان وفي كل حين

202 فهدوا الأمم كلها من مشارق الأرض ومغاربها باسم المسيح وأنقذوهم من ضلالة إبليس وفتنته

203 لم يقاتلوا أحدا[175] ولم يكرهوا الناس حتى ظهر الحق والهدى والناس يقاتلونهم ويواعدونهم[176] اليهود من جانب والحنفاء الذين كانوا يعبدون الأصنام من جانب

204 فأظهر الله بهم النور على الظلمة والهدى على الضلالة والحق على الباطل

205 ولو لم يكن هذا الدين حقا[177] من الله لم يثبت ولم يقم[178] منذ سبع مئة سنة وست وأربعين سنة

206 والأمم يقاتلونهم لا يستطيعون أنْ يبطلوا[179] دينا[180] أقامه الله وصنعه فلعمري إنّ في هذا لمن أراد أنْ يتفكر ويعرف الحق عبرة}

207 ولقد اجتمعت أحبار اليهود على الحواريين فقالوا لهم ألم نتقدم إليكم ألا تنادوا باسم المسيح ولا تتكلموا به وهذا أنتم قد ملأتم بيت المقدس وأرضها // المسيح وتعليمكم   f.111r

---

173 Ms اثنا.

174 g s الى.

175 Ms احد.

176 Ms ويواعدهم s ويواعدوهم.

177 Ms حق.

178 Ms يووم.

179 Ms يبطلون.

180 Ms دين.

208 قال لهم غمالائيل[181] رجل [سيد من بني إسرائيل كثير العلم منهم

يا معشر[182] بني إسرائيل دعوا القوم ولا تحولوا[183] بينهم وبين ما يتكلمون وما
يعلمون

209 فإنْ كان أمرهم من الله ثبت دينهم واستقام لهم وإنْ كان أمرهم من غير الله
أبطله الله ولم يقم لهم فيه أمرا

210 ولا تكونوا ممن يعادي[184] ويقاتل أمر الله وإنّه لا طاقة لكم بذلك

211 فإنّ آخرين قبلهم من بني إسرائيل قد خرجوا يدعون إلى دين آخر فأبطل الله
عملهم وتعليمهم

212 فرضي عامة بني إسرائيل بقول أخيهم هذا وتركوا الحواريين وتعليمهم وكان ذلك
كله من الله وحده

213 {فلو[185] لم[186] يكن أمر المسيح حقا ولم[187] يكن إلها من الله[188] ما استقام أمر
الحواريين ولا تعليمهم ولم يستطيعوا أن يهدوا الأمم الذين لم يعبدوا الله قط

214 ولكن المسيح أيّد الحواريين بروح القدس وعملوا الآيات كلها فبذلك هدوا الأمم
إلى نور الله وعبادته واستقام أمرهم في الدنيا كلها

f.111v   215 وهم غرباء مساكين فرفع الله ذكرهم] // وقبل الناس قولهم وأبطل الله الضلالة
على أيديهم

216 والله المحمود في الأمور كلها وسبحانه[189] له السلطان والقدرة في السماوات
والأرض}

---

181 Ms غماليل.

182 om. g.

183 Ms تحلوا.

184 g يعادى.

185 s ولو.

186 Ms الم.

187 B و.

188 s اله.

189 s سبحانه.

217 وهذا قول الأنبياء [190] في المسيح الذي يتكلم على ألسنتهم بروح القدس وبيّنه

للناس قبل إتيان المسيح

218 قال الله في المسيح على لسان داود النبي

قبل اليوم مني ولدتك

219 وذلك أنّ الكلمة من الله وبالله قبل اليوم وقبل الملائكة وقبل الدهر كله ولم يكن

الله قط تبارك اسمه دون كلمة وروح

220 بكلمته خلق السماوات والأرض وما فيهما وبروحه المقدس أحيا الملائكة والناس

أجمعين

221 وكذلك قال الله في الإنجيل

منذ قط كانت الكلمة والكلمة كانت عند الله والله هو الكلمة

فماذا أبْين من هذا وأنور حين وافق الله كتاب الأنبياء والإنجيل

222 وقالوا إنّ الكلمة من الله على كل حال وهي من طبيعة الله وإنّها ولدت من الأب

ولم يخلق بل خلق كل شيء بكلمته

223 فليس ينبغي لأحد من الناس أن يجعل شيئا من الله مخلوقا[191] لا كلمته ولا روحه

ولكن الله // {بكلمته خلق كل شيء} ۲ ويرى كل شيء ۲ [192]   f.112r

224 وقال الله على لسان داود النبي أيضا في المسيح

ابني أنت وأنا اليوم ولدتك اسألني[193] أعطيك الشعوب لنحلتك وأخذيك حصار الأرض

ترعاهم بقضيب من حديد

225 فانظر أيّ[194] أرض مما خلق الله في الدنيا لا يسبّح ۲ فيها اسم ۲[195] المسيح ولا

يذكر فيها سلطانه

---

190 B لا.

191 Ms مخلوف.

192 om. g.

193 Ms سلنى.

194 g اى.

195 A.

226 فقد ورث المسيح الأمم كلها كما قال الله على لسان داود النبي

بلغ اسمه وسلطانه أقاصي[196] الدنيا

227 وذلك حين تجسد كلمة الله من مريم المطهرة فكان إلها وانسانا وهو رجاء الأمم

وهم كانوا ذخيرة المسيح

228 وتنبأ أيضا داود بروح القدس وقال على المسيح

قال الرب لربي اقعد يميني حتى أضع أعداءك تحت منصب قدميك

229 فقد صعد المسيح إلى السماء ولم يفارق السماء فقعد يمين الأب ووضع أعداءه

الذين عصوه تحت منصب قدميه وتحت أقدام الذين آمنوا بالمسيح

f.112v 230 وكذلك تجدون في القرآن

إنّي متوفيك ورافعك إليَّ ومطهرك // من الذين كفروا

وجاعل الذين اتبعوك فوق الذين كفروا إلى يوم القيامة

231 ولا تقول إنّا نؤمن بإلاهين أو نقول ربّيْن معاذ الله إنما الله إله واحد ورب واحد

بكلمته وروحه

232 ولكن الله أوحى إلى عبده ونبيه داود وبيّن له أنّ المسيح كلمة الله ونوره إذ أطلع

(المسيح) للناس برحمته فإنّه إله من الله وإنْ كان لبس جسدا[197]

233 فمن أطاعه فقد أطاع الله ومن عصاه فالله جعله تحت قدميه ليعلم الناس أنّ

الله ومسيحه في عرش وكرامة واحدة وليس شيء من الله بعضه دون بعض

234 وكذلك تجد في الإنجيل أنّ المسيح سأل اليهود مجربا وقال لهم

ما ظنكم بالمسيح ابن من هو

قالت اليهود

هو بن داود

فقال لهم المسيح

235 كيف تنبّأ داود النبي بروح القدس على المسيح قال الرب لربي اجلس يميني حتى

---

196 Ms واصى.

197 Ms جسد.

أضع أعداءك تحت منصب قدميك فإن كان المسيح بن داود فكيف يدعوه داود ربا

236 فتعصت اليهود ولم يجاوبوه بكلمة ولو لم يكن المسيح إلها من الله لم يجترئ أنْ يجعل نفسه ربا لداود

f.113r 237 ولكن كان المسيح إلها من الله تجسد من مريم // بنت داود لأنّها كانت من سبط داود فلذلك كان يُسمّى المسيح

238 وكان الله وعد داود نبيّه أنّ من ذريتك يكون المسيح وكان كل شيء تكلم داود النبي

239 إنما تكلم بروح القدس الذي كان يوحى إليه كل شيء فأكرم الله داود بالمسيح حين تجسد من ذريته

240 وتنبأ إشعياء[198] بن آموص[199] النبي هو الذي رأى السماوات متفتحة

241 ورأى الرب على العرش عاليا[200] والسرافيم[201] حوله يصرخ بعضهم إلى بعض ويقولون

قدوس قدوس الرب العزيز الذي امتلأتْ السماوات والأرض تسبحتُه

242 قال بروح القدس على المسيح

يأتي من صهيون المخلّص ويصرف الضلالة عن يعقوب

243 وقال أيضا بروح القدس

ويكون من أصل يسّى[202] يقوم رئيس الأمم والأمم عليه يتوكّلون

244 وإنّ يسّى هو والد داود النبي ومريم الطيبة من ذرية داود ومن أصل يسّى ومنها وُلد المسيح كلمة الله ونوره

245 الذي عليه يتوكّل الأمم وكان رجاءهم وخلاصهم من الضلالة وقال إشعياء أيضا بروح القدس

---

198 Ms اسعيا.

199 Ms اعموص.

200 Ms عالي.

201 Ms الكروبين.

202 Ms ايسى.

// لا ملك ولا شفيع ولكن الرب يأتي فيخلّصنا

246 من أجل أنّه أحقّ به من أنّه لم يستطع ملك ولا شفيع أنْ يخلّصنا حتى اطلعنا بالمسيح وخلّصنا وهدى الأمم

247 وتسلّط عليهم وملكهم[203] مثل إلاه ومنّ عليهم بالهدى وهو الرب الذي أتانا من صهيون وصرف عنا الضلالة

248 وكان لنا مخلّصا ونجاة من الشيطان لم يستطع أنْ يهدينا من الضلالة شفيع ولا ملك من ملائكة الله ولا يخلّصنا من الشيطان ولا من مصائده

249 حتى أتانا ربنا من صهيون ووُلد من ذرية داود النبي بما كان وعده الله فخلّصنا بقدرة وسلطان وهدانا إلى نور الله وعمل طاعته وكان رحمة لخلقه[204]

250 وتنبأ إشعياء أيضا بروح القدس على ميلاد المسيح وقال البتول[205] يكون لها حب وتلد ابنا ويُسمّى عمانوئيل[206] ترجمته معنا إلاهنا

251 فالبتول هي العذراء التي هي من ذرية آدم هي ولدت المسيح عمانوئيل إلها من الله ورحمة لخلقه

252 ولم نسمع بأحد من الناس من آدم إلى يومنا هذا يُسمّى معنا الله أو يُسمّى كلمة الله ووُلد من عذراء من غير // يمسّها بشر إلا المسيح

253 فلا[207] تكذبوا بما أنعم الله على خلقه بالمسيح وتنبأ إشعياء أيضا بروح القدس على ميلاد المسيح قال

غلام وُلد لنا فأعطيناه بسلطانه ٬ ويُدعى اسمه ملك المؤامرة العظيمة معجبا مشاورا إلها قويا مسلطا رئيس السلام أبا الدهر الآخِر ٬[208]

254 فقد بيّن الله على لسان إشعياء نبيّه أنّ الغلام الذي وُلد للناس هو المسيح الذي

---

203 g فملكهم.

204 g بخلقه.

205 Ms البئول.

206 Ms عمانويل.

207 g ولا.

208 Ms ويدعا اسمه ملك موامره العظيمه معجبا مشاور اله ڡوي مسلط راس السلم اب الدهر الاخر.

اطلعنا إلها من الله ورحمة حين يقول النبي إله قوي مسلط معجب مشاور أبو[209] الدهر الآخر

255 وذلك الديان فأي غلام وُلد في الناس من يوم خلق الله الناس والدنيا إلى يوم الناس هذا يُسمّى ٰإلها قويا[210] أو أبا[211] الدهر الآخر أو قيل فيه كان سلطانه على منكبيه

256 وذلك لأنه كان إلها من الله ليس عليه سلطان فلا تشكّ أيها الإنسان في المسيح ولا يغرّك تواضعه

257 فبذلك رفعنا إلى ملكوت السماء وأكبّ إبليس تحت أقدام أتقيائه فما عقوبة من كذب قول الله على ألسنة أنبيائه

258 نستجير بالله من ذلك ونسأله أنْ يجعلنا ممن // يصدق قوله وقول أنبيائه   f.114v

259 فإنّ ذلك رحمة من الله ورضوان وتوفيق للخير فاتقوا الله واتبعوا قول المسيح ولا تشكّوا فيه

260 وتنبأ إشعياء أيضا بروح القدس وقال

من صهيون تخرج السُّنة وكلمة الرب من أورشليم[212] وحق من بيت المقدس

261 والسُّنة التي خرجت من صهيون هو الإنجيل الذي جاء به المسيح وأخرجه للناس سنة حديثة[213] ونورا[214] وهدى قد علم ذلك أهل العلم والكتب لا يشكّ فيها أحد فيه خير

262 فأمّا التوراة التي أنزلها الله على موسى وبني إسرائيل وهي السُّنة[215] الأولى التي أنزلها في طور سيناء

---

209 Ms ابا.

210 Ms اله هوى.

211 Ms ابا.

212 Ms اورشلم.

213 Ms حديثا.

214 Ms نور.

215 Ms سنه.

263 ولا نعلم أنّه أتى أحد من الأنبياء بسنة حديثة[216] من صهيون إلا المسيح بالإنجيل هدى ورحمة

264 وبيانا[217] لعمل طاعة الله وتمام العمل بزكاة[218] الروح وتقرّب النفس إلى الله وزهادة[219] في الدنيا ورغبة في الآخرة

265 وهذا تمام العلم والعبادة التي كان يريد الله من الناس من غير (أنْ) يكرههم وكذلك قال المسيح

f.115r لم آتِ لأهدم مثلة موسى ولكن أتمّها وأجعل نفسي فداء // عن كثرة

266 فهو بحقّ[220] فدانا من الموت والخطيئة وضلالة إبليس فله الحمد والشكر على ذلك وقال الله على لسان داود النبي

مُلك الله على الأمم ودون سلطان الشعوب يأتون ويسجدون قدامك

267 وذلك لأنّ الأمم لم يعبدوا الله ولم يدروا ما هو حتى جاء المسيح رجاء الأمم ولم يملك الله الأمم بطاعة وعبادة حتى فداهم المسيح

268 وملكهم وخلّصهم من الضلالة وجعلهم أولياء الله وكلمته وروحه وقد ملك الله السماوات والأرض وما فيهما بقدرة وسلطان لا يعجزه شيء أراده مما خلق

269 ولكن أراد الله تبارك وتقدس أنْ يملك الناس بسمع وطاعة ويكون أجر طاعتهم عليه

270 فإنّ الله لا يريد ان يعبده أحد كرها هو أعزّ وأجلّ من[221] (أنْ) يكره أحدا[222] من خلقه فيعبده كرها

---

216 Ms حديث.

217 Ms بيان.

218 Ms بذكاه.

219 Ms زهاد.

220 Ms حق.

221 Ms امن.

222 Ms احد.

271 وقال الله على لسان ميخا[223] وهو النبي الذي وكم أخاب ملك بني إسرائيل على

طغيانه وضلالته على دهر إيليا[224] النبي

272 وقتله يهورام[225] الملك بن أخاب الملك الطاغي بن الطاغي فيما كان يواكبه[226]

f.115v // من ضلالته ويراه مخالفا لطاعة الله وقول أنبيائه

273 هو تنبأ وقال بروح القدس على ميلاد المسيح فيما أوحى الله إليه

وأنت بيت لحم[227] لا تكوني حقيرة في سلطان يهوذا[228] لأنّه يخرج منك رئيس وهو

يرعى أمة إسرائيل ومخرجه من أول أيام الدهر

274 فقد علم أهل الكتب والناس كلهم أنّ المسيح وُلد في بيت لحم رحمة وهدى ومنها

راعي إسرائيل راعي الأمم كلها

275 رعاهم وساقهم إلى أكرم المنازل ملكوت السماء وكان مخرجه من قبل أيام الدهر

لأنّه كلمة الله ونوره وكان عند الله قبل الدهر كله

276 فلما وُلد المسيح في بيت لحم أنزل الله ملاكا من ملائكته على رعاة كانوا يرعون

عند بيت لحم

277 فقال لهم

ابشّركم اليوم بفرح عظيم هو فرح للأمم عامة أنّه إله وُلد لكم اليوم مسيحا ربا[229] في

مدينة داود وهي بيت لحم وهذه الآية لكم إنّكم تجدون غلاما في المهد

278 فبينما الملك يبشّرهم سمعوا صوت جنود الملائكة بكثرة يسبّحون ويقولون

f.116r // التسبحة لله العلي وعلى الأرض السلام وفي الناس المسرّة الصالحة

---

223 Ms ميكا.

224 Ms الناس.

225 Ms بورام.

226 Ms يوكبه.

227 Ms الحيم.

228 g يهوديا.

229 Ms مسبح رب.

279 فقد نزل المسيح على الأرض فكان لهم مسرّة وسلامة ورحمة ومسرّة الله[230] عمرت

في الناس

280 فالمسيح حين اطلعهم طهّر قلوبهم ٰ وغمرها بروح القدس[231] ٰ وقرّبهم إلى الله

وبيّن لهم النور والهدى

281 ثم طلع للمسيح نجم[232] في السماء فلما رأوا أهل المشرق ورأته المجوس قد

غلب[233] نوره وعظمة نجوم السماء وكان يضيء لهم ٰ نهارا او ليلا ٰ[234]

282 علموا أنّه نجم ملك عظيم وأنّ[235] ملكه أفضل من ملوك أهل الدنيا فساروا[236] من

المشرق يتبعون[237] نور النجم فيه ويلتمسون[238] الملك الذي وُلد

283 ومعهم هدايا ٰ ذهب ولبان ومر ٰ[239] فساروا حتى دخلوا بيت المقدس فتغيب

عنهم النجم

284 وسألوا أهل بيت المقدس وقالوا

إنّه قد وُلد فيكم ملك[240] عظيم قد رأينا نجمه في المشرق فجئنا نسجد له بهدايا معنا

285 فبلغ شأنهم هيرودس ملك بني إسرائيل ذلك فأفزعه وسأل أحبار اليهود

أين يُولد المسيح إذا جاء

فقالوا له

في بيت لحم

---

230 A.

231 وعمرها روح العدس.

232 Ms نجما.

233 om. g.

234 Ms نهار او ليل.

235 om. g.

236 om. g.

237 Ms يتبعوا.

238 om. g | Ms يتلمسوا.

239 Ms ذهبا ولبانا ومرا.

240 Ms ملكا.

وأنت بيت لحم لا تكوني حقيرة في سلطان يهوذا

لأنّه يخرج منك رئيس وهو يرعى أمة إسرائيل ومخرجه من قبل أيام الدهر

287 فمن هذا الذي وُلد من أهل الدنيا يا معشر الناس كانت له آيات مثل هذه من

ملوك الدنيا أو من أنبياء الله

288 فالمسيح وُلد من بتول وبقيت عذراء بعد ما ولدته من غير أن مِسّها بشر فأيّ آية

أعظم أو أفضل من هذه

289 ثم طلع له نجم[241] في السماء نوره مثل نور الشمس ثم سبّحت له الملائكة حين

وُلد وبشّروا الناس أنّه وُلد لكم اليوم مسيح رب في مدينة داود وليس تسبح الملائكة

إلا لله وكلمته وروحه

290 وكانت هدايا المسيح لبانا فاللبان إنّما يقرّب لله وذهبا[242] إنما يقرّب للملوك وكذلك

كان المسيح إلها من الله وملكا[243] هو الذي ملك الأمم كلها وهداهم من الضلالة

291 وكل أمور المسيح كانت آيات وعجائب من يوم وُلد وأطلعنا برحمته إلى السماء

ورفعنا إلى نور الله وكرامته فالحمد لله الذي رفعنا بالمسيح

292 وتنبأ داود // أيضا بروح القدس وقال[244]   f.117r

ينزل الرب كمطر على[245] جزة وكالقطر الذي يقطر على الأرض

ويطلع إلى أيامه البر وكثرة السلام حتى تنفذ القمر

293 وملك من البحر إلى البحر ومن مخرج الانهار إلى أقاصي الأرض

بين يديه تخرّ الحكمة وأعداؤه التراب يلحسون

ويسجد[246] له كل ملوك الأرض وكل الأمم يعبدونه

---

241 Ms نجما.

242 Ms ودهب.

243 Ms ملك.

244 B.

245 A.

246 Ms تسجد.

294 لأنه خلّص فقيرا[247] من جبار ومسكينا[248] لم يكن له عون

واسمه مكرّم بين أيديهم يكون اسمه مباركا[249] إلى الدهر

وقبل الشمس دائم اسمه وقبل القمر إلى حقب الأحقاب

295 فقد نزل إلينا الرب ولم يطلع إلى أيام المسيح البر في[250] الناس والأعمال[251] الصالحة

وكثرة السلام بطاعة الله وزهادة في الدنيا إلى الدهر كله

296 وملك الأمم من المشرق إلى المغرب لا نجد مكانا[252] في الدنيا إلا وفيه اسم المسيح

يُعبد ويُكرم

297 كما قال النبي

واسمه يُكرم بين أيديهم ويعبده الأمم وهو المبارك إلى الدهر الذي جعل البركة على

أوليائه

واسمه دائم قبل الشمس وقبل القمر وقبل كل شيء إلى حقب الأحقاب

298 // فمن من الناس تنبأ عليه أنبياء الله أو من ملوك الدنيا كان اسمه مباركا[253] في f.117v

الأمم أو دام اسمه قبل الشمس وقبل القمر إلا المسيح كلمة الله ونوره

299 فلو لم يكن المسيح إلها من الله نزل إلى خلقه كان قبل ذلك فاطلعهم رحمة

وهدى لم يعظّمه داود النبي ولم يقل فيه مثل هذا القول

300 وليس ينبغي أن يقال لإنسان قول مثل هذا أو يُعظّم مثل إلاه ولكن داود تنبأ

على المسيح وقال

301 إنّه إلاه ينزل إلى خلقه ويهديهم من الضلالة ويشرق في قلوبهم البر وكثرة السلام

وله يسجد ملوك الأرض وكل الأمم

---

247 Ms فقير.

248 Ms مسكين.

249 Ms مبارك.

250 g لنا.

251 Ms واعمال.

252 Ms مكان.

253 Ms مبارك.

302 وتنبأ إشعياء أي[ـضـ]ـا بروح القدس وقال

هذا الرب قاعد على سحاب خفيفة ويأتي مصر ويزلزل أوثان مصر

303 فقد دخل المسيح إلى مصر ٔلابسا جسدا طاهرا٘ 254 من مريم التي طهّرها الله

وأكرمنا بذلك كما يكرم الملك عبده إذا ما ألبسه ثوبه

304 ثم هو الذي زلزل أوثان مصر أبطل عمل الشيطان منها وهداهم من ضلالة إبليس

إلى حق الله وتجارته وأشرق نوره // في قلوبهم   f.118r

305 فانظر متى خُلّصت مصر من عبادة الأوثان وضلالة إبليس ألا حين وطئها المسيح

برحمته واطلعهم بنوره

306 فافهمْ أيها الإنسان إلى نبوّة الأنبياء وعمل المسيح وانظر ما أحسن توفيق أعمال

المسيح ونبوّة الأنبياء

307 وتنبأ أيوب الصديق أيضا بروح القدس وهو الذي ذكره الله وقال

إنّه عبدنا 255 صديق 256 بار ابتعد 257 من كل الشر

308 تنبأ وقال

الله الذي مدّ السماء وحده ومشى على البحر كالبَر

ولا نعلم أنّه مشى على البحر أحد من الناس إلا المسيح إنّه مشى عليه

309 وبيّن للناس إنّه كلمة الله ونوره الذي به خلق السماوات والأرض وما فيهما كما

تنبأ عليه أيوب الصديق بروح القدس

310 وكذلك تنبأ داود النبي بروح القدس وقال

بكلمة الله السماوات بُنِين وبروح فمه أحيا كل جنود الملائكة

311 فإنْ كان الله تبارك اسمه أقام السماوات بكلمته وأحيا الملائكة بروحه فالمسيح

كلمة الله وروحه كما 258 أنتم تشهدون

---

254 Ms لابس جسد طاهر.

255 g وجدنا.

256 Ms صديها.

257 Ms تعبد.

258 B.

312 فلِمَ تعيبون[259] علينا حين نؤمن بالمسيح إلها من الله خلق السماوات // والأرض

وبه أحيا الملائكة والناس أجمعين

313 وتنبأ أيوب الصديق أيضا بروح القدس وقال

روح الرب الذي خلقني وباسمه ملك كل شيء هي التي تعلمني الفهم

314 فقد بيّن أنبياء الله وأصفياؤه أنّ الله وكلمته وروحه أقام كل شيء وأحيا كل شيء

315 وليس ينبغي لأحد يعلم ما أنزل الله على أنبيائه أنْ يستنكف ليعبد الله وكلمته

وروحه ˹إلها واحدا˺[260]

316 وأوحى إلى نبيّه دانيآل[261] الذي حكمه الله وفهمه وبيّن له علم الزمان وأُوحي إليه

مع جبرائيل رأس الملائكة

317 وقال له في المسيح كلمة الله ونوره بعد ما صام اثنين وعشرين يوما وتضرع[262]

إلى الله

318 قال له

˹سبعون أسبوعا ينقطعون˺[263] على أمّتك وعلى المدينة وعلى البيت بيت المقدس

319 ليختم على الخطايا وينقض الإفك ويمحق الظلم ويغفر الذنوب

ويأتي بالبر إلى الدهر ويختم على الوحي والنبوة ويمسح قدوس المقدس

320 ويعلم ويفهم من مخرج قول الحوادث[264] وبنيان أورشليم[265] إلى المسيح الوالي

سبعين وذلك قبل أربع مئة سنة

321 فمتى انقطعت الخطيئة وختم على // الإفك[266] ومحق[267] الظلم وغفر الذنوب ألا

---

259 Ms تعيبوا.

260 Ms اله واحد.

261 Ms دانيل.

262 Ms وتدع g وتدعى.

263 Ms سبعين سابوع ينبطعن.

264 Ms الحواث.

265 Ms اورسلم.

266 om. g.

267 Ms ويمحف.

حين جاء[268] المسيح بالبر الدائم إلى الدهر والأبد[269]

322 وتصديق ذلك أنّه ختم على كل وحي ونبوّة كانت في بني إسرائيل من أيام ⸢ موسى إلى أنْ جاء المسيح[270] قدوس المقدس

323 ⸢ فأبطل الله ملك بني إسرائيل[271] ونبوّتهم ⸢ وختم على ذلك ⸢[272] وكذلك[273] قال المسيح ⸢ للحواريين ولبني إسرائيل

ولا نبي[274] ⸢ شافعهم ⸢ من حين جاء المسيح[275] ⸢ قدوس المقدس[276] ⸢ إلى يومنا هذا[277] ⸢

324 ⸢ فلو لم يكن المسيح ⸢ إلها من الله لم يُسّم ⸢[278] المسيح قدوسا[279] من المقدس[280] ولم[281] يُبطل الملك والنبوّة في[282] بني إسرائيل حين عصوه ولم يتبعوا قوله وأعطاه أمّة أخرى كما قال وقوله الصادق

325 ولا نجد أنّه اسم من أحد من ملوك[283] بني إسرائيل ولا من الأنبياء قدوس المقدس

326 وقد كان داود ملكا وغيره من بني إسرائيل قد كانوا أنبياء وملوكا[284] فلم يُسّم

---

268 om. g.

269 om. g.

270 om. g.

271 om. g.

272 om. g.

273 ذلك g.

274 om. g.

275 om. g.

276 Ms المعدسه.

277 om. g.

278 om. g.

279 Ms هدوس.

280 om. g.

281 om. g.

282 om. g.

283 Ms الملوك.

284 Ms وملوك.

منهم أحد قدوسا[285] المقدس إلا المسيح الذي ملك الأمم بالهدى والطاعة وقدّسهم بروح القدس

f.119v 327 فطوبى لمن لم // يشكّ بالمسيح وأخلص إيمانه وكذلك قال المسيح في الإنجيل طوبى لمن لم يشكّ بي

328 وقال أيضا

أنا النور والحياة والقيامة من يؤمن بي فقد عبر من الموت إلى الحياة الدائمة

329 وتنبا إشعياء أيضا بروح القدس قال

داووا أيدي مخلّعة وركبا[286] مكنعة تعزّوا يا ضعفاء الأنفس والعقول تشدّدوا ولا تخشوا هذا إلاهكم بالحكم يجازي هو يأتي وينجيكم

330 حينئذ تتفتحن[287] عيون العمي وآذان الصم تسمع يحضر كالأيل المخلع وتفصح[288] ألسنة[289] الخرس

331 فمتى اشتدّت أيدي مخلعة وركب مكنعة حتى أتانا إلاهنا كما قال النبي فنجّانا من الهلاك وشفى كل سقم ومرض في الناس

332 ومتى أبصرت عيون العمي وآذان الصم سمعت والأرجل[290] المخلعة حضرت كالأيل وألسنة الخرس فصحت ألا حين اطلعنا المسيح كلمة الله ونوره فكان للناس رحمة ونجاة

f.120r 333 وعمل كل آية // في بني إسرائيل وغيرهم وتجازى الناس بالحكم والبر جزاء من آمن به حياة دائمة وملكوت السماء وجزاء من كفر به ولم يؤمن به هوان وعذاب اليم

---

285 Ms قدوس.

286 Ms ركب.

287 Ms يتفتحن.

288 Ms يفصح.

289 Ms الالسنه.

290 Ms ارجل.

334 فانظر كيف وافق بقوة اللتين[291] بأعمال المسيح وآياته التي كُتبت[292] في الإنجيل

335 مر المسيح يوما على مُقعد وهو على سريره منذ ثماني[293] وثلاثين سنة لم يتقلب إلا

ما حرّكه آخرون[294] على سريره

336 فرحمه المسيح وقال له

أتريد أنْ تبرأ قال له المُقعد

نعم أي رب إنّي ضايع ليس لي أحد قال له المسيح

قم فاحمل سريرك وانقلب إلى بيتك

فقام المعقد بأمر المسيح فحمل سريره وانقلب إلى بيته

337 ثم دخل المسيح إلى بيت واجتمع عليه أحبار اليهود وبني إسرائيل حتى امتلأ

البيت فلم يكن يستطيع أحد يدخل البيت من كثرة الناس

338 فحُمل إليه مخلع آخر على سريره // وأرادوا أن يدخلوا[295] على المسيح فلم   f.120v

يستطيعوا من كثرة الناس

339 فحُمل فأصعدوا به على ظهر البيت ثم كشفوا السقف وأنزلوه على سريره حتى

وُضع بين يدي المسيح وحوله أحبار اليهود والناس

340 فقال له المسيح

غفرت لك خطاياك فقالت الأحبار والذين حوله

من يستطيع أن يغفر الخطايا إلا الله وحده

341 قال لهم المسيح

يا معشر الأحبار أيهما أيسر أن أقول اغفر[296] لك خطاياك أو أقول أيها المُقعد قم احمل

سريرك واذهب إلى بيتك

---

291 Ms التين.

292 Ms كتب.

293 Ms ثمان.

294 Ms اخرين.

295 Ms يدخلون.

296 Ms غفر.

342 فقام المُقعد بين يديهم فحمل سريره وانطلق إلى أهله كما أمره المسيح فلم

يستطيع أحد منهم أن يجاوبه بكلمة

343 وبيّن لهم المسيح من الآية التي صنع بالمُقعد أنّ له سلطانا[297] يغفر الذنوب وليس

يغفر الذنوب إلا الله وإنّما كانت أعمال المسيح كلها بسلطان وقدرة

f.121r   344 ثم مر // المسيح أيضا ومعه الحواريون وعامة بني إسرائيل فإذا على الطريق رجل

سائل وُلد أعمى

345 فسأل الحواريون للمسيح

أي ربّ من أخطأ هذا أم والداه[298] لأنه وُلد أعمى فقال المسيح

لهم لم يخطئ هذا ولا يخطئ والداه[299] ولكن لتستبين أعمال الله به

346 فدعاه المسيح فبزق على الأرض وصنع طينا فلطخ به عيني الأعمى وقال

اذهب إلى عين سلوام[300] فاغتسل فيها فآيتك ستبصر[301]

347 فانطلق الأعمى فاغتسل في عين سلوام فرجع يبصر فقالت اليهود إنّا لم نسمع منذ

الدهر بأعمى أبصر قبل هذا فآمنوا به عامة بني إسرائيل

348 ثم لقي مصابا[302] أصم اخرس فوضع أصبعه على أذنه وبزق على لسانه وزجر

ذلك الشيطان

349 فخرج منه وبرئ بأمر المسيح وسمع بأذنيه وتكلم بلسانه

350 ثم لقي[303] المسيح أيضا أبرص فقال له الأبرص

f.121v   رب إن شئت // فإنّك تستطيع أن تطهّرني من برصي

فقال المسيح

---

297 Ms سلطان.

298 Ms والديه.

299 Ms والديه.

300 Ms الشيلوع.

301 Ms ساتبصر.

302 Ms مصاب.

303 g لقى.

قد شئت فاتطهّر [304] في مكانه كما قال المسيح

351 فمَن من الناس مِن أنبياء الله وأصفيائه قدر على ما قدر عليه المسيح يعمل الآيات

ويشفي كل سقم ومرض بقدرة وبسلطان ويخلق ما يشاء ويغفر الذنوب

352 فهذا كله من أعمال الله لا يستطيع أحد من الناس أمرا [305] مثل هذا

353 ولعمري ما نجد أحدا [306] من الناس من أنبياء الله أو غيرهم عملوا الآيات بسلطان

إلا بالدعاء وقدرة بالتضرّع [307] والمسألة

354 فمنهم من كان يُستجاب له ومنهم من كان لا يستجاب له في كل حين

355 ثم دخل المسيح أيضا في كنيسة اليهود يوم السبت فاجتمع إليه بنو [308] إسرائيل

فجعل يقص [309] عليهم ويعظهم فإذا هو برجل في الكنيسة يابسة يده

356 فقال لهم المسيح

f.122r — ماذا ينبغي أنْ يعمل // يوم السبت خيرا [310] يعمل أم شرا [311] النفس [312] تحيا أم تهلك

357 قالوا

بل نعمل خيرا في السبت وتحيا النفس

قال لهم المسيح

صدقتم

ثم قال للذي يابسة يده

لك أقول ابسط يدك فبسطها فاذا هي مثل يده الأخرى

358 فعجب من رآه من بني إسرائيل وعلموا أنّه لا يستطيع أحد من الناس أنْ يعمل

---

304 g فتطهر.

305 Ms امر.

306 Ms احد.

307 Ms بالتدع

308 Ms بنى.

309 g يقضى.

310 Ms خير.

311 Ms شر.

312 Ms نفس.

عمل المسيح فآمن به كثير من الناس

359 {وكذلك يريد الله إيمان الناس لا يريد أن يؤمن به أحد[313] كرها فإنه لا أجر في الكره ولكن يريد الله أن يؤمن به الناس طائعين فيكون أجرهم على الله بحق}

360 فاحمد الله[314] الذي أتانا قول أنبيائه توفيقا[315] بأعمال المسيح وآياته وبيّن للناس أنه إلاه من الله

361 وهو الذي نجّانا وخلّصنا من الضلالة والهلاك وشفا كل سقم ومرض وهدانا إلى نوره وكرامته

f.122v 362 // وتنبّأ يعقوب وهو إسرائيل حين دنا وفاته دعا بنيه فتنبّأ عليهم وقال في رأوبين[316] بكره بما أوحى الله إليه وفي شمعون[317] وفي لاوي

363 ثم دعا يهوذا وهو ابنه الرابع فتنبّأ وقال

شبل الأسد يهوذا لا يُنقض من مجدك ۤ نبي ولا ولي ولا رئيس ۤ[318] حتى يأتي الذي يُرتجى له وهو رجاء الأمم

364 فقد نرى أنّه قد انتقض من بني إسرائيل كل نبي وملك من حين جاء المسيح رجاء الأمم ومن سبط يهوذا كانت الأنبياء وملوك بني إسرائيل

365 وملك الله الأمم لأنهم كانوا ذخيرة المسيح وفرق[319] بني إسرائيل في مشارق الأرض ومغاربها وألهب النار في مسجدهم ومدينتهم بما اجتروا[320] على الله وعلى مسيحه

366 كما تنبّأ داود وقال

f.123r اجتمعت ملوك الأرض وذوو[321] // سلطانها وائتمروا جميعا على الرب وعلى مسيحه

---

313 Ms احدا.

314 B لا.

315 Ms توفيف.

316 Ms روبيل.

317 Ms سمعان.

318 Ms نبيا ولا وليا ولا ريسا.

319 g وفروا.

320 g اختاروا.

321 Ms ذوي.

367 الساكن في السماء يضحك والرب يستهزئ بهم هنالك يتكلم عليهم بزجره[322]

وبغضبه يرجفهم

فقد فعل الله ذلك بهم بمعصيتهم المسيح

368 وتنبّأ إرميا النبي الذي شهد الله عليه وقال

قبل أن أراك علّمتك وقبل أنْ تخرج من بطن أمّك قدّستك

369 تنبأ بروح القدس وقال

هذا إلاهنا لا نعبد إلها غيره علم كل سبل العلم وأعطاها يعقوب عبده وإسرائيل صفيه

بعد هذا على الأرض أري[323] والناس خالط

370 فلا[324] نعلم أنّ الله أُري[325] على الأرض أو خالط الناس إلا حين اطلعنا بالمسيح

f.123v // كلمته وروحه

371 فاحتجب بالجسد الذي ليس منا فرآه الناس وخالطهم وكان إلها[326] وإنسانا[327]

من غير خطيئة

372 وهو الذي علم سبل الخير والعلم والحكم وأعلمها ونبّتها لمن اتبع وصيته وقوله

373 وكان المسيح كلامه كلام نور وحياة كما قال له الحواريون

إنّ كلامك كلام نور إلى مَن نذهب وعندك[328]

374 فنسأل الله برحمته أنْ يجعلنا ممن يتبع وصايا المسيح ونؤمن به كما تنبّأ عليه

الأنبياء وبشّروا به

375 وقالوا

إنّه يطلعكم إلاهكم ويأتيكم بالخلاص وهدى ورحمة وهو ربكم أرحم الراحمين

---

322 Ms g برجزه.

323 Ms ارى(Blau, 175).

324 g ولا.

325 Ms ارى.

326 Ms اله.

327 Ms وانسان.

328 Ms يذهب ويدعك g نذهب وندعك.

376 وقال الله على لسان حبقّوق النبي وهو الذي لقيه الملاك ومعه غداء يذهب إلى

f.124r // حصاد [329] له

377 فقال له الملاك

اذهب بغدائك هذا إلى دانيآل النبي في أرض بابل

فقال له حبقّوق

الطريق وبابل مني بعيدة

378 فأخذ الملاك بناصيته من ساعته حتى وضعه من ساعة عند الجبّ الذي الفارس [330]

ألقوا دانيآل فيه بين الأسد

379 فقال حبقّوق النبي لدانيآل

قم تغدّ من الغداء الذي أرسل به إليك الله فتغديا جميعا ثم رد الملاك حبقّوق إلى

أرضه وهي فلسطين [331]

380 تنبّأ بروح القدس وقال

الله من تيمان [332] يأتي والقدس من جبل أشعر يتظلل

381 فهذه النبوّة البيّنة الشافية حين بيّن الله على ألسنة أنبيائه من أي مكان يأتي

المسيح وممن يُولد إذ اطلع للناس كلمته ونوره

382 فإنّ تيمان هي بيت لحم // وهي على يمين بيت المقدس والجبل المظلّل الأشعر   f.124v

هي مريم المقدسة التي ظللها الله روح القدس وحلّ بها قوة الله

383 كما قال جبرائيل رأس الملائكة حين قالت له مريم

أين يكون لي غلام ولم يمسّني بشر

قال لها جبرائيل

روح الله عليك ينزل وقوة الله بك تحل [333]

---

329 Ms حصادى.

330 Ms فارس.

331 Ms فسلطين.

332 Ms تيمنا.

333 Ms يحل.

384 فقد وافق قول الله نبيّه وملاكه جبرائيل حين يقولون في المسيح هذا القول وقولهم الصادق وبيّنوا للناس من أيّ مكان يأتي وممن يولد

385 وأنّه إله يأتي لخلاص خلقه وهداهم فالحمد[334] لله الذي خلقنا نقبل ونؤمن بقول ملائكته وأنبيائه في المسيح

386 وكذلك بيّن الله لدانيآل النبي مع جبرائيل رأس الملائكة حين رأى حجرا[335] ينقطع من جبل بغير يدين[336]

387 f.125r وضرب على رِجل الصنم فكسّر // الفخار والحديد والنحاس والفضة والذهب فصار مثل غبار حين أبذر في حصاد وهبّت به شدة الريح فلم يُرَ[337] لهم أثر[338]

388 والحجر الذي ضرب الصنم كان ʿجبلا عظيماʾ[339] فملأ[340] الأرض كلها فقد بيّن جبرائيل الملاك لدانيآل

389 أنّ الصنم الذي رأسه وصدره ويديه وبطنه وفخذيه[341] من ذهب وساقيه وقدميه من حديد وفخار فهم ملوك الدنيا الذين[342] يملكون في هذه الدنيا

390 وأمّا الحجر الذي قُطع من جبل بغير يدين فأنّه كلمة الله وسلطانه الذي يدوّخ ملوك الدنيا وملك إلى الدهر والأبد وملأ[343] سلطانه الأرض كلها وملك[344] الأمم بطاعة وهدى

391 f.125v وأمّا الجبل هي مريم // التي وُلد منها المسيح من غير يقربها بشر ودوّخ سلطان

---

334 g والحمد.

335 Ms حجر.

336 Ms يدان.

337 Ms يرا.

338 Ms اثرا.

339 Ms جبل عظيم.

340 g وملا.

341 Ms وفخديه.

342 Ms الدى.

343 g وتملا.

344 g وتملك.

إبليس وضلالته وهدى الناس إلى البر والتقوى ومعرفة حق الله

392 وتنبّأ زكريا[345] النبي بروح القدس وقال

افرحي جدا يا بنت صهيون ونادي بنت أورشليم هذا ملكك يأتيك راكبا[346] على أتان وعفوها

393 ودخل المسيح حين دخل بيت المقدس قاعدا[347] على أتان يوم الشبشت[348] فتلقوه[349] بنو إسرائيل بشجر الزيتون وقلب النخل مع نسائهم وبنيهم

394 فسبّحوا له الأطفال والمراضيع[350] وقالوا

أوصنا[351] لابن داود مبارك الذي جاء ملكا لإسرائيل فقال أحبار اليهود للمسيح

f.126r لا تسمع ما يقولون هؤلاء[352] لا يكبر عليك قولهم حين يسبّحون لك // كما يسبّحون[353] لله

395 قال لهم المسيح

ألم تقرؤوا[354] في زبور داود النبي أنّه قال بروح القدس من أفواه الأطفال والمراضيع قدرت سبحك

396 وذلك في المزمور[355] الثامن تنبّأ داود النبي وقال

الرب ربنا ما أحمد اسمك في كل الأرض إنّك خلقت حمدك على السماء من أفواه الشبان والصبيان استكملت تسبحتك

---

345 Ms ذكريا g ركريا.

346 Ms راكب.

347 Ms واعد.

348 Ms السباسب.

349 g وتلقوه.

350 Ms المراضع.

351 Ms الشعنان.

352 Ms هاولى.

353 Ms يسبح.

354 Ms تعرون.

355 Ms مزمور.

397 فماذا أبين من هذه النبوّة على المسيح أنّه إله من الله وإنسان كامل حين دخل
بيت المقدس راكبا على أتان

398 كما تنبّأ عليه داود النبي وسبّح له الأطفال والمراضيع الذين لا يتكلمون ولا يعقلون
ففتح الله أفواههم فسبّحوا للمسيح

399 كما تنبّأ عليه // داود وقال إنّه مبارك وهو ملك إسرائيل وكذبوا اليهود الذين كانوا f.126v
يخالفون طاعة المسيح وقوله ولا يؤمنون بما تنبّأ داود النبي على المسيح

400 وقال إنّه رب وإنّ حمده صعد فوق السماء وتستكمل له التسبحة من أفواه
الاطفال والمراضيع[356]

401 ولعمري إنّ ⸢في هذا لعبرة[357] الإيمان[358]⸣ لمن اتّقى وقبِل الحق وحين
تسمعون في[359] كتاب الله أنّ الأطفال المراضيع كانوا يسبّحون للمسيح[360]

402 ومَن كان يستطيع أنْ يجعل المراضيع يسبّحون إلا الله الذي خلقهم ووهب لهم
الكلام من غير ⸢حينهم⸣

403 ليؤمن الناس بآيات[361] الله وعجائبه وليعلموا[362] أنّ المسيح كلمة الله[363]

ونوره وينزلونه من الله بمنزلته فإنّ كلمة الله من الله وأبو كلمته // f.127r

404 فسبحان الله ما أكثر نبوّة الأنبياء على المسيح وأبْين قولهم فيه بأنّه[364] إله من الله
ونوره وأنّه[365] اطلع للناس رحمة ورأفة وكان إنسانا[366] من غير خطيئة

356 Ms المرضعين.
357 g وهب عبرة.
358 Ms ايمان.
359 g من.
360 g المسيح.
361 Ms باياد.
362 Ms وليعلمون.
363 om. g.
364 g انه.
365 g فانه.
366 Ms انسان.

405 ولم يُرَ في الدنيا إنسان من آدم إلى يومنا هذا نبيا ولا غيره من غير خطيئة إلا المسيح خلاصنا الذي هدانا ونجّانا من الخطايا وجعل لنا مغفرة الذنوب بإيماننا به

406 فقد بيّن الله على ألسنة أنبيائه بروح القدس الذي يوحي إليهم أمر المسيح

407 وبيّن من أين يأتي وممن يُولد إذ اطلعنا وآياته[367] التي يعمل وعُرف بهن أنّه المسيح وأنّه إله من الله

408 // كما بشّروا به الأنبياء وقالوا إنّه يغفر الذنوب ويخلق بأمره ما يشاء ويعلم سرائر الخفيات ويطّلع على الغائب   f.127v

409 وينبئهم بما كانوا يذكرون ويمشي على البحر كالبر مثل إله وأشبع من جوع ويشفي كل سقم وداء بسلطان وقدرة

410 فهذا كله قد قالته الأنبياء على المسيح أنّه صنع هذه الآيات للناس فبهذا صدقنا المسيح وآمنا به واتبعناه وعلمنا أنّه لا يعمل عمل المسيح إلا الله

411 فالحمد لله الذي أعاننا على ذلك وجعلنا من أولياء المسيح وخلّصنا من الضلالة وعبادة الشيطان إلى نوره ورحمته وفضله العظيم الذي فضّل علينا

412 فهذا بعض ما تنبّأ أنبياء الله على المسيح كلمة الله // ونوره إذ اطلع (المسيح) للناس برحمته وخلّصهم ونجّاهم من ضلالة إبليس إلى النور والهدى   f.128r

413 فهذا بعض نبوّتهم وأمّا كل شيء تنبّأت به الأنبياء على المسيح فهو أكثر من أنْ يتكلم به أحد من الناس أو يدركه ولكن أحببنا أنْ نقصد في ذلك

414 فإنّ القصد في كل شيء أحسن شيء وأجمله ولو أردنا أنْ نستخرج[368] من قول الأنبياء على مولود المسيح قدرنا بإذن الله على ما شئنا من ذلك

415 فهذه حجتنا عند الله يوم القيامة على رؤوس الملائكة والأنبياء الأولين والآخرين أنّا آمنّا بك وبكلمتك وروحك القدس إلها واحدا وربا واحدا[369] كما أنزلت وبيّنت

// للناس في كتبك فنجّنا من عذاب الجحيم وأدخلنا برحمتك مع ملائكتك وأصفيائك   f.128v

---

367 g وايات.

368 Ms تستخرج.

369 Ms إله واحد ورب واحد.

وأنبيائك اللهم

416 وهذا قول أنبياء الله على صبغة المسيح في المعمودية التي أمر الله بها وجعل لنا
فيها مغفرة الذنوب وبيّن أمرها على ألسنة أنبيائه

417 والمسيح حضّنا عليها وأمرنا بها وقال

آمين آمين أقول لكم إنّه لا يدخل ملكوت السماء إلا من وُلد من ماء وروح

418 فقد ذكرنا نبوّة داود النبي الملك في أول كتابنا هذا على صبغة المسيح حين تنبّأ
وقال

صوت الرب على الماء الله المحمود أرعد الله على الماء الكثير

419 وذلك حين عُمد[370] المسيح وشهد الأب من السماء وقال

f.129r   هذا // ابني الحبيب الذي به سررت إيّاه فأطيعوا

420 وروح القدس نزل من السماء وحلّ على المسيح فيومئذ بيّن الله لبني إسرائيل أنّ
الله وكلمته وروحه إله واحد في السماء والأرض وفي كل مكان

421 فهذا بيان ما تكلّم به أنبياء الله في قديم الدهر وأنّه من لا يؤمن بالله وكلمته
وروحه "إلها واحدا"[371] لم يُخلِص الإيمان بالله ولم يقبل قول أنبياء الله

422 حين يقولون في كل أمر نُزّل عليهم إنّ قوة الله وحكمة الله كلمته وأنّ حياة كل
شيء روح القدس

423 ويحيى[372] بن زكريا النبي بن النبي الذي[373] شهد عليه المسيح وقال لبني إسرائيل

f.129v   آمين آمين أقول لكم إنّه ليس هو مما ولدت النساء أعظم // من يحيى بن زكريا
المعمدان

424 وذلك لأنّه عمد المسيح وسمع صوت الأب من السماء يشهد ويقول هذا ابني
الحبيب الذي به سررت ورأى روح القدس نزل من السماء وحلّ على المسيح

---

370 Ms اعمد(Blau, 158).

371 Ms اله واحد.

372 Ms يحنى g يحى.

373 g بالذى.

425 وقال المسيح إنّ الصغير في ملكوت السماء أعظم منه وذلك لأنّ أصغر من في

ملكوت السماء أعظم من عظيم أهل الأرض

426 لكيما يعلم الناس أنّ حقير أهل السماء أعظم من عظيم أهل الأرض فيرغب الناس

في ملكوت السماء ويزهدون في الأرض وما فيها

427 وفي القرآن مكتوب ذكر يحيى بن زكريا قال

f.130r هنالك دعا زكريا ربه قال // رب هبْ لي من لدنْك[374] ذرية طيبة إنّك تسمع الدعاء

فنادتْه[375] الملائكة وهو قائم يصلي في المحراب أنّ الله يبشّرك بيحيى مصدقا بكلمة[376]

من الله وسيدا وحصورا ونبيا من الصالحين

428 هو شهد وقال في المسيح حين أرسل إليه من البرية يعمد بني إسرائيل ويبشّرهم

بالمسيح

429 وجاء أحبار اليهود وبنو إسرائيل من كل مكان فلما رأوه بنو إسرائيل قالوا له

أنت المسيح الذي نرجوه

430 قال لهم

لست المسيح قالوا

فأنت النبي الذي قال الله لموسى في طور سيناء بأنّه يقيم لكم نبيا[377] مثلي فأطيعوه

431 قال لهم يحيى

لست النبي فقالوا له

فمن أنت قال

f.130v أنا صوت النادي // في القفر يسّروا طريق الرب وسهّلوا سبيله كما قال الله على لسان

إشعياء النبي في المسيح وفي يحيى بن زكريا أنّي أرسل بين يديك ملاكي ويعدّ سبلك

432 فأنا جئت بين يدي المسيح لكيما أعدّ سبله وأبشّر به الناس وأنا أعمدكم بماء

---

374 Ms لديك.

375 Ms فناداه.

376 Ms كلمه.

377 Ms نبى.

معمودية بريئة وبينكم قائم من لا ترونه[378] الذي يأتي من أثري من لست له أهلاً[379]

أن أخلع قبال نعليه هو يعمدكم بروح القدس ونار

433 فلما كان من غد إذ هو بالمسيح فقال

هذا حمل الله الذي ينزع خطايا العالم هذا الذي قلت لكم إنّه يأتي على أثري وهو بين يدي لأنه كان من قبلي[380]

434 وأنا لم أكن[381] أعرفه ولكن // الذي أرسلني أن أعمد هو قال لي من ترى ينزل عليه ‏f.131r‏ الروح ويحلّ عليه هو المسيح بن الله الذي يعمد بروح القدس وينزع خطايا الناس ويطهّرهم من ذنوبهم

435 فقد شهد يحيى بن زكريا أنّه كان من قبله إلها من الله وأنّه يمحق خطايا الناس ويطهّر قلوبهم ويعمد من يؤمن به بروح القدس ونار

436 وذلك لأنّ المسيح يطهّر الأنفس ويذكيها وينيرها بروح القدس ويحرق الخطايا ويميتها بباب المغفرة مثل ما تحرق[382] النار الشوك وتفنيه فلا يُرى له أثر فإنّ الخطايا والذنوب شبه الشوك

437 وقال المسيح في الإنجيل

آمين آمين أقول // لكم إنّه من لا يولد من ماء وروح لا يدخل ملكوت السماء ‏f.131v‏

438 وأمّا من يُولد من ماء وروح فهو الذي يُعمد باسم الأب والابن وروح القدس ٔ إلها واحدا وربا واحدا ٔ[383]

439 ولا يورعنّك إذا سمعت الأب والابن وروح القدس وإنّما الأب هو الله والابن هو الكلمة التي من الله وروح القدس فهو روح الله الذي قدّس كل شيء كما يطهّر الماء دنس الجسد

---

378 Ms تراوه.

379 Ms اهل.

380 Ms بلى.

381 Ms اكون.

382 Ms يحرف.

383 Ms اله واحد ورب واحد.

440 كذلك يطهّر روح القدس دنس الأنفس والأرواح ويزكيها من الخطايا والذنوب

حتى يكون الذي يُعمد بالإيمان أطهر منه حين يولد من بطن أمّه ليس له خطيئة ولا

إثم

f.132r 441 لذلك قال يحيى بن زكريا // إنّ المسيح يعمدكم بنار وروح ولذلك قال المسيح

من لا يُولد من ماء وروح لا يدخل ملكوت السماء جعل الله المولود[384] الثاني مغفرة

الذنوب

442 وتنبّأ أيضا داود بروح القدس عن صبغة المسيح وهلكة إبليس وجنوده قال

أنت كسرت رؤوس التنانين على الماء وأنت حطمت رأس التنين

443 وهو إبليس وجنوده حين أهلكهم المسيح بصبغة المعمودية وكسر قوته[385] من

الناس الذي قهرهم[386] بضلالته وافتتنهم بطغيانه[387]

444 وفتح المسيح للناس باب التوبة ومغفرة الذنوب كما قال في الإنجيل للحواريين

f.132v اخرجوا في الدنيا كلها ونادوا // ملكوت السماء في الأمم وتوبة على اسمي واعمدوهم

باسم الأب والابن وروح القدس

445 فمن آمن وأُعمد فقد خُلّص ونجا وغُفر له ومن كفر لم يُعمد فقد حقّ عليه الهوان

والندامة

446 فالحمد لله الذي نجّانا من التنين وضلالته وخلّصنا من خطايانا وذنوبنا بصبغة

المعمودية وإيماننا بالمسيح كلمة الله ونوره

447 وقال الله على لسان حزقيال النبي وهو أحد رؤوس الأنبياء الذي تنبّأ لبني إسرائيل

في أرض بابل قال

أنا أنضح عليكم ‏«ماء طاهرا»[388] فتطهروا من عبادة الأصنام ومن خطاياكم

f.133r 448 ولا نعلم ما نضح الله به الناس وطهّرهم من خطاياهم ومن // عبادة الأصنام إلا

---

384 Ms مولود.

385 om. g.

386 g ...قهر.

387 om g حاته.

388 Ms ما طاهر.

صبغة المعمودية التي بها طهّر من آمن بالمسيح وعُمد وأطاع أنبياء الله

449 ولم يخلّص الناس قط من عبادة الأصنام إلى[389] حين اطلعنا نور الله المسيح وقبلنا بالمعمودية

450 وقال الله على لسان إشعياء النبي

استحمّوا وكونوا طهرا وخطاياكم انزعوها من بين يدي الرب

451 فأيّ حميم أو اغتسال ينزع خطايا الناس من بين يدي الرب إلا اعتراف الخطايا والتوبة لله وصبغة المعمودية باسم المسيح]

452 فإنّ الله توّاب يحبّ التوّابين كما قال في الإنجيل

f.133v آمين آمين أقول لكم // إنّ ملائكة السماء يفرحون إذا رأوا توبة رجل خاطيء يتوب لله في الأرض

453 فأمّا اغتسال الجسد وترك تطهّر الأنفس من الخطايا والذنوب بالتوبة إلى الله وصبغة المسيح التي أمرنا بها وفتح لنا فيها باب رحمته فقد عاب المسيح على أولائك[390]

454 وقال لهم

أيّها الذين يغسلون خارج الكأس ويذرون داخله ˹مُلئ دنسا وقذرا˼[391] اغسل داخله أيّها المرائي قبل أنْ تغسل خارجه

455 إنّما عنى بذلك الذين يغسلون أجسادهم في كل حين ويذرون أنفسهم لا يغسلونها من دنس الخطايا والذنوب والهموم الباطلة

456 ثم ضرب المسيح مثلا لأولئك وقال

f.134r إنّما مثل// أولئك مثل قبور مكلسة قد بيّضوها بالكلس وأمّا داخلها ˹فمُلئ أمواتا˼[392]

457 فلا نرى اغتسال أجسادنا بشيء إذا لم نطهّر أنفسنا من دنس الخطايا والذنوب

---

389 Ms الا.

390 Ms هاوليك(Blau, 138).

391 Ms ملا دنس وقذر.

392 Ms فملا الاموات.

458 كما تنبّأ داود النبي حين أخطأ وقال

من إثمي اغسلني جدا ومن خطاياي فأنقني ؒقلبا طاهرا[393] اخلق بي اللهم وروحك
المقدس لا تنزع مني فمثل هذا الطهر يحبّ الله من العباد

459 فأمّا اغتسال الأجساد فقد كانت اليهود يغتسلون إذا قربوا ميتا[394] وإذا مسّوا
عظما ميتا أو امرأة طامثا[395] كانوا يغتسلون ويغسلون ثيابهم

f.134v 460 فلم يكن ذلك يقرّبهم إلى الله حين لا يطهّرون // أنفسهم من الخطايا والذنوب
وكذلك الحق عند الله

461 كما قال

أنا أنضح عليكم ماء طاهرا فتطهّروا من عبادة الأصنام ومن خطاياكم
وإنّما قال ذلك على صبغة المسيح

462 فنسأل الله برحمته أن يطهّر أنفسنا وأجسادنا من الخطايا والذنوب وأرواحنا من
الهموم الدنسة الباطلة التي يهلكن الإنسان ويبعدنه من الله

463 فأمّا وسخ الأجساد فلا والله ما ينقصنا شيئا إذا كانت أنفسنا طاهرة بعيدة من
معصية الله ودنس الخطايا وهموم الشيطان

464 فهذا الطهر الذي يحبه الله ويأمر به ويحضّ عليه عباده وأهل طاعته

f.135r 465 // وقال الله على لسان إشعياء النبي أيضا

اغتسلوا ماء بفرح من عيون الخلاص وقولهم في ذلك اليوم[396] سبّحوا للرب ونادوا اسمه
وقصّوا في الأمم عجائبه

466 وإنّما عيون الخلاص التي أمر الله الناس منهن يغتسلون بفرح يسبّحون للرب في
ذلك حين أظهر لنا المسيح صبغة المعمودية وقبلناها خلاصا[397] لأنفسنا

467 ثم يقول النبي

---

393 Ms وﻠﺐ طاهر.

394 Ms ميت.

395 Ms طامث.

396 B.

397 Ms خلاص.

نادوا اسمه وقصّوا في اللأمم عجائبه

فذلك عيون صبغة المعمودية التي بها خلّصنا الله من ذنوبنا وطهّرنا من خطايانا

468 وسبّحنا اسم الرب وقصصنا عجائبه بفرح في الأمم كلها حين أرسل المسيح الحواريين

في الأمم يدعون إلى المسيح ويأمرون بصبغة المعمودية

469 // وقال الله على لسان ميخا أيضا بروح القدس وقال   f.136r

من مثلك اللهم تنزع الخطايا وتتجاوز عن الظلم إنك أنت إله تريد الرحمة أنت تردّنا

وتجبرنا وتغرق خطايانا وتردّ إفكنا في عمق البحر

470 وإنّما يغرق الله خطايا الناس ويردّ إفكهم في عمق البحر ويتجاوز عن ظلمهم

بالتوبة وصبغة المعمودية التي بها يغرق الله خطايانا ويطهّر أنفسنا وأجسادنا من

دنس الخطايا

471 كما قد بيّن الله لمن يعرف الحق على ألسنة أنبيائه وهو إلاهنا يريد لخلقه الرحمة

ويدلّهم على باب المغفرة بصبغة المسيح

472 فمن كذب بها قال الأنبياء على صبغة المسيح التي دلّنا الله عليها على ألسنة

أنبيائه // f.136v

473 وذلك حين أتانا مغفرة لذنوبنا والرحمة فليدلّنا على أيّ عيون الخلاص يسوق الله

من يطيعه ويقبل قوله

474 وفي أيّ بحر يغرق الله خطايا الناس ويرحم بها من يريد التوبة ويلتمس المغفرة

من ربه بصبغة المعمودية

475 وتنبّأ إشعياء أيضا بروح القدس وقال398

الله الذي يرحمهم هو يجبرهم والله إلى399 عيون المياه يسوقهم

وهي التي ساقنا الله إليها وجبرنا بها وتوسع علينا برحمته

476 صبغة المعمودية التي دلّنا الله عليها وجبر صدعنا بها وجدّد بلاءنا الذي أورثنا

آدم بالمعصية

---

398 A.

399 B.

477 لا[400] تزال الخطيئة والموت تجري فينا وتقهرنا حتى اطلعنا المسيح وجدّدنا بالمعمودية

f.137r 478 ولعمري لقد كان لبني إسرائيل // عيون كثيرة في أرضهم فلم يسمِّها الله عيون الخلاص ولا قال إنِّي أسوقكم إلى عيون المياه وإنّما عنى بذلك صبغة المعمودية

479 فطوبى لمن لم يشكّ في كتاب الله وقول أنبيائه واتّبع أمر الله ومرضاته وآمن بالمسيح أنّه إله من الله وخلاص الناس

480 فهذا قول أنبياء الله في صبغة المعمودية التي جعلها الله مغفرة للناس وطُهرا[401] لمن يؤمن بالمسيح وقوله

481 وهذا ما تنبّأ[402] أنبياء الله على صليب المسيح الذي فدانا به من ضلالة إبليس وأعماله

482 تنبّأ موسى الذي كلّمه الله وكرّم وجهه حين لم يكن يستطيع أن ينظر إلى وجهه أحد من بني إسرائيل

f.137v 483 تنبّأ على صليب المسيح وقال // لبني إسرائيل في التوراة التي أنزلها الله عليه لتروا[403] حياتكم معلقة مقابل أعينكم ولا تؤمنوا[404] بها

فأيّ حياة علَّقت مقابل أعين بني إسرائيل ولم يؤمنوا بها إلا نور الله

484 فافهم ما تنبّأ الأنبياء بروح القدس على المسيح الذي صُلب وصلب الخطيئة وأهلك إبليس بصلبه وقال

أنا الحياة والنور والقيامة من يؤمن بي يحيا إلى الدهر

485 فقد بيّن الله على لسان نبيّه موسى أنَّ المسيح صُلب من أجل خلاص آدم وذريته من الموت والخطيئة وهو الحياة الدائمة الذي من يؤمن به يحيا إلى الدهر

486 وكذلك قال المسيح في الإنجيل لبني إسرائيل على صليبه

---

400 Ms لم.

401 Ms وطهر.

402 Ms اتنبا.

403 Ms لترون.

404 Ms لا تومنون.

آمين آمين أقول لكم كما رفع موسى حيّة النحاس في البرية // لخلاص بني إسرائيل من

الموت كذلك يُرفع المسيح لكيما من آمن به تكون له حياة دائمة ولا يهلك إلى الدهر

487 وأمّا شأن حيّة النحاس التي رفعها موسى في البرية فسنبيّن أمرها إن شاء الله أنّ

بني إسرائيل نزلوا منزلا[405] في البرية قرب طور سيناء

488 وهم مقبلون[406] مع موسى النبي إلى الأرض[407] المقدسة التي أورثهم الله فكان في

تلك البرية حيوات وأفاعي[408] كثيرة

489 وكان بنو[409] إسرائيل يُلدغون من الأفاعي والحيوات فمات منهم كثرة فصرخ بنو

إسرائيل إلى موسى في شأن الأفاعي وموتهم

490 فسأل موسى ربه أن يرفع عنهم ذلك البلاء فقال الله لموسى

اصنع حيّة من نحاس // وانصبها مقابلهم فكل من تلدغه حيّة من بني إسرائيل فلينظر

إلى تلك الحيّة النحاس ويعيش

491 وإنّما حية النحاس شبه الصليب وبتلك الحية نجا بنو إسرائيل من الموت بعد الله

من لدغ الأفاعي

492 ولذلك[410] قال المسيح لبني إسرائيل

آمين آمين أقول لكم كما رفع موسى حيّة النحاس لخلاص بني إسرائيل كذلك يرفع

المسيح مقابل أعينكم لكيما من آمن به يكون له حياة دائمة

493 فنسأل الله برحمته أنْ يجعلنا ممن يؤمن بالمسيح ونشهد أنه الحياة الدائمة والنور

والقيامة كما قال وشهد على نفسه وأنْ يورثنا الكرامة وملكوت السماء والحياة الدائمة

التي لا انقطاع // لها

494 وقال الله في كتبه

---

405 Ms منزل.

406 Ms معبلين.

407 Ms ارض.

408 Ms افاعي.

409 Ms بنى.

410 B كل.

سينظرون[411] إلى من طعنوا

فيسجدون بنفس صاعد ويقولون إنَّك أنت إله

495 ولم نعلم وذلك يوم القيامة حين يأتي المسيح مع ملائكته يدين الناس بأعمالهم وكذلك قال المسيح للحواريين الذين آمنوا به

آمين آمين أقول لكم كثر يأتون على اسمي ويقولون إنِّي المسيح فلا تصدّقوهم وإنْ قيل لكم هذا المسيح في الأسواق فلا تؤمنوا وإنْ قال لكم هذا المسيح على أبوابكم ولا تخرجوا[412] إليه

496 وإنَّما قال هذا على مسيح الدجّال يحذّر أولياءه منه إذا خرج الطاغي لا يؤمنون به ولا يتـ[ـبعو]نه فإنَّه الكاذب

497 ثم [قال]

آمين آمين // أقول لكم كما يكون البرق في السماء فيُرى من المشرق إلى المغرب كذلك يكون إتيان المسيح من السماء مع ملائكته وترون سيمة بين يديه كالبرق الذي يكون في السماء   f.139v

498 وإنَّما سيمة المسيح الصليب الذي به أكبّ إبليس وأهلك سلطانه وجعله لأوليائه سيمة يعرفونه به عند الناس أجمعين

499 لعمري لقد علم الناس أجمعون[413] من أهل الدنيا أنَّه ليس للنصارى سيمة إلا الصليب فيما نعرف في الدنيا ويوم القيامة عند المسيح

500 إذا جاء يدين الأحياء والأموات بأعـ[ـمـ]ـالهم فيومئذ نبّهت الـ[ـيهـ]ـود الذين لم...

---

411 Ms سينظروا.

412 Ms تخرجون.

413 Ms اجمعين.

제3부
—————
번역 및 주해

제1장: 서문(1-11)[1]

성부와 성자와 성령이신 한 하나님의 이름으로.

1-4 찬양

1 하나님이시여, 당신의 자비로 우리를 진실하고 옳은 길로 인도하소서.[2]

2 하나님께 찬미를 드립니다. 하나님 전에는 아무것도 없되, 하나님은 만물[3] 이전에 계셨고 하나님 후에 아무것도 없습니다.

3 하나님은 만물의 상속자시니 하나님에게 만물의 종착지가 있고, 하나님은 하나님의 지식으로 만물의 지식을 보존하시니 하나님의 지식만이 이것을 가능하게 합니다.

4 하나님의 지식에서 만물이 마치고, 하나님은 하나님의 지식으로 만물을 헤아리십니다.

---

1 찬양, 기도, 간구로 구성된 서문에서 변증서의 저자는 하나님을 만물의 근원이자 궁극적인 종착지로 고백하고, 하나님의 자비, 주권, 전지전능, 초월, 자족, 응답성과 같은 주요 속성들을 찬양하는 동시에 하나님의 인도하심과 자비를 간구한다. 이 과정에서 저자는 음율 또는 단어와 문장 반복 등의 기법을 활용한다. 따라서 사미르(Samir K. Samir)는 이 서문을 읽고 이렇게 표현한다. "아랍어 작품의 모든 서문(fātiḥah)처럼, 매우 아름답다."(S. K. Samir, "The Earliest Arab Apology," 66) 이러한 아름다운 형식을 갖춘 서문의 특징은 그 대부분이 꾸란의 어휘와 문체와, 그리고 사고방식의 영향을 뚜렷하게 보여준다는 점이다. 꾸란의 영향력이 두드러지는 것은 기원 후 8세기 팔레스티나 지역에서 아랍어권 공동체에 속한 그리스도인들 사이에서 꾸란이 활발히 통용되었다는 역사적 상황을 반영한다. 꾸란의 익숙한 독자들의 언어와 사고의 틀을 빌리되, 그것을 통해 그리스도교 교리를 변증하고 전개하는 것이 저자의 변증 전략이라고 할 수 있다.

2 이 대목에서는 꾸란 4:35의 영향이 감지된다. 역자가 "인도하소서"로 번역한 아랍어 동사 وقّق (waffaqa)는 직역하면 "(성공을) 허락하다" 또는 "(어떤 일을) 가능하게 하다"라는 뜻이다.

3 직역하면 "모든 것"이다. 원문에는 كل شيء(kull šay')로 표기되어 있다. 본문에서는 문맥에 따라 "모든 것" 또는 "만물"로 번역되었다.

5-9 기도

5 우리가, 하나님이시여, 당신의 자비와 당신의 능력으로 당신께 구합니다. 우리가 당신의 진리를 아는 자가 되게 하시고, 당신의 만족을[4] 좇게 하시고,

6 당신의 노를 피하게 하시고, 가장 아름다운 당신의 이름으로 찬양하게 하시고, 가장 높은 당신의 속성들[5]을 선포하게 하소서.

7 당신은 긍휼하시며 자비로우시며 인자가 풍부하십니다. 보좌 위에 당신은 정주하시고, 창조하신 것들 위에 높이 계시며, 만물을 충만하게 하십니다.

8 당신은 선을 거머쥐고 계시니 당신보다 더 나은 선이 없고, 재판하시니 재판을 받지 않으십니다. 당신은 우리를 필요로 하지 않으시나 우리는 당신이 필요합니다. 당신께 가까이하는 자에게 가까이 계시고, 당신께 간구하고 탄원하는 자에게 응답하십니다.

9 그러므로 당신은, 하나님이시여, 만물의 주님이시요 만물의 신이시요 만물의 창조주이십니다.

10-11 간구

10 우리 입술을 여시어 우리 혀를 풀어 주소서. 우리 마음을 부드럽게 하시어 우리 가슴을 넓혀 주소서.[6] 그리하여 우리가 당신의 가장 귀하고 높고

---

4 "만족"رضاء(riḍā')는 "호의", "승인", "동의", "은혜"를 뜻한다. 119행에서는 그 어근인 동사 رضي (raḍiya)가, 259행과 479행에서는 각각 동족어인 رضوان(riḍwān)과 مرضاة(marḍāh)가 사용되었다.

5 인간에게 있어 이상적인 하나님의 속성들이나 그러한 가치들을 의미한다.

6 이 대목에서는 꾸란 6:125; 16:106; 20:25; 39:22; 94:1의 영향이 감지된다. 이슬람 전통에서 "가

위대하고 복되고 거룩한 이름으로 찬양하게 하소서.

11 그러므로 신은[7] 당신 전에도 신은 당신 후에도 존재하지 않되, 당신에게 (만물의) 종착지가 있으며, 당신은 전지전능하십니다.

습"صدر(ṣadr)는 지식(knowledge)과 가장 높은 사랑의 감정(the highest feelings of love)과 애정(affections)의 장소를 상징하는데, 이는 신에게 가장 가까이 갈 수 있는 인간의 속성을 가진 품질의 보석을 저장하고 있는 보물창고와 같은 곳이다(Abdullah Yusuf Ali, *The Holy Quran: Text, Translation and Commentary*, vol. 1 [New York, NY: Khalil Al-Rawaf, 1946], 1755).

7 아랍어에서 "신"(god)을 뜻하는 단어는 إله(ilah)이고, 유일신 "하나님"(God)을 뜻하는 단어는 정관사가 앞에 추가된 الله(Allāh)이다. 이러한 표현들은 이슬람 태동 이전의 아랍 종교 전통에서 부터 널리 사용되어 왔으며, 특히 الله는 메카 지역에서 최고신을 지칭할 뿐 아니라 당시 그리스 도인들도 하나님을 부를 때 사용하던 표현이었다. 해당 대목에서 "신"은 기본적으로 إله가 번역 된 것이나("하나님"으로도 번역이 가능), 본문의 다른 곳에서는 "하나님"으로 번역하기도 하였 다. 예를 들어, الله واحد는 "한 신"이 아닌 "한 하나님"으로(165행), الله من الله는 "하나님으로부터 나신 신"이 아닌 "하나님으로부터 나신 하나님"으로 번역했다(177행). 이는 그리스도교 변증서 저자가 신과 하나님을 동일한 개념으로 이해했기 때문이며, 요 1:1,6,12,13,18의 정관사가 없는 헬라어 θεός가 명확히 그리스도교의 "하나님"을 의미하는 것과 같은 맥락이다.

제2장(12-216)[8]

12-73 삼위일체 하나님

12-30 성경이 증거하는 하나님 말씀과 하나님 영

12 당신께 찬미를 드립니다, 하나님이시여, 하늘과 땅과 그 둘 안에 (모든) 것을 당신 말씀과 당신 영으로 만드신 창조주시여.

13 당신께 찬미를 드립니다, 하나님이시여, 빛에 거하시는 분이시여, 천사들과 영[9]을 창조하시는 분이시여, 당신은 그들로 하여금 당신 이름, 곧 당신의 그 거룩한 곧 당신의 그 거룩한 이름을 찬양하게 하십니다. 이는 당신 이름의 메시지(message)와[10] 당신 능력의 권세를 위함입니다.

14 그래서 그들은 당신의 위대하심과 거룩하심을 위해 지치지 않고 말합니다:
"거룩하다, 거룩하다, 거룩하다, 강력하신 주님이여, 하늘과 땅이 그분의 존귀함으로 충만하다."[11]

---

8 삼위일체 하나님(12-73행), 그리스도의 성육신(74-130행)과 구속(131-180행), 그리스도교의 참됨(181-216행)으로 구성된 제2장은 그리스도교의 중심 교리와 전통을 다루면서 변증서 전체를 이해하는 신학적 핵심을 제공한다. 저자는 인간의 죄성과 하나님의 징벌을 강조함으로써 성육신의 필요성과 그리스도의 신성을 논증하며, 그리스도가 인간이나 예언자가 아니라 하나님의 말씀이자 하나님 자신임을 확인한다. 이러한 주장은 그리스도의 초자연적(supernatural) 사역과 약속의 성취, 계시, 그리고 그로 인한 역사적 결과를 근거로 제시된다. 이를 위해 저자는 성경 이야기들을 중심 변증 자료로 삼고 교부들의 말과 꾸란의 구절을 보조적으로 인용한다.

9 여기서 "영"은 "피조된 영"을 의미하며, 저자는 이에 대해 자세히 언급하지 않는다. 앞부분에 등장하는 "천사들"과 함께 묶인 "천사들과 영"이라는 표현에서는 꾸란의 영향이 감지된다(꾸란 70:4; 78:38; 97:4 참조).

10 하나님이 계시한 신성한 경전을 암시하는 듯하다. "메시지"الساله(risālah)는 일반적 의미로 "편지" 또는 "서신"이고, "임무"을 뜻하기도 한다. 종교적 맥락에서는 "사도직", "사도적 사명"을 뜻한다.

11 사 6:3 참조 | 사 6:3은 상투스(Sanctus)로 예언자 이사야의 환상에서 나오는 천사들의 찬미가

15 정말로 그들은 세 번 찬양하고[12] 한 주님으로 마칩니다.[13] 그리하여 사람들은 천사들이 하나님과 하나님 말씀과 하나님 영이신 한 하나님이자 한 주님을 찬양한다고 알 수 있습니다.

16 그래서 우리가 오직 당신을, 곧 우리 주님과 당신 말씀과 당신 영과 함께 계신 우리 하나님을 섬깁니다. 당신은, 하나님이시여, 하늘과 땅과 그 둘 안에 (모든) 것을 당신 말씀으로 창조하시고 천사들의 군대를 성령으로 살리셨습니다.

17 그러므로 우리는, 당신께 찬미를 드립니다, 하나님이시여, 당신의 창조하는 말씀과 당신의 살리시는 성령으로 당신을 찬양하며, 당신에게 영광을 돌립니다. 당신은 한 하나님이시요 한 주님이시요 한 창조주이십니다.

18 우리는 하나님을 하나님 말씀과 하나님 영으로부터 분리하지 않으며, 하나님과 하나님 말씀과 하나님 영과 함께 다른 신을 섬기지 않습니다.

19 하나님은 토라, 예언서, 자부르,[14] 복음서에서 하나님의 뜻과[15] 하나님

이다. 그리스도교 예전에서 하나님의 거룩함을 노래하는 성가곡으로 알려져 왔다. 이 상투스의 영향을 받은 오리게네스(Origenes)는 '경배하기에 합당하고 영원하신 삼위'에 대한 견해를 제시했고, 이는 여러 세대 동안 후대의 동방교회 신학자들에게 영감을 제공하게 된다(John N. Kelly, *Early Christian Doctrines*, 박희석 역. 『(고대) 기독교교리사』[고양: 크리스챤다이제스트, 2004], 147).

12 성부, 성자, 성령이 각각 구별된 위격을 가지면서도 본질적으로 동일한 신성, 즉 하나님의 거룩함을 공유하고 계심을 말한다.

13 동방교회가 '일체'보다 '삼위'를 강조하는 인상을 주는 대목이다.

14 "자부르"الزبور(al-zabūr)는 이슬람 전통에서 하나님이 예언자 다윗에게 계시한 경전을 의미한다(꾸란 4:163; 17:55 참조).

15 "뜻"을 의미하는 أمر(amr)는 "명령", "지시", "일", "사건", "문제" 등으로 주로 번역된다. 그러나 해당 본문의 أمر는 이러한 일반적인 의미를 넘어, 종교적·역사적 맥락 속에서 광의적으로 해석되어야 한다. 다시 말해 이는 하나님이 친히 이루시는 정해진 뜻, 곧 섭리 또는 하나님이 행하시기로 작정하신 바를 의미한다(46행, 50행, 54행, 55행, 210행, 408행, 479행 참조).

의 빛을 밝히셨습니다. 이것은 곧 하나님과 하나님 말씀과 하나님 영은 한 하나님이자 한 주님이라는 것입니다.

20 우리는 하나님께서 원하시면, 이를 이 계시된 경전들 속에서[16] 밝히겠습니다. 이는 지식을 구하고 인생을 통찰하며 진리를 깨달아, 가슴을 넓히고 하나님과 그분의 경전들을 믿고자 하는 이들을 위한 것입니다.

21 이것은 그리스도가[17] 복음서에서 말씀하신 바와 같습니다:

"너희가 경전들을 자세히 살피면,[18] 그 안에서 영생을 발견할 것이다."[19]

22 또 말씀하셨습니다:

"구하는 자는 받고, 찾는 자는 발견하게 되고, 열어 달라고 청하는 자에게는 열릴 것이다."[20]

23 그리고 하나님이 자신의 예언자 모세에게 시나이산에서 계시하신 토라의 서두에도 기록되어 있습니다:

"태초에 하나님이 하늘과 땅을 창조하셨다."[21]

24 그 다음에 하나님이 말씀하셨습니다:

---

16 직역하면 "책들"이다(21행, 63행, 180행, 415행, 494행). 본문에서 단수형도 사용된다(30행, 172행, 180행, 261행, 274행, 401행, 479행 참조). 단수와 복수 모두 "경전" 또는 "경전들"로 옮겼다.

17 '그리스도'로 번역된 아랍어 المسيح의 문자적인 의미는 '기름부음 받은 자'이다. 이 단어는 칠십인역에서 사용된 Χριστός에서 유래되었으며, 히브리어로는 משיח로, 시리아어로는 ܡܫܝܚܐ로 표현된다.

18 '자세히 살피면'은 '탐구하면', '연구하면'으로도 번역될 수 있다.

19 요 5:39 참조.

20 마 7:8 참조, 눅 11:10 병행구절.

21 창 1:1 참조.

"하나님 영이 물 위에 계셨다."[22]

25 그 다음에 하나님 말씀으로 말씀하셨습니다:

"빛이 생겨라."[23] 그러자 빛이 생겼습니다.

26 그 다음에 말씀하셨습니다:

"궁창이 생겨라."[24] 그러자 궁창이 생겼습니다.

27 이것은 가장 가까운 하늘이었습니다. 그 다음에 말씀하셨습니다:

"땅은 풀과 채소와 씨를 가진 나무 따위를 자라게 하여라."[25]

"땅은 살아있는 영을 들짐승과 집짐승과 맹수와 길짐승으로부터 내어라."[26] 그러자 그대로 되었습니다.[27]

28 그 다음에 말씀하셨습니다:

"물은 영을 가진 모든 기어다니는 것과 하늘을 나는 모든 새를 그것의 종(種)과 그것의 속(屬)대로[28] 내어라."[29] 그러자 그대로 되었습니다.

29 그 다음에 말씀하셨습니다:

"우리가 우리 모양과 형상대로 사람을 만들자."[30]

---

22 창 1:2b 참조.

23 창 1:3 참조.

24 창 1:6-7 참조.

25 창 1:11 참조.

26 창 1:24-25 참조.

27 한글 성경에 따르면, 여섯째 날에 하나님이 땅의 동물과 사람을 창조한다. 또한, 본문에서는 넷째 날에 창조된 해와 달과 별들에 대해서는 언급되어 있지 않다.

28 이 두 낱말은 각각 생물 분류군에서 '종'이 가장 하위 단계이며 '종'의 상위 단계는 '속'이다.

29 창 1:20-21 참조.

30 창 1:26a 참조.

30 하나님께서는, 자신의 예언자 모세를 통해 계시하신 첫 번째 경전에서 하나님과 하나님 말씀과 하나님 영은 한 하나님이시고, 복되고 지극히 높으신 하나님께서 하나님 말씀과 하나님 영으로 모든 것을 창조하시고 모든 것을 살리셨다고 밝히셨습니다.

31-44 교부들이 유비로 말하는 셋은 하나

31 우리는 삼신을 말하지 않습니다. ―하나님께서 보호하소서.― 오히려 하나님과 하나님 말씀과 하나님 영이 한 하나님이시며 창조주라고 말합니다.

32 이것은 하늘에 있는 태양의 층과 태양에서 나오는 광선과 태양에서 난 열이 서로 하나인 것과 같습니다.

33 우리는 그건 세 태양이 아니라 한 태양이라고, 태양 안에 세 이름이 있지만 서로가 나뉘지 않는다고 말합니다.

34 또 눈과 눈동자와 눈에 있는 빛과 같습니다. 우리는 그것들이 세 눈이 아니라 한 눈이고 그 안에 세 이름이 있다고 말합니다.

35 또 혼과 육체와 영과 같습니다. 우리는 그것들을 서로 분리하지 않으며 세 사람이 아니라 한 사람이고 한 존재 안에 세 이름이 있다고 말합니다.

36 또 나무 뿌리와 나무 가지와 나무 열매와 같습니다. 우리는 그것들이 세 그루의 나무가 아니라 서로 하나인 나무라고 말합니다.

37 참으로 (열매가) 제때에 사람들에게 나타나 보이면 우리는 이 모든 것이 나무에게 있음을 알고 (열매가) 나타나거나 나타나기 전의 때를 알게 됩니다.

38 또 샘의 물과 같습니다. (물이) 샘에서 솟아나 거기로부터 흘러 강이 되

고, 강의 물이 모여서 호수가 됩니다. 그대는 그것을 서로 분리할 수 없습니다.

39 그것의 이름들은 다르지만, 우리는 그것이 세 물이 아니라 모일 때나 흩어질 때나 샘과 강과 호수에 있는 (동일한) 물이라고 말합니다.

40 또 사람의 영과 사람의 이성과 사람의 이성이 낳은 말이 서로 하나인 것과 같습니다.

41 이성 안에 있는 영과 이성에서 나온 말은 서로 하나입니다. 우리는 그것들 사이를 분리하지 않습니다. 하나가 다른 하나에서 발생하니 그것들이 보이고 (이러한 사실이) 알려집니다.

42 또 입과 입 안에 있는 혀와 혀에서 나오는 말과 같습니다. 이처럼 성부와 성자와 성령에 관한 우리 금언이 그러합니다.[31]

43 이것에 대하여 예언자들이 예언하여 말했습니다:

"주님의 입이 말씀하셨다."[32]

그러므로 이 모든 것이, 성부와 성자와 성령이 한 주님을 믿는 우리 믿음을 증명합니다.

44 우리는 하나님 말씀과 하나님 영 안에 계신 하나님을, 그리고 하나님 안

---

31 지금까지 저자는 삼위일체 하나님을 변증하는 일곱 유비들을 나열했다. 첫째 태양의 유비는 가장 전통적인 유비로 교부 문헌에 자주 등장하는 유비. 특히, 시리아 교부 에프렘(Ephrem)이 이 유비를 즐겨 사용했다. 셋째와 여섯째 인간에 대한 유비도 그리스도교 저자들이 보편적으로 사용한 유비이다. 넷째와 다섯째 나무와 물의 유비는 모두 다마스쿠스의 요안네스(John Damascenus, bishop)의 『지식의 샘』(*The Fount of Knowledge*) 중 "이단에 대해서"(*On Heresies*)에서 찾아볼 수 있다(PG 94, 779). 마지막으로 지금까지 언급되지 않은 둘째와 일곱째 눈과 입의 유비는 아랍 그리스도교 신학에서 독특하게 여겨지는 유비라고 할 수 있다(S. K. Samir, "The Earliest Arab Apology," 71).

32 사 1:20b; 40:5; 58:14; 렘 9:12; 미 4:4 참조.

에 계신 하나님 말씀과 하나님 영을 알고 있습니다. 우리는 하나님을 찬양하며 하나님께 찬미를 드립니다.

45-55 인간이 파악할 수 없는 존재

45 그러므로 사람들이 하나님을 믿는 것이 마땅합니다.

46 그렇지만 우리는 어떤 말이나 비유들이나 이야기를 통해서가 아니라, 믿음과 경외심과 하나님에 대한 두려움과 영의 정결함을 통해서 하나님의 뜻과 하나님의 위대하심에 속한 것을 파악해야 한다고 아는 것이 마땅합니다.

47 만일 사람 중 하나가 하나님의 위대하심에 속한 것을 파악하려 한다면,[33] 그는 결코 파악할 수 없는 하나님의 그림자를 요구하려는 것과 같습니다.

48 하나님의 섭리를 확신하며 알릴 수 있다고 생각한 누구든지, 자기 손바닥으로 바닷물을 잴 수 있다고 여긴 것이나 마찬가지입니다.[34]

49 참으로 하나님은 —하나님의 이름은 복되고 하나님의 명예는 지극히 높습니다.— (모든) 일과 사건에 있어서 가장 존엄하시고 가장 위대하신 분이셔서 이성들과 시력들로는 파악되실 수 없습니다.

50 하나님이 파악되실 수 없는 것과 같이, 가장 높고 가장 귀하신 하나님과 하나님 말씀과 하나님 영도 마땅히 그러하십니다. 그러므로 하나님의 뜻에 속한 모든 것은 경이로운 놀라움입니다.

51 또 우리는, 사람 중 하나가 낳는 것과 같이 하나님이 하나님 말씀을 낳

---

33 직역하면 '파악하는 것을 희망한다면'이다.

34 사 40:12 참조.

았다고 말하지 않습니다. ―하나님께서 보호하소서.― 오히려 태양이 광선을 내는 것과 이성이 말을 내는 것과 불이 열을 내는 것과 같이 아버지가[35] 자기 말씀을 낳았다고 말합니다. 이것들[36] 중 어느 것도 그것을 낳은 근원보다 이전에 존재하지 않았습니다.

52 하나님은 ―하나님의 이름은 복됩니다.― 말씀과 영 없이 계신 적이 없고, 하나님은 언제나 하나님 말씀과 하나님 영과 함께 계셨습니다.

53 그리고 하나님 말씀과 하나님 영은 하나님이 창조하신 것들을 만드시기 전에 하나님과 함께, 그리고 하나님 안에 계셨습니다.

54 그대는 이것이 도대체 어찌 된 일이냐 말하지 마십시오. 참으로 하나님의 뜻에 속한 모든 것에는 위대함과 능력(المقدرة)이 있습니다.

55 사람 중 어느 하나가 하나님의 뜻에 속한 것을 파악할 수 없는 것과 같이 (어느 누구도) 하나님 말씀과 하나님 영을 파악할 수 없습니다.

56-73 성경과 꾸란이 증거하는 삼위일체 하나님

56 하나님은 토라에서 말씀하셨습니다:

"우리가 우리의 형상(image)**과 우리의 닮음**(likeness)**대로 사람을 만들자."**[37]
하나님은 ―하나님의 이름은 복됩니다.― '내가 사람을 창조했다'고 말씀하지 않으셨습니다.

57 오히려 하나님은 '우리가 사람을 창조했다'고 말씀하셨습니다. 그리하여 사람들이 하나님께서 하나님 말씀과 하나님 영으로 모든 것을 창조하시고

---

35 또는 성부(51행, 64행, 193행, 222행, 220행, 419행, 424행 참조).
36 '이것들'은 이전에 언급된 '광선'과 '말'과 '열'을 모두 가리킨다.
37 창 1:26 참조.

모든 것을 살리신 줄을 알게 하셨습니다.

58 하나님께서는 온 우주를 창조하신 분이시요 모든 것을 아시는 분이십니다.[38] 그대들은 꾸란에서 확인할 수 있습니다:

"우리는 사람을 고난 속에 창조하였다.[39] 또 참으로 우리는 많은 비와 함께 하늘의 문들을 열리라."[40] 하나님이 말씀하셨습니다:[41]

59 **"우리가 너희를 처음에 창조했을 때처럼 너희는 홀로 우리에게 오리라."[42]** 또 말씀하셨습니다:

60 **"너희는 하나님과 하나님의 말씀을 믿어라."[43]** 또한 성령에 대해서도 말씀하셨습니다:

"그러나 성령이[44] 너의 주님으로부터 자비와 길로서 그리스도를[45] 보내시

---

38 꾸란 15:86; 36:81 참조.

39 꾸란 90:4 참조.

40 꾸란 54:11 참조.

41 원문에는 주어가 명시되어 있지 않다. 변증서의 저자는 이후 꾸란 인용 부분에서도 "하나님"이라는 주어를 일관되게 생략하고 있다(170행과 427행 참조). 이는 꾸란을 하나님의 계시나 말씀으로 인정하지 않으려는 저자의 의도를 반영하는 것으로 보인다. 그러나 이 외에 본문 전반에서 "말하다"قال(qāla)라는 동사가 사용될 때 "하나님"이라는 주어가 생략된 예는 다수 존재하기 때문에 이같이 섣불리 판단할 수 없다. 본문에서 사용된 قال에 대한 자세한 논의는 지면 관계상 다루지 못하지만, 역자는 문맥과 구조에 비추어 "말씀하셨습니다"의 주어를 "하나님"으로 해석하는 것이 무리가 없다고 판단하였다.

42 꾸란 6:94 참조.

43 꾸란 4:171 참조.

44 일부 꾸란 주석가들은 꾸란에서 언급된 '영', '성령' 또는 '거룩한 영'을 천사 '가브리엘'로 해석한다.

45 원문에는 목적어가 명시되어 있지 않고, 남성 단수 3인칭 접미대명사 "ه"(그를 또는 그것을)로 표기해 놓았다. 역자는 그리스도가 하나님이 보낸 자비와 길로 여러 번 언급된다는 사실을 고려하여 이를 "그리스도"로 판단하였다. 한편, 꾸란 주석가들 가운데는 "계시"(the revelation)나 꾸란 자체로 이해하기도 한다.

리라."[46]

61 하나님과 하나님 말씀과 하나님 영이 한 하나님이요 한 주님이라는 사실을 우리가 토라와 예언서와 자부르와 복음서에서 확인할 수 있으며, 그대들은 꾸란에서도 이를 확인할 수 있습니다. 그러므로 이보다 더 확실하고 더 분명한 것이 무엇이겠습니까?

62 분명히 그대들은 하나님과 하나님 말씀과 성령을 믿으라는 명령을 받았습니다. 그렇다면 왜, 여러분, 우리가 하나님과 하나님 말씀과 하나님 영을 믿으며, 한 하나님이요 한 주님이요 한 창조주이신, 곧 하나님 말씀과 하나님 영과 함께 계신 하나님을 섬기고 있다고 하여 우리를 비난합니까?

63 하나님은, 이러한 일이 길과 진리의 종교에 있다고 모든 경전들에서 밝히셨습니다. 그러므로 이것을 어기는 자는 아무런 근본이 없는 자입니다.[47]

64 복음서에 적혀 있습니다. 곧 그리스도가 거룩한 요단강에서 세례를 받으셨을 때 아버지가 하늘에서부터 말씀하셨습니다:

"이는 내 사랑하는 아들이다. 내가 원하는 자이다. 그러니 그의 말을, 너희는 들어라."[48]

65 그리고 성령이 하늘에서 내려오시고 그리스도 위로 오셨습니다. 사람들은 하나님과 하나님 말씀과 하나님 영이 옛적이나 장래에나 한 하나님이요 한 주님이신 줄을 알게 되었습니다.[49]

---

46 꾸란 16:102 참조.

47 꾸란 2:113 참조.

48 마 3:16-17; 17:5b 참조, 막 1:19b-11; 눅 3:21-22 병행구절. 해당 본문에서 '원하는 자'로 번역된 표현은, 한글 성경에서는 '기뻐하는 자'로 나타난다.

49 그리스도의 세례 사건과 같이 삼위일체를 암시하는 성경 구절들은 특히 전례 및 교리 문답 맥락에서 초기 그리스도교의 삼위일체 이해와 확립의 기초가 되었다.

66 그대는 하나님께서 하나님의 자리에서 이동한다고 또는 하나님의 한 부분이 다른 부분이 없이 존재한다고 말하지 마십시오. —하나님께서 보호하소서.—

67 그러나 우리는 하나님 전부는[50] 하늘에서 완전하시고, 하나님 전부는 그리스도 안에서 완전하시고, 하나님 전부는 모든 장소에서 완전하시다고 말합니다.

68 그대는 태양이 보이지 않습니까? 태양은 하나님이 세상[51] 사람들을 위한 광채와 빛으로 창조하신 것입니다. 참으로 그것은 하늘에도, 계곡에도, 산에도, 구릉에도, 바다에도 존재합니다.

69 하나님은 나뉘시지도 않으시고, (한) 장소에서 (다른) 장소로 움직이지도 않으시나, 자신이 원하는 대로 자신이 원하는 곳에 계시며,

70 하나님의 위대하심과 하나님의 권세를 만물에 충만하게 하셨습니다. 또한, 어떤 것도 하나님보다 존엄하지 않습니다.

71 그래서 예언자 다윗이 그리스도의 물들임을[52] 두고 예언하여 말했습니다:

---

50 여기서 '전부'는 삼위일체 하나님의 세 위격 모두를 뜻한다.

51 "세상"الدنيا(al-dunyā)는 문자 그대로 "더 낮은 것"을 뜻하며, 인간이 살고 있는 "지상 세계", "현세", "세속"이다. 이 표현은 꾸란에 총 111회 등장하는 중요한 개념으로, 본문에도 29회 나타나 변증서가 꾸란의 영향 하에 작성되었음을 확인해준다. 한편, 433행에서 "천하"로 번역된 아랍어العالم(al-ʿālam)은 꾸란에는 전혀 등장하지 않으며, 본문에서도 단 한 번 사용된다.

52 "물들임"صبغة(ṣibġah)는 문자 그대로 "염색", "색체", "물감"을 뜻하며, "세례"(baptism)로도 해석되기도 하지만, 역자는 이를 "물들임"으로 번역하였다. 이는 본문에서 "세례"로 번역된 معمودية(maʿmūdiyyah)와 구별하기 위함이다. صبغة는 동방교회 전통에서 이해되고 실천된 초기 세례 예식에 보다 가까운 세례 개념으로 해석될 수 있다. 유수프 알리(Abdullah Yusuf Ali)는 صبغة를 아랍 그리스도교 세례의 상징으로 해석한다. 또한 세례받는 이가 염료가 섞인 물에 잠김으로써 새로운 삶에 들어가는 의미를 담고 있다고 해석한다. صبغة는 꾸란 2:138에 단 한 번 등장하는 말(hapax legomenon)이다. 꾸란 2:138에 나타난 صبغة에 대한 보다 자세한 논의는 Sean W. Anthony, "Further Notes on the Word Ṣibgha in Qur'ān 2:138," *Semitic*

"주님의 목소리가 물 위에 있다. 찬미 받기 합당하신 하나님은 우렛소리를 내시고 하나님은 많은 물 위에 계신다."[53]

72 그러니 그리스도의 물들임에 대한 이 예언보다 더 확실한 것이 무엇이겠습니까? 성부는 하늘에서부터 증언하셨고, 성자는 물 위에 계셨고, 성령은 그리스도 위에 내려오셨습니다.

73 이것은 모두 한 하나님이시요 한 권세이며, 하나님과 하나님 말씀과 하나님 영 안에 있는 우리의 신앙이자 우리의 증언입니다. 하나님은 성부와 성자와 성령, 한 하나님이요 한 주님이십니다.

74-130 그리스도 성육신의 필요성

74-75 인류의 구원과 하늘로부터 내려온 은총에 대한 질문

74 그리스도에 대해 말하자면, 그리스도는 사람들을 구원하시고 그들을 구하셨습니다. 하나님께서 원하시면, 우리는 이것을 밝히겠습니다.

75 곧 하나님께서 사람들을 위한 자비와 길로서 하나님 말씀과 하나님 빛을 어떻게 보내셨는지, 그리고 이로 하여금 그들에게 어떻게 은총을 베푸셨는지 밝히겠습니다. 또한, 하나님께서 악마와 악마의 어둠과 악마의 그릇된 길에서[54] 아담과 아담 후손의 구원을 위해 왜 하늘로부터 내려오셨는지를

Studies 59/1 (2014), 117-129를 참조하라. 이 글에서 숀 앤서니(S. W. Anthony)는 꾸란 이전에 시리아어로 기록된 그리스도교 문헌의 분석을 통해 صفة가 하나님이 신자들을 염색하는 행위와 구원론 간의 관계로 연결된다고 주장한다.

53 시 29:3 참조.

54 "그릇된 길"ضلالة(dalālah)은 "올바른 방향에서 벗어나는 것" 또는 "정도(定道)에서 이탈하는 것"이 앞선 뜻이다. 이 대목에서 꾸란 영향이 감지된다(꾸란 2:16,175; 4:44; 7:30,61; 16:36; 19:75; 27:81; 30:53 참조). ضلالة의 반대말은 هدى("바른 길", "지도", "안내")이다. (본문에서

밝히겠습니다.

76-83 아담의 타락과 인류에 미친 영향: 불순종과 구원의 필요성

76 참으로 하나님은 —하나님의 이름은 복되고 거룩하게 여김을 받고 지극히 높습니다.— 하나님의 선하심과 하나님의 위대한 자비로 육일 동안 하늘과 땅과 그 둘 안에 (모든) 것을 창조하셨습니다.

77 그리고 흙으로 아담을 창조하시고 그의 안에 생명의 숨을 불어넣으시니, 아담이 살아있는 영이 되었습니다.[55]

78 그후에 하나님은 아담을 낙원에 거주하게 하시고[56] 아담을 위해 아담의 갈빗대에서 그의 아내를 창조하셨습니다.[57] 그리고 그 둘에게 낙원에 있는 모든 나무로부터 먹으라고 분부하셨습니다.

79 반면, 선과 악의 나무로부터는 먹지 말라고 지시하시며 그 둘이 (열매를) 먹는 날에 반드시 둘 다 죽을 것이라고 말씀하셨습니다.[58]

80 그런데 악마가 그 둘을 시기하여 하나님의 존귀함에서 그 둘을 내쫓기를 원하고, 아담의 아내 하와에게 다가와 그녀에게 이렇게 말했습니다:

81 **"하나님이 너희 둘은 지식의 나무로부터 먹지 말라고 말씀하셨느냐?[59] 하나님은 너희 둘이 그것으로부터 먹으면 둘 다 하나님과 같은 신이 될지를 알**

ىدﻫ는 주로 "길"로 번역되며, 총 18회 등장한다.(제3부 '아랍어 찾아보기' ىدﻫ 참조))

55 창 2:7 참조.

56 창 2:8 참조.

57 창 2:20-22 참조.

58 창 2:16-17 참조.

59 창 3:1 참조.

고 계신다."⁶⁰

82 악마가 그 둘에게 입발림하고 그 둘을 속이자, 하와가 그것으로부터 먹었고 그녀의 남편도 먹었습니다.⁶¹ 그러자 그 둘이 벌거벗었고, 그 둘의 부끄러운 부분이 그 둘에게 드러나자, 그 둘은 무화과 잎으로 자신들을 가렸습니다.⁶²

83 결국, 하나님은 그 둘을 낙원에서 쫓아내시고 그 맞은편에 거주하게 하셨습니다. 그리고 불로 낙원의 벽을 만드셨습니다.⁶³ 아담은 불순종과 죄와 죽음을 물려주었고, (불순종과 죄와 죽음이) 아담의 후손에도 일어났습니다.

84-89 인류와 그들의 구원 이야기: 노아 시대 홍수 사건

84 어떤 예언자도 그 외에 다른 사람들 중 어느 누구도 아담의 후손을 불순종과 죄와 죽음에서 구원할 수 없었습니다.

85 아담과 노아 사이는 십 대손으로, 이천 이백 칠십 년입니다.

86 노아와 그들 중 하나님을 사랑하고 하나님께 순종하는 자들 외에, (다른 사람들은) 하나님을 기억하지도 그분을 섬기지도 않았습니다. 노아는 그들에게 충고하며 그들을 하나님에게로 불렀습니다.⁶⁴ 그러나 그들은 노아를 비웃으며 노아의 말을 듣지 않았습니다.

---

60 창 3:5 참조.

61 창 3:6 참조.

62 창 3:7 참조.

63 창 3:24 참조.

64 '하나님에게로 불렀습니다'는 사람들에게 신앙을 권유하거나 하나님께 인도한다는 의미이다. 이 표현은 92행, 113행, 211행, 468행에 등장하며, 211행에서는 '(다른 종교를) 전도하다'로 번역하였다.

87 그후에 하나님이 홍수를 노아 시대 아담의 자손들과 모든 짐승들에게 일으키셨습니다. 그래서 모든 세상 사람들이 (물에) 잠기게 되었지만, 노아와 그의 가족은 구원받았습니다.[65]

88 그들은 여덟 사람인데 방주 안에 있었습니다. 이 방주를 하나님이 그에게 지으라 명령하셨습니다.[66] 방주에는 노아와 함께, 하나님이 명하신 대로 모든 짐승들과 모든 새들이 있었습니다.[67]

89 그리고 방주에서 일 년 후 하나님이 노아와 노아의 가족을 내보내셨습니다. 그분은 노아 자손들과 노아의 가족을 땅에 거주하게 하셨습니다.[68] 그리고 노아가 하나님께 번제를 바쳤더니 하나님께서 그의 번제를 받으셨습니다.[69]

90-95 아브라함 이전까지의 타락과 하나님의 심판: 롯의 구원과 소돔의 멸망

90 그후에 하나님에 대한 순종함으로 하나님께서 택하신 노아와 선량한 아브라함 사이는 십 대로, 천 이백 년입니다.

91 사람들은 하나님 말고 사탄을 숭배하고, 금지된 행위와 하나님에 대한 거역을 저지르고 있었지만, 하나님의 성인들은 예외였습니다.

92 하나님의 성인들은 그들 시대에 (수가) 적었습니다. 그들은 사람들에게 경고하며 사람들을 하나님에게로 불렀지만, 오히려 사람들에게 극심한 시련을 (겪었고), 사람들의 친척들과 다른 사람들에게서 공개적인 증오를 받았

---

65 창 6:7-8 참조.
66 벧전 3:20b 참조.
67 창 7:7-9 참조.
68 창 8:15-19 참조.
69 창 8:20-21 참조.

습니다.

93 그때에 사람들은 이전보다 더 악해지고 그들의 행동이 더 흉악해지고 그들의 모습이 더 추해졌습니다. 또한 사람들 안에서 악이 타오르니, 그들 안에서 추악한 악마의 짓이 나타났습니다.

94 아브라함 형제의 아들 롯이 거주하는 곳에 있는 소돔의 백성들은 무례하고 추악하고 흉악한 일을 저질렀습니다.[70] 그래서 하나님은 불과 유황의 비로 그들을 멸망시키셨습니다.[71]

95 결국, 그들 중 아무도 구원받지 못했지만, 하나님은 롯과 그의 두 딸을 그 멸망에서 구하셨습니다.[72] 참으로 하나님은 하나님을 경외하고 의로움을 행하는 자들과 함께 계시는 분입니다.

96-110 이스라엘의 고난과 구원: 모세와 그리스도를 통한 하나님의 인도와 자비

96 그후에 아브라함과 하나님의 예언자 모세 사이는 사백삼십 년입니다. 그때 이스라엘과 그의 자손은 이집트에 들어갔습니다.

97 그들은 남자와 여자와 아이들이 칠십오 명이었습니다.[73] 그 다음에 하나님이 그들을 번성하여 자라게 하셔서, 그들이 육십 만 이상에 이르렀습니다.[74]

---

70 창 18:20 참조.
71 창 19:24-25 참조.
72 창 19:16 참조.
73 행 7:14 참조.
74 출 12:37 참조.

98 그러고는 요셉을 모르는 다른 파라오가 이집트를 다스렸습니다. 그는 이스라엘 자손을 구별하여 고된 일을 그들에게 주고 이스라엘 자손을 멸망시키기를 원했습니다.

99 또 자신을 신으로 만들고 그들에게 고된 건축을 떠맡기고 그들에게 가장 고된 노역을 지워줄 뿐만 아니라 그들의 자손을 죽였습니다. 그런데 하나님께서 모세를 구원하셨고, 파라오의 딸이 그를 길렀습니다.[75]

100 그때 이스라엘 자손은 그들이 처한 바로의 두 손으로부터 온 노역에서 구원해 달라고 하나님께 탄원했습니다.

101 그러자 하나님은 그들에게 응답하시고 하나님의 자비로 그들을 내보내셨습니다.[76] 모세가 이집트에서 도망쳐 나온 후에, 하나님은 그를 시나이산으로 데려가셨습니다.[77]

102 그리고 시나이산 오른편에서 하나님은 모세와 직접 말씀하셨습니다.[78] 하나님은 모세에게 말씀하셨습니다:

"참으로 이스라엘 자손의 통곡과 파라오와 그의 백성이 그들을 혹사시킨 그들의 노역이 내게 올라왔다."[79]

103 그후에 하나님은 모세를 파라오에게 보내시고 기적들과 큰 위대한 일들과 강한 힘으로 그의 편이 되어 주셨습니다.[80] 참으로 하나님은 이스라엘

---

75 출 1:7-2:10 참조.

76 출 2:23-25 참조.

77 출 3:1 참조.

78 꾸란 4:164 참조.

79 출 3:7, 9 참조.

80 출 3:10; 7:8-12:36 참조.

자손을 위하여 바다를 가르시고, 그들을 그 한가운데로 건너가게 하시고 파라오와 그의 군대는 잠기게 하셨습니다.[81] 이렇게 하나님은 강하시고 복수하시는 분이셨습니다.

104 또 하나님은 그들을 밤에는 불로 된 기둥으로 인도하시고 낮에는 구름으로 그들을 가리셨습니다.[82] 그리고 그들에게 만나와 메추라기를 제공하셨습니다.[83] 사십 년 동안 아무것도 없는 땅에서 그들에게 은총을 베푸셨습니다.[84]

105 그런데 그들은 하나님께 불순종하고 주님의 진노를 일으켰습니다. 사탄이 그들을 유혹할 때까지 그들을 포기하지 않았기 때문입니다. 또 그들은 하나님이 아닌 금 송아지를 숭배하고 있었습니다.[85] 그때에 모세는 시나이 산 하나님 곁에서 토라를 받고 있었습니다.[86]

106 하나님은 이스라엘 자손의 추악한 행위들로 인해 이스라엘 자손을 멸망시키시고자 원하셨습니다. 그래서 모세는 하나님께 간청하면서 이스라엘 자손을 눈감아 주시고 그들을 멸망에서 자유롭게 해 주시도록 하나님께 구했습니다.[87]

107 그러자 하나님은 하나님의 종이자 하나님의 예언자 모세의 변호를 수

---

81 출 14:21-28 참조.
82 출 13:21-22; 민 14:14; 느 9:12, 19 참조.
83 출 16:13-14, 31; 시 78:24; 105:40; 느 9:20 참조.
84 출 16:35; 신 2:7; 8:2; 행 13:18; 히 3:9 참조.
85 출 32:1-6 참조.
86 출 31:18 참조.
87 출 32:10-13 참조.

락하시고, 그들을 눈감아 주시어 그들을 죽음에서 자유롭게 하셨습니다.[88]

108 그후에 하나님이 모세와 이스라엘 자손에게 말씀하셨습니다.

"내가 너희를 위하여 모세와[89] 같은 한 예언자를 세우시리니, 너희는 그가 너희에게 명령하는 모든 것을 따라 그에게 순종하라, 그에게 순종하지 아니하면 내가 그의 이름을 지워버리고, 이스라엘 자손 중에서 그를 멸망시킬 것이다."[90]

109 그 예언자는 바로 그리스도시니, 바로 하나님 말씀이시요 하나님 영이십니다. 그리스도는 하나님이 아담의 후손과 그들의 구원을 위한 자비와 길로서 하늘로부터 보내신 분이십니다.

110 그후에 하나님이 하나님의 예언자 모세를 거두어 가셨으니 모세는 백이십 년 동안 살았습니다.[91]

111-118 이스라엘 자손의 타락과 사탄의 유혹: 예언자들의 경고와 사람들의 배척

111 그러고는 이스라엘 자손이 이전보다 더 큰 악으로 돌아가 모든 곳에서 사탄을 숭배하고 하나님을 기억하지 않고 그들의 아들들과 딸들을 사탄과 그 군대에 제물로 바쳤습니다.

112 그러자 하나님은 거룩한 땅인 팔레스티나 땅으로 그들을 들여보내신 후에 하나님은 그들에게 하나님의 예언자들과 하나님의 사절들을[92] 보내셨

---

88 출 32:14 참조.
89 직역하면 '나와'이다.
90 신 18:15, 18-19; 28:45b; 29:20b 참조.
91 신 34:7 참조.
92 '사절들'은 하나님이 보내신 사람들로, 신약성경에서 사용되는 '사도들'과 동의어이다.

습니다. 그리고 예언자들이 그들 사이에서 많아졌습니다.

113 그들은 이스라엘 자손에게 충고를 하고 그들을 하나님에게로 부르고, 그들에게 사탄의 행위와 사판의 유혹과 사탄의 그릇된 길을 밝혔습니다.

114 그러자 사탄은 이스라엘 자손과 모든 사람들을 정복하고, 그들을 빈곤하게 하고, 그들을 압제하였습니다.

115 또 사람들을 하나님 없는 종들로 삼고, 그들을 유혹하고, 모든 추악한 행위로 그들을 방황하게 만들었습니다.

116 또 사람들을 하나님의 예언자들과 하나님의 사절들에게 맞서도록 선동하고, 그들의 마음을 어둡게 하여 하나님의 예언자들의 말을 이해하지 못하도록 했습니다.

117 그래서 사람들 중에는 그를 죽이고, 그들 중에는 그에게 돌을 던졌습니다.[93] 더욱이 그들 중에는 그를 부인하기까지 하였습니다. 그리고 악마의 행위와 악마의 그릇된 길이 모든 민족과 모든 백성에 드러났습니다.[94]

118 그들은 불과 우상들과 짐승들과 나무들을 숭배하였고, 또한 뱀들[95]과 고래들과 모든 땅의 짐승들도 숭배하였습니다.

119-127 하나님의 자비와 구원의 약속: 예언자들의 간청과 예언

119 하나님은 이러한 일로 하나님의 피조물에게 만족하지 않으셨습니다.

---

93 마 13:35 참조.

94 이 행에서 가리키는 '그'에 대해서는 본문에 명시되어 있지 않으나, 문맥상으로 볼 때 예언자 중한 사람으로 이해할 수 있다.

95 일반적으로 "뱀"을 뜻하는 حَيّة(ḥayyah)의 복수형은 حَيّات(ḥayyāt)이지만, 본문에서는 حيوات(ḥayawāt)가 사용되었다(488행과 489행 참조).

왜냐하면 하나님께서는 하나님의 피조물 가운데 자비를 베푸는 자들 가운데, 가장 자비로우시고 악마의 유혹과 악마의 그릇된 길에서 피조물의 구원과 피조물의 구속[96]을 맡으시기 가장 합당하시기 때문입니다.

120 그러므로 하나님의 예언자들은 아담의 자손이 이미 부패해 있었고, 사탄이 그들을 이미 정복시켰으니 사람들 중 아무도 아담의 후손을 그릇된 길과 멸망에서 구원할 수 없었다고 생각했습니다.

121 하나님의 예언자들과 하나님의 사절들은 하나님께 간청하며, 하나님께서 하나님의 피조물과 하나님을 섬기는 자들에게 내려오셔서 하나님의 자비로 사탄의 그릇된 길로부터의 그들의 구원을 맡아달라고 구했습니다.

122 그래서 그들 중 하나가 말했습니다:
"주님이여, 하늘을 드리우시어 우리에게 내려오소서."[97]
또 그들 중 (하나가) 말했습니다:
"크룹 사이에 좌정하신 분이시여, 우리에게 나타나소서, 당신의 힘을 행하소서, 우리의 구원을 위하여 오소서."[98]

123 또 그들 중에서 (하나가) 말했습니다:
"중재자도 천사도 아닌 오직 주님이 오셔서, 우리를 구원하실 것이다."[99]

124 또 다른 하나가 예언하여 말했습니다:
"하나님께서 하나님 말씀을 보내셔서 우리를 치유하시고, 우리의 노역에

---

96 "구속"으로 번역된 아랍어 نقرف(furqān)은 시리아어 ܦܘܪܩܢܐ(구속, 몸값, 구원)에서 유래한 말이다 꾸란에서는 선과 악, 진실과 거짓, 신자와 불신자 등의 구별에 대한 하나님의 기준 또는 하나님이 인간에게 계시하신 증거를 가리킨다(꾸란 2:53,185; 3:4; 8:28,41; 21:48; 25:1 참조).

97 시 144:5 참조.

98 시 80:1-2 참조.

99 사 63:9[70인역] 참조.

서 우리를 구원하셨다."[100]

125 또 다른 하나가 예언하여 말했습니다:

"그분은 드러나게 오시며 늦추지 아니하실 것이다."[101]

126 그리고 예언자 다윗이 예언하여 말했습니다:

"복된 주님의 이름으로 오는 분이시여,[102] **하나님이시여, 우리 주님이시여, 우리를 내보내 주소서."**[103]

127 또 말했습니다:

"하나님은 오셔서 잠잠하지 않으시고, 불이 그분의 앞에서 삼키고 그분 주변에서 즐겁게 타오를 것이다."[104]

128-130 예언에 따라 하늘로부터 온 구원자 그리스도

128 그러니 예언자들이 그리스도에 대하여 **"그분은 하나님이시요, 주님이시요, 구원자이시다"**고 예언하여 말한 이 예언보다 더 확실하고 분명한 것이 무엇이겠습니까?

129 하나님께서는 하나님을 섬기는 사람들을 구원하시기 위하여 하늘에서 내려오신 분이고, 보좌를 떠나지 않으셨습니다.

130 하나님과 하나님 말씀과 하나님 영은 보좌에 계시면서 (동시에) 모든 곳에 완전하시고 결핍이 없으십니다. 하늘과 땅과 그 둘 안에 있는 (모든) 것이

---

100 시 107:20 참조.
101 합 2:3b 참조.
102 시 118:26a 참조.
103 시 118:25a? 참조.
104 시 50:3 참조. 하나님의 임재에 조응(照應)하는 자연의 자발성을 보여주는 구절이다.

하나님의 존귀함으로 충만합니다.

131-180 그리스도의 구속

131-140 타락한 인류를 위한 하나님의 자비와 구원

131 그런데 하나님이 하나님의 피조물을 보시자, 그들은 이미 부패해 있었습니다. 사탄은 그들을 꼼짝 못하게 했고, 모든 민족과 모든 백성은 하나님이 아닌 사탄을 숭배하고 있었습니다.

132 하나님의 예언자들은 하나님께서 아담의 후손을 악마의 멸망과 악마의 그릇된 길에서 구원해 주시기를 간청했습니다.

133 아담과 그의 후손의 타락은 최악에 이르렀습니다.[105] 사람 중 누구도 그들을 자유롭게 해주거나,[106] 그들의 상처를 치유할 수 없는데 이르렀습니다.

134 그래서 하나님은 그들을 하나님의 자비로 부유케 하시고 하나님의 동정으로 그들에게 은총을 베푸셨습니다. 하나님은 —하나님의 이름은 복되고 거룩하게 여김을 받습니다.— 자신의 피조물을 잃지 않으십니다.

135 또 하나님은 사람들을 하나님의 자비로 창조하시고 그들을 내버려두지 않으십니다. 사람들이 하나님 말고 사탄을 숭배하고, 우상에게 그들의 아들들과 딸들을 제물로 바치고, 금지된 행위들과 하나님을 거역하는 일들을 저지르지 못하게 하십니다.

136 악마는 하나님의 피조물에게 그들을 억압하고 그들을 종노릇하게 만들

---

105 '악의 절정'은 직역하면 '가장 악한(최악)'이다.
106 106행과 107행 참조.

었다고 자랑하였습니다. 사람 중 누구도 그들을 사탄의 손에서 구원할 수 없습니다.

137 하나님은 사람 중 어느 하나가 아담의 자손과 그의 후손의 구원을 걸머지게 하지 않으셨습니다. 하나님은 하나님의 자비로 그것을 도맡아서 악마의 손과 악마의 그릇된 길에서 그들을 구원하셨습니다.

138 그리하여 하나님께서는, 그들에게 베푸신 하나님의 은혜, 하나님의 은총, 하나님의 선하심, 하나님의 자비, 그리고 그들을 위한 하나님의 구원 때문에, 스스로 감사와 섬김과 찬미의 대상이 되고자 하셨습니다.

139 하나님을 제외하고, 사람 중 어느 하나가 이 구원과 이 위대한 자비를 걸머진다는 것은 마땅하지 않습니다. 하나님은, 하나님의 자비와 하나님의 동정과 하나님의 선하심으로 하나님을 섬기는 사람들과 그분의 피조물의 구원을 걸머지는 것을 좋아하십니다.

140 그리하여 그들이 하나님에게 감사하며 하나님을 섬기게 하시고 하나님이 그들의 주님이시자 하나님의 피조물에게 자비를 베푸는 자들 중에 가장 자비로운 분이심을 알게 하십니다. 하나님은 하나님의 이 피조물과 그들의 구원을 가장 잘 알고 계십니다.

141–149 전능한 하나님의 구속 사건과 악마의 멸망

141 만일 하나님께서 —하나님께 권능과 능력이 있습니다.— 악마를 멸망하고자 원하셨다면, 보좌에 계셨을 때 행하셨을 것입니다.

142 하나님은 모든 곳에 계시고 모든 것이 가능하시기 때문입니다. 하나님은 하늘과 땅에서 원하시는 (모든) 것을 하실 수 있습니다.

143 그러나 악마는 아담을 거꾸러뜨리고 아담을 유혹하고 아담에게 죽음과 불순종을 물려주었고 아담을 낙원에서 쫓아내며 아담과 아담의 후손보다 우월하다고 자랑했습니다.

144 그 사악한 자는 자기가 계속해서 아담의 후손을 억압하고 그들을 고생시킬 수 있으며 아무도 자기의 그릇된 길에서 아담의 후손을 구원할 수 없을 것이라고 착각했습니다.

145 그래서 하나님은 그 사악한 자를 멸망시키시고, 유혹당하고 연약해진 이 사람으로[107] 그 사악한 자를 짓밟는 것을 좋게 여기셨습니다. 하나님은 그 사악한 자를 멸망시키고 하나님이 보신 하나님에 대한 그 사악한 자의 불순종 때문에 그 사악한 자를 자기 아래 두셨습니다.

146 그러므로 하나님은 하나님의 보좌로부터 하나님에서 나신 하나님 말씀을 보내시고 아담의 후손을 구원하셨습니다. 하나님은 하나님이 온 세상의 여자들 가운데 고르신 선량한 마리아에게서 연약하고 패배한 이 사람을 입으셨습니다.

147 그러니 하나님은 그녀에 스스로를 숨기신 후에 이 사람으로 악마를 멸망시키시고 악마를 무찌르시고 악마를 짓밟으셨습니다. 또한 악마를 나약하고 천대받게 내버려두셨습니다. 하나님이 스스로가 입으신 이 사람으로 악마를 억압하신 때에 악마는 매우 슬퍼하면서 아담의 후손보다 우월하다고 자랑할 수 없었습니다.

148 만일 하나님이, 악마를 넘어뜨린 이 사람을 입고 계시지 않은 채로 악마를 멸망시키셨다면, 악마에게는 슬퍼함도 후회함도 없었을 것입니다.

---

107 여기서 '이 사람'은 그리스도를 의미한다.

149 그러자 그 사악한 것은 말했습니다:

"나는 이미 거꾸러뜨렸고, 유혹하여 낙원에서 쫓아냈다. 하나님께서 자신의 손으로 하나님 모양과 형상대로 창조하신 바로 그 사람을! 그리고 하나님으로부터 그 사람을 낚아채어 그에게 불순종과 죽음을 물려주었다. 하지만 하나님이 나를 정복해 버리셨다. 이것은 놀랄 일도 아니다. 하나님은 원하시는 것을 행하시고, 원하시는 (모든) 것을 할 수 있을 만큼 전능하시다."

150-154 하나님의 승리와 인간의 존귀함

150 이런 까닭에 하나님은 악마를 멸망시키시고, 하나님이 우리로부터 입으신[108] 사람으로[109] 악마를 넘어뜨리셨습니다. 그리하여 악마는 아담의 후손에게 자기가 그들을 억압하고 그들을 유혹했다고 자랑할 수 없게 되었습니다.

151 하나님은 악마를 부끄럽게 만들고 악마를 쇠하게 하시기를 좋아하셨습니다. 그리고 사람들에게 악마가 반항적인 연약한 종임을 밝히셨습니다. 하나님이 악마의 불순종 때문에 악마를 하늘에서 던지시자, 사람들은 악마를 경외하지 않고, 악마를 비천하게 여겼습니다.

152 하나님은 악마가 그들을 억압하고 그들을 종으로 만든 후에 악마의 숭배자들과 악마에게 순종한 성도들이 그를 비웃으며 비천하게 여기도록 만드셨습니다.

---

108 '우리로부터 입으신'은 '우리와 같은 육체를 입으신'이란 의미이다. '옷을 입다'라는 표현은 시리아 그리스도교 전승에서 찾을 수 있는데, 시리아 작가들은 의복 이미지가 지닌 모티프를 활용하여 신격화와 구원의 상호 연관성과 같은 핵심 기독교 교리를 설명하였다(Sebastian Brock, "The Robe of Glory: a biblical image in the Syriac tradition" *The Way* 39, [1999], 247-259).

109 145-148행에서 언급된 '이 사람'과 동일한 대상이다. 즉, 그리스도를 가리킨다.

153 그러므로 보십시오, 인간이여, 하나님이 우리에게 무엇을 행하셨는지, 그리고 그분이 어떻게 우리를 하늘나라로 올리셨는지를 보십시오! 하나님은 악마를 넘어뜨리시고 가장 낮은 지위에 앉히시고 그를 연약하고 매우 슬픈 채로 내버려두셨습니다.

154 하나님은 우리 안에서 우리를 존귀하게 한 하나님의 존귀함을 보셨습니다. 하나님은 하나님 말씀과 하나님 영이신 그리스도를 통해 우리를 하늘에 올리셨습니다. 그리고 하나님의 천사들과 함께 우리가 찬양하며 하나님의 위대한 이름을 높이도록[110] 하셨습니다.

155-160 하나님의 빛, 하나님 말씀의 탄생

155 하나님은 하나님 말씀과 하나님의 빛을 하나님이 아담의 후손 중에서 선택하신 순결(純潔)하고 선량한 마리아에게 보내셨습니다.

156 그러자 천사들의 우두머리, 가브리엘이 그녀에게 와서 그녀에게 말했습니다:

"평안이 당신 위에 있기를 구하노라. 복 있는 여인이여, 주님이 그대와 함께 하신다. 그대는 이스라엘의 구원자 그리스도를 낳을 것이다."[111]

157 그리고 그녀가 말했습니다:

"어디서 아들이 내게 생기겠습니까? 어떤 사람도 나를 만진 적이 없습니다."[112]

---

110 '더욱 위대하게 하도록'으로도 번역할 수 있다.

111 눅 1:28-30 참조.

112 눅 1:34 참조. 여기서 언급된 "어떤 사람도 나를 만진 적이 없습니다"(لم يمسني بشر)라는 표현은 남자와 성적인 관계를 하지 않은 마리아의 처녀성을 의미한다(159행, 252행, 288행, 383행 참조). 신약성경 눅 1:34에서 "나는 남자를 알지 못하니"를 근거로 하며, 동일한 구절이 아랍어 성경에는 "나는 남편을 알고 지낸 적이 없습니다"(لم اعرف بعلا)로 기록되어 있

가브리엘이 말했습니다:

"하나님의 영이 그대에게 내려오시고 가장 높으신 분의 힘이 그대에게 임할 것이다. 그대에게서 날 자는 거룩한 분이요, 가장 높으신 분의 아들이라 불릴 것이다. 그대는 여자들 중에서 복이 있다."[113]

158 그러므로 천사들의 우두머리인 가브리엘보다 더욱 진실한 고백을 할 수 있는 자가 누구입니까? 가브리엘은 보좌 옆에 서서 모두에게 하나님한테서 받은 좋은 소식과 예언을 전합니다.

159 그후에 그리스도가 순결한 마리아에게서 성령으로 나셨습니다. 그런데 어떤 사람도 그녀를 만진 적이 없었습니다. (그리스도는) 하나님으로부터 나신 하나님이시며 하나님의 빛으로부터 나온 빛이십니다.[114] 하나님 말씀이시요 하나님 영이시요 영으로나 육으로나 완전한 인간이시지만, 죄가 없으십니다.

160 마리아는 그리스도를 낳은 이후에도 처녀로 남았습니다. 그리스도가 하나님으로부터 나신 하나님이자 빛이 아니셨다면 마리아가 그분을 낳은 후에 처녀로 남지 아니하였을 것입니다. 그러나 그녀는 하나님의 빛과 하나님 말씀을 낳았습니다. 그리스도는 피조물을 위한 자비와 길과 구원이 되십니다.

161-167 아담과 인류를 위한 하나님의 자비와 구속

161 그래서 그리스도는 아담과 아담의 후손을 악마의 그릇된 길에서 구원

다(London Polyglot). 또한, 이 대목에서 꾸란의 영향도 함께 감지되는데, 꾸란 3:47과 꾸란 19:20에는 لم يمسسني بشر(lam yamsasnī bašar)와 같이 분문과 동일한 표현이 사용되었다.

113 눅 1:35 참조.

114 니케아 신경(325년, 381년)에 들어있는 내용이다.

하셨으며, 아담을 그의 넘어짐에서 일으키시고 그의 상처를 치유하시고, 그의 시련을 새롭게 하시고, 그의 깨진 곳을 싸매셨습니다.

162 그리스도는 아담과 아담의 후손을 악마의 손에서 구하셨으므로, 악마의 어둠과 악마의 횡포를 없애시고, 사탄의 숭배로 우리의 묶임을 풀어주셨습니다.

163 또한 자기 십자가에 죄를 못 박으셨을 뿐만 아니라 자기 죽음으로 아담이 자신의 불순종으로 물려준 죽음을 죽이시고 부활까지 나타내셨습니다.[115]

164 그리스도는 하나님의 자비하심을 통해 진리와 의와 길을 세우셨습니다. 그래서 하나님의 은총이 사람들과 하나님의 피조물과 함께하고 하나님의 빛이 사람들 속에 거하게 되었습니다.

165 그리스도는 그들에게 하나님의 위대하심을 밝혀주고, 그들에게 하나님과 하나님 말씀과 하나님 영 곧 한 하나님과 한 주님을[116] 섬기도록 가르쳐 주셨습니다. 또한 그리스도가 하늘에서 내려온 것은 자기 자신의 구원을 위해서가 아니라고 가르쳐 주셨습니다.

166 그리스도는 시대 전부터 하나님 곁에 계신 말씀과 영이십니다. 천사들은 하나님과 하나님 말씀과 하나님 영, 곧 모든 것을 거룩하게 하시는 한 주님을 찬양했습니다.

---

115 이 대목은 변증서의 구속 이야기(131-180행) 중 절정에 해당되며, 변증서의 저자는 십자가에서의 죽음을 통해 부활을 성취한 그리스도로 말미암아, 인류가 영생을 얻는다는 기독교 신학의 정수를 설파하고 있다. 그리스도의 십자가 사건은 이후 변증서 후반부에서 더 구체적으로 전개된다(481-500행).

116 '하나님과 하나님 말씀과 하나님 영 곧 한 하나님과 한 주님'은 '삼위일체 하나님'을 의미한다.

167 그리스도는 자비로서, 그리고 악마와 악마의 그릇된 길에서 아담과 그의 후손을 위한 구원으로서 내려오셨지만, 하나님 곁에 보좌를 떠나시지 않으셨습니다. 그리스도는 하늘에 계신 하나님으로부터 나신 하나님이시며 (세상의) 일들을 다루면서 원하시는 대로 하나님의 피조물에게 자비를 베풀고 계십니다.

168-176 그리스도의 신성과 하나님의 일을 통한 그리스도의 신적 권능

168 그러므로 그리스도의 기적 행위는 곧 하나님의 일입니다. 그리하여 사람들은 그리스도의 행위를 통해 그리스도가 하나님으로부터 나신 하나님이시자 빛이신 줄을 알게 되었습니다.

169 그리스도가 이스라엘 자손에게 말씀하셨습니다:

"너희는 나를 믿지 아니할지라도, 내가 행하는 나의 일은 믿어라."[117]

그리스도께서는 창조하셨습니다. 그러니 하나님 외에는 창조하시는 분이 계시지 않습니다.

170 그대들은 꾸란에서 확인할 것입니다. 하나님이 말씀하셨습니다:[118]

"그리고 그분이[119] 진흙으로 새의 형상을 창조하시고 숨을 불어넣으시니,

---

117 요 10:38 참조.

118 각주 41번 참조.

119 원문에는 주어가 명시되어 있지 않다. 꾸란의 문맥에서 이 주어는 이스라엘 자손에게 파송된 عيسى('īsā 예수의 아랍어식 표현)로 이해된다(꾸란 3:45 참조). 꾸란은 예언자 예수(عيسى)를 그리스도(al-Masīḥ)로 지칭하며, 그가 동정녀 마리아의 아들(Ibn Maryam)임을 밝힌다(꾸란 3:45; 4:157; 9:31 참조) 동시에 꾸란은 예언자 예수가 신성을 지닌 존재가 아님을 주장한다(꾸란 4:171; 5:72,116 참조). 이에 반해 성경은 예수 그리스도를 하나님의 아들이라고 증언하며 (마 11:27; 16:16; 27:43,54; 28:19; 막 1:1; 3:11; 15:39; 눅 1:35; 4:41; 요 11:27; 20:31 등 참조), 예수 그리스도는 하나님과 본질적으로 하나인 신적 존재임을 선포한다(요 1:1,14; 8:58; 10:30; 20:28; 빌 2:6; 골 2:9 참조). 이 대목은 꾸란의 진술을 직접 인용하면서도, 예수 그리스도의 신성과 예수 그리스도가 하나님과 동등한 분임을 드러내고자 하는 변증적 목적을 지닌 저자의 의도를 잘 보여준다.

하나님이 허락하시사 그것이 새가 되었다.[120]

171 그리고 그리스도는 죄악들을 용서하셨습니다. 하나님 외에 누가 죄악들을 용서하겠습니까?[121] 또 그리스도는 굶주림을 채우셨습니다. 하나님 외에는 이것을 행하거나 먹거리를 넉넉하게 주는 이가 없습니다.[122]

172 그대들은 그대들 경전에 있는 그리스도의 사건에서 이 모든 것을 확인할 수 있습니다.

173 그리스도는 제자들에게 성령을 주시고, 그들에게 사탄들과 모든 병을 다스리는 권세를 주셨습니다. 하나님 외에는 성령을 주실 수 있는 분이 없습니다. 하나님이 아담에게 숨을 불어넣으셨습니다. 그러자 아담이 살아있는 영을 가진 사람이[123] 되었습니다.

174 또 그리스도는 하늘에 오르시어 천사들의 날개들 위에 앉으시니, 하나님 외에는 그렇게 할 수 있으신 분이 없습니다. 하나님은 곧 하늘에서 내려오시어 시나이산 위에서 모세에게 말씀하시고 그에게 토라를 주신 분입니다.

175 하나님은 모든 곳에서 완전하시니, 인간이여, 하나님에게 부족한 것이 없습니다.

176 그후에 그리스도는 부활의 날에 오셔서, 사람들을 그들의 행위에 따라

---

120 꾸란 3:49 참조.
121 꾸란 3:135; 39:53 참조.
122 꾸란 35:3; 106:4 참조.
123 "사람"은 الإنسان(insān)으로, 본문 일부에서는 이를 "인간"으로 번역하였다. 그 복수형인 الناس (nās)는 문맥에 따라 "사람들" 또는 "사람"으로 번역하였다.

심판하시고, 의인들에게 하늘나라와[124] 다함이 없는 영생을[125] 물려주실 것입니다.

177-180 하나님과 인간의 중보자, 그리스도

177 그리스도는 하나님으로부터 나신 하나님이시요 인간이시며, 우리와 하나님 사이에 중보자이십니다.[126] 사람들은 하나님을 보고 살아 있을 수 없지만,[127] 하나님은 하나님의 피조물을 위한 자비하심과 그들의 존귀함을 원하셨습니다.[128]

178 그래서 하나님으로부터 나신 하나님이시요 인간이신 그리스도께서 우리와 하나님 사이에 존재하셨습니다. 그리스도는 사람들을 그들의 행위에 따라 심판하시는 분입니다. 이렇게 하나님께서는 죄 없는 인간에 스스로를 숨기셨지만 그리스도를 통해 우리에게 자비를 베푸시고 우리를 그분에게 가까이 가게 하셨습니다.

179 그러므로 이 모든 것은 하나님의 예언자들이 이미 예언한 것이며, 그리스도가 사람들에게 나타나시기 전에 그리스도를 두고 말한 것입니다.

180 하나님께서 원하시면, 우리는 우리의 이 경전 끝부분에서 예언자들에게 성령으로 계시된 그들의 말과 그들의 경전들과 그리스도에 대한 그들의 기쁜 소식들을 통해 이 모든 것을 증명할 것입니다.

---

124 '하늘나라'는 직역하면 '하늘의 왕국들'이다.

125 '영생'은 직역하면 '영원한 생명'이다.

126 "중보자"وسيط(wasīṭ)는 본문에서는 단 한 번 사용되며, 꾸란에서는 사용되지 않는 표현이다. 이 용어는 그리스도교 신앙에서 중요한 개념으로, 하나님과 인간 사이를 연결하는 유일한 존재인 예수 그리스도를 지칭한다.

127 출 33:20 참조.

128 '하나님이 그들 안에서 존귀하게 되길 원하신다'는 뜻이다.

181-216 그리스도교의 참됨

181-187 그리스도의 승천과 성령에 대한 약속의 성취

181 하지만 그전에 우리는 그리스도의 말씀 중에서 한 기적부터 시작할 것입니다. 그리스도는 올리브 산에서[129] 하늘로 승천하시며 제자들에게 말씀하셨습니다. 그리고 제자들에게 온 세상에 흩어져서 그리스도의 이름으로 하늘나라와 회개에 대해서 전하라고 명령하셨습니다.[130]

182 그리스도가 그들에게 말씀하셨습니다:

"내가 그대들을 오늘 양을 이리 가운데 보냄과 같다.[131] 그대들은 하늘에서 온 힘을 입기까지 거룩한 집(예루살렘)에 머물러 있으라.[132]

183 **나는 내가 있던 곳으로 돌아갈 것이다. 그리고 보혜사이신[133] 성령 곧 사람들이 쳐다볼 수 없는 진실한 분을 그대들에게 보낼 것이다.[134] 그분이 그대들에게 내 뜻(شأن)과 내가 말한 모든 것을 생각나게 하실 것이며 그대들 입에 할 말을 주실 것이다.[135]**

184 **그대들이 세상의 왕들과 권세자들에게 끌려갈 것이지만, 그대들은 무엇을 말할지에 대하여 염려하지 말라. 내가 그대들에게 보낸 영이 그대들 입**

---

129 『거역개정』에서는 '감람 산'으로 번역하였다.

130 마 28:19 참조.

131 마 10:16a 참조.

132 눅 24:49 참조.

133 "보혜사"البارقليط(al-barāqlīt)는 헬라어 παράκλητος에서 유래한 단어로, "중보자", "위로자", "변호자", "대리인"이란 뜻이다. 본문에서는 단 한 번 사용된다.

134 요 14:16-17 참조.

135 요 14:26 참조.

에 할 말을 줄 것이다.[136] 그러니 그대들은 거룩한 집인 시온에 머물러 있으라."[137]

185 그후에 그리스도가 약속하신 성령이 그들 위에 내려오셨습니다. 마치 거센 바람과 같았습니다. 이때가 그리스도의 승천 후 십일 째 되는 날인 오순절이었습니다

186 모든 제자들이 불의 혀로 말하였고, 언어마다 세상에 모든 민족의 것으로서 (모두) 일흔 두 언어였습니다.[138] 그리스도는 하늘로 오르실 때 하신 자신의 약속을 제자들과 지키셨고, 그들에게 (주신) 자신의 말씀을 어기지 않으셨습니다.

187-196 하늘에서 재판하시는 그리스도의 신성과 성령을 통한 구원

187 그러므로 하늘에서 재판할 수 있고, 재판이 허용될 수 있는 분은 하나님 말씀과 하나님 영과 함께 계시는 유일한 하나님 한 분 뿐이십니다.

188 그러므로 그리스도는 하늘에서 재판하셨고 (지금도) 재판하십니다. 그리고 제자들에게 그가 약속하신 성령을 보내셨습니다.

189 만일 그리스도가 아담과 같은 분이시거나 사람 중 하나이시거나, 예언자이시거나, 그 외의 다른 사람과 같은 분이시라면, 하늘에서 재판하실 수도 없고, 하늘로 올라가실 수도 없었을 것입니다.

190 그리스도도 아담과 노아와 아브라함과 모세와 예언자들과 사절들, 이들 모두가 땅에 남아 있었던 것과 같이, 땅에 남아 계셨을 것입니다.

---

136 마 10:18-19 참조.

137 행 1:4 참조.

138 행 2:1-11 참조.

191 그러나 하나님 말씀이시요, 하나님의 빛이요, 하나님으로부터 나신 하나님이신 그리스도는 하늘에서 내려오셨습니다. 아담과 아담의 후손을 악마와 악마의 그릇된 길에서 구원하시려고 오셨습니다.

192 그리고 그분의 존귀함과 그분의 권세가 있는 하늘로 올라가시고, 그분을 믿는 사람들의 마음들을 힘과 성령으로 채우셔서 그들로 하여금 하늘과 땅에 계신 하나님과 하나님 말씀과 성령을 찬양하게 하셨습니다.

193 이렇게 그리스도도 우리에게 가르치셔서 우리가 기도하도록 하셨습니다:[139]

"하늘에 계신 우리 아버지, 당신의 이름을 거룩하게 하소서. 당신의 나라가 오게 하소서. 당신의 기쁨이 하늘에서 이루심 같이 땅에서도 이루어지게 하소서.

194 매일 우리에게 충분한 양식을 주소서. 우리가 우리에게 죄악을 범한 자를 용서해 준 것 같이 우리의 죄악들을 용서하여 주소서. 우리를 시험에[140] 들지 않게 하시고, 주님,

195 사탄으로부터 우리를 구원하여 주소서. 나라와 권능과 찬미가 영원히 당신의 것입니다. 아멘."[141]

196 그때에 그리스도는 사람들 가운데 하나님의 빛으로 나타나시고 그들을 땅에 있는 하나님의 천사와 같이 만드셨습니다. 그들은 세상 정욕들과 세상

---

139 직역하면 "우리가 기도하도록"은 "우리가 말하도록"(نقول, naqūla)이다. 여기서 사용된 아랍어 동사 قال(qāla)는 드물지만, 문맥에 따라 다양하게 번역할 수 있다. 예를 들어, 압둘라 유스프 알리나 사이드 아부알라 마우두디(Abul A'la Maududi)는 꾸란 7:151과 28:16에서 이 동사를 "기도하다"로 번역하였다.

140 '시험'은 유익함을 위한 '시련'을 뜻한다. 92행과 161행을 참조하라.

141 마 6:9-13 참조, 눅 11:2-4 병행구절.

사랑을 정복했습니다. 그리고 천사들 안에 있는 것과 같은 하나님의 기쁨이 그들 안에 있었습니다.

197-206 열두 제자가 성령의 능력으로 전도와 기적을 행함

197 그후에 제자들이 나가 그들 사이에서 온 세상으로 흩어져서 그리스도의 이름으로 하늘나라와 회개에 대해 전했습니다.

198 제자들은 성령을 힘입어[142] 모든 기적들을 행하고, 모든 병과 질병을 치유하고, 아담의 자손으로부터 사탄의 무리를[143] 쫓아내고, 그리스도의 이름으로 죽은 자들을 일으켰습니다.

199 그리고 우상들과 악마의 숭배를 아담의 자손에게서 없애자 하나님의 빛과 하나님의 진리가 온 민족들 가운데 나타났습니다. 그리고 제자들은 그들을 하나님 섬김과 하나님께 순종함에 이르게 인도했습니다.

200 그들은 단지 열두 명의 남자들이었습니다. 사람들 가운데 불쌍하고 연약한 낯선 자들이었습니다. 그들에게는 세상에서 어떤 재물도, 권력도, 뇌물을 줄 돈도, 뿐만 아니라 누군가에게 도움을 청할 지인도 친척도 없었습니다.

201 그러나 그리스도가 그들과 함께 계셨습니다. (그리스도는) 온 세상보다 더 뛰어나시고 세상의 권세자보다 더 강한 권세자이시며, 제자들을 강하게 만드시고 성령으로 그들을 위로하시고, 모든 장소에서 모든 때에 그리스도의 빛과 자신의 존귀함을 그들에게 보여주셨습니다.

---

142 '성령을 힘입어'는 직역하면 '성령으로'이다.
143 '사탄의 무리들'은 직역하면 '사탄들을'이다.

202 그때에 그들은 그리스도의 이름으로 땅의 동쪽과 땅의 서쪽으로부터 온 민족들을 인도하고 그들을 악마의 그릇된 길과 악마의 유혹에서 구했습니다.

203 또 제자들은 진리와 길이 나타나기 전까지는, 누구와 싸우지 않고, 사람들에게 강요하지도 않았습니다. 사람들은 제자들과 싸우고, (제자들에 맞서기 위해) 한쪽에서는 유대아 사람들과 (다른) 한쪽에서는 우상을 숭배하는 다신교도들과 맹약을 맺었습니다.[144]

204 결국, 하나님께서는 그들 속에 어둠을 거스르는 빛을, 그릇된 길을 바로잡는 바른 길을, 헛된 것을 깨뜨리는 진리를 나타내셨습니다.

205 만일 이 종교가 하나님으로부터 온 진리가 아니었다면, 칠백사십육 년 동안 든든히 서 있지도 세워져 있지도 않았을 것입니다.[145]

206 (다른) 민족들은[146] 그들과 싸웠으나, 하나님이 세우시고 만드신 종교를 없애지 못했습니다. 나의 목숨을 걸고 맹세합니다! 이 (일) 안에는 생각하고 진리를 알기 원하는 자를 위한 교훈이 있습니다!

---

144 여기서 "맹약을 맺었습니다"에 해당하는 아랍어 واعَد(wāʿada)는 "약속하다"를 뜻하는 وعَد (waʿada)와 비슷한 의미이다. وعَد와 واعَد에 대한 해석의 차이점은 다음을 참조하라 Lisān al-ʿArab 4, 477,20-478,5 (1883). 한편, 백성들이 유대인 또는 다신교도와 한 패가 되어 그리스도의 제자들을 배척하거나 박해한 성경의 예로는 대표적으로 예수 그리스도의 십자가형 사건 (마 27, 막 15, 눅 23, 요 18-19)과 스데반의 순교 이야기(행 6-7)가 있다.

145 변증서의 연대를 가늠할 수 있는 실마리를 제공하는 구절이다. 이 변증서는 8세기에 작성된 매우 오래된 문서라는 점에는 의문의 여지가 없다(정예은, "최초의 아랍 그리스도교 변증서 「하나님의 삼위일체적 본성」에 대한 연구" [미간행 신학석사학위논문, 장로회신학대학교, 2023], 30-32 참조).

146 이스라엘을 제외한 다른 민족들을 말한다.

207-212 유대아 종교학자 가말리엘의 현명한 조언

207 그때에 유대아 종교학자들이 제자들에게 대항하여 모였습니다. 그리고 그들에게 말했습니다:

"우리가 그대들에게 그리스도의 이름을 선포하거나 그것에 대하여 말하지 말라고 명령하지 않았소? 보시오,[147] 그대들은 그리스도에 대한 언급과 그대들의 가르침으로 거룩한 집(예루살렘)**과 그 땅을 가득하게 하였소!"[148]**

208 한 남자 바로 이스라엘 자손 출신의 선생이며 그들 가운데 많은 지식을 소유한 가말리엘이 그들에게 말했습니다:

"이스라엘 자손 동포여, 그 백성을 내버려 두시오. 그리고 여러분은 그들 사이에서 그들이 말하는 것과 행하는 것을 방해하지 마시오.

209 **만일 그들의 일이 하나님에게서 난 것이면, 그들의 종교가 든든히 서있고 그들을 위해 지속될 것이오. 하지만 그들의 일이 하나님에게서 난 것이 아니면, 하나님이 그것을 없애시거나 그들을 위해 그것에 어떤 일도 행하지 아니하실 것이오.**

210 **여러분은 하나님의 뜻에 적대하고 맞서 싸우는 자들 중 하나가 되지 마시오. 여러분에게는 그렇게 할 힘이[149] 결코 없소.**

211 **그들 이전에 이스라엘 자손의 다른 이들이 나가서 다른 종교를 전도한 적**

---

147 Blau, 463 참조.

148 행 5:28 참조.

149 이 대목에서는 꾸란 2:249과 2:286의 영향이 감지된다. "힘"으로 번역된 아랍어 طاقة(tāqah)는 견디거나 감당할 수 있는 "힘" 또는 "능력"을 의미하며, 부정어 لا와 함께 사용되면 "~을(를) 할 능력이 없다"는 의미로 쓰인다. 본문에서 단 한 번 사용된다.

이 있었지만,[150] **하나님은 그들의 일과 그들의 가르침을 없애셨소."**[151]

212 그러자 모든 이스라엘 자손들이 그들의 형제인 이 사람의 말에 만족하여 제자들과 그들의 가르침을 내버려두었습니다. 이 모든 일은 유일하신 하나님으로부터 온 것이었습니다.

213-216 성령의 도우심으로 지속된 제자들의 사역과 진리의 참 종교

213 그리스도의 사건이 진리가 아니고, 그리스도가 하나님으로부터 나신 하나님이 아니었다고 합시다. 그렇다면, 제자들의 사건도, 그들의 가르침도 지속되지 못했을 것이고, (제자들이) 하나님을 섬긴 적이 없던 민족들을 인도할 수 없었을 것입니다.

214 그러나 그리스도는 성령으로 제자들을 도우셨습니다. 그들은 모든 기적을 행했습니다. 이렇게 그들은 민족들을 하나님의 빛과 하나님 섬김에 이르게 인도하였습니다. 그리고 그들의 사건은 온 세상에 계속 일어났습니다.[152]

215 그들은 불쌍한 낯선 자들이었지만, 하나님은 그들에게 명예를 주셨습니다. 그리고 사람들은 그들의 말을 받아들였고, 하나님은 그들의 손을 통해 그릇된 길을 없애셨습니다.

216 하나님은 모든 일에 찬양받기 합당하십니다. 하나님을 찬양합니다. 하나님께 하늘과 땅의 권세와 능력이 있기를 빕니다.

---

150 직역하면 '다른 종교로 부른 적이 있었는데'이다.

151 행 5:35-39 참조.

152 "계속 일어났습니다"에 해당하는 아랍어 استقام(istaqāma)는 "곧다", "똑바르다"의 뜻이 앞선다.

217-415 그리스도의 생애

217-233 하나님 말씀과 창조: 예언자들의 예언과 복음서의 조화

217 이것이 그리스도에 대한 선지자들의 말입니다. 하나님이 성령으로 선지자들의 입을 통해서 선포하셨습니다. 그리고 하나님은 이 말을 그리스도가 오시기 전에 사람들에게 밝히셨습니다.

218 하나님이 예언자 다윗의 입을 통해서 그리스도에 관하여 말씀하셨습니다:

"오늘 이전에[154] 나로부터 내가 너를 낳았다."[155]

219 그러므로 오늘 이전과 천사들 이전과 모든 시대 이전에, 말씀이 하나님으로부터 그리고 하나님으로 비롯되었습니다. 하나님은 ─하나님의 이름은 복됩니다.─ 지금까지 거룩하게 여김을 받으며, 말씀과 영 없이 계신 적이 없으셨습니다.

---

153 제3장은 그리스도의 생애(217-415행), 세례(416-480행), 그리고 십자가와 재림(481-500행)을 다룬다. 그러나 필사본은 마지막 주제인 십자가와 재림 부분에서 아쉽게도 단절되어 있다. 이 장에서는 성경 구절들이 연속적으로 인용되며, 특히 구약 예언자들의 말씀과 신약 성경의 증언 사이의 일치를 보여주는 과정에서, 인용된 본문이 저자의 해석과 더욱 밀접하게 결합되는 특징을 보인다. 이러한 변증의 핵심은 그리스도의 오심을 통해 구약의 예언이 성취되었음을 밝히고, 이를 신약 성경의 증언을 통해 확증하는 데 있다. 내용은 그리스도의 성육신, 예루살렘 입성, 병 고침의 기적, 그리고 그리스도의 오심을 준비한 세례자 요한의 증언 등을 포함한다. 이 장의 마지막 부분에서 모세의 구리 뱀 사건을 십자가와 부활에 비유한 대목은, 저자의 기독론적 종말론을 단적으로 보여준다.

154 '이전에'는 한글 성경에 없는 말이다.

155 시 2:7 참조.

220 하나님 말씀으로 하나님은 하늘과 땅과 그 둘 안에 있는 (모든) 것을 창조하시고, 하나님의 성령으로 천사들과 모든 사람들을 살리셨습니다.

221 또한 하나님은 복음서에서 말씀하셨습니다:

"처음부터 말씀이 계셨다. 말씀은 하나님과 함께 계셨다. 하나님은 말씀이셨다."[156]

그러므로 하나님께서 예언서과 복음서를 조화롭게 하셨는데, 이보다 더 확실하고 더 분명한 것이 무엇이겠습니까?

222 그들이[157] 말했습니다: **"어떠하든 하나님의 본성에서 나온 말씀이 하나님으로부터 나왔으니 참으로 말씀은 아버지로부터 나셨다. 하나님은** (하나님 말씀을) **창조하지 않으셨다. 오히려 하나님 말씀으로 만물을 창조하셨다."**[158]

223 그러므로 사람 중 어느 누구도 하나님으로부터 나온 것을 창조된 것으로 만드는 것은 마땅하지 않습니다. (창조된 것은) 하나님 말씀도 하나님 영도 아닙니다. 그러나 하나님께서는 하나님 말씀으로 만물을 창조하셨습니다. 그리고 (그 창조하신) 만물을 보셨습니다.[159]

224-239 다윗의 예언을 통해 증거된 그리스도의 신적 권세

224 하나님이 예언자 다윗의 입을 통해서 그리스도에 관하여 말씀하셨습니다:

"너는 내 아들이라. 내가 오늘 너를 낳았다. 내게 구해라. 내가 너의 몫을 위하여 너에게 열방을 주리라. 내가 땅의 경계를 너로 하여금 취하게 하리니,

---

156 요 1:1 참조.
157 '그들'은 예언서와 복음서의 기자들로 이해할 수 있다.
158 요 1:2-3 참조. 여기서 '말씀'은 곧 그리스도이다(요 1:14 참조).
159 창 1:31a 참조.

너는 그들을 쇠로 된 막대기로 그들을 돌볼 것이다."[160]

225 그러니 하나님이 세상에 창조하신 어떤 땅이든지 보십시오! 그 안에서 그리스도의 이름을 찬양하지 않거나 그리스도의 권세를 기억하지 않는 자가 없습니다.

226 그러므로 그리스도는 모든 민족을 이미 물려받으셨습니다. 하나님이 예언자 다윗의 입을 통해서 말씀하신 바와 같습니다:

"그분의 이름과 그분의 권세가 세상의 끝까지 이르렀다."[161]

227 그러므로 하나님 말씀이 순결한 마리아로부터 육신이 되셔서,[162] 그리스도는 하나님이고 인간이십니다. 또 그리스도는 또한 민족들의 소망이시고 민족들은 그리스도의 보배입니다.

228 다윗이 또한 성령으로 예언하여 그리스도에 관해 말했습니다:

"주님이 내 주님에게 말씀하시기를 '내가 너의 원수들을 너의 두 발 받침대[163] 아래에 두게 하기까지 내 오른쪽에 앉아 있어라.'"[164]

229 그리스도는 이미 하늘로 올라가셨습니다. 그리고 하늘을 떠나지 않으시고 아버지의 오른쪽에 앉아 계셔서 그리스도를 거역하는 그리스도의 원수들을 그리스도의 두 발 받침대와 그리스도를 믿는 자들의 발들 아래 두셨습니다.

---

160 시 2:7-9 참조. 한글 성경에는 '돌볼 것이다'라는 표현 대신 '깨뜨리다', '부수다'로 번역되어 있다.

161 시 48:10 참조.

162 본문에서는 성육신이 하나님과의 관계에 전환점이자 구원에 연관되어 있음을 여러 번 언급된다(232행, 246행, 254행, 280행, 299행, 332행, 370행, 375행, 381행, 404행, 412행, 419행, 448행, 477행 참조).

163 직역하면 '네 두 발의 지위'이다.

164 시 110:1 참조.

230 이렇게 그대들도 꾸란에서 확인할 것입니다:

"내가 너를[165] 소환할 것이고 내게 올리어 불신자들로부터 깨끗하게 할 것이다. 그리고 너의 추종자들을 부활의 날까지 불신자들 위에 있게 할 것이다."[166]

231 그대는 우리가 두 신이나 두 주님을 믿는다고 말하지 마십시오. ─하나님께서 보호하소서.─ 오직 하나님은 하나님 말씀과 하나님 영과 더불어 한 하나님이시요 한 주님이십니다.

232 하나님은 하나님의 종이요 하나님의 예언자인 다윗에게 계시하셨습니다. 하나님은 하나님의 자비를 통해 사람들에게 나타나신 그리스도가 하나님 말씀이시요 하나님의 빛이라는 사실을 다윗에게 밝히셨습니다. 그러므로 그리스도는 참으로 하나님으로부터 나신 하나님이시요, 참으로 육체를 입으셨습니다.

233 그러므로 그리스도에게 순종한 자는 하나님께 순종하는 자이고, 그리스도를 거역하는 자는 하나님이 그를 그리스도의 두 발 아래 두십니다. 그리하여 사람들이 보좌에 계신 하나님과 하나님의 기름 부음 받은 자가 유일한 존귀함을[167] 가지고 계심을 알게 하셨습니다. 하나님의 부분은 다른 부분 없이 있지 않습니다.[168]

---

165 여기서 '내가'와 '너를'은 각각 꾸란의 유일신 하나님과 예언자 예수를 가리키지만, 저자는 각각 유일하시며 삼위일체이신 하나님과 신성을 지닌 그리스도를 염두에 두었을 것이다.

166 꾸란 3:55 참조.

167 또는 '동일한 존귀함'.

168 삼위일체 하나님에 대한 대목이다. 여기서 "하나님의 부분"은 하나님의 세 위격 중 한 위격을 의미하고, "다른 부분 없이 있지 않다"는 각 개별 위격들이 서로 혼합되지 않고 서로가 서로를 위해 하나로 연합되어 있음을 가리킨다. 즉, '하나님의 부분은 다른 부분 없이 있을 수 없다'는 말이다.

234 그러므로 그대는 복음서에서 그리스도가 시험하시려고 유대아 사람들에게 물어보신 사실을 확인할 수 있습니다. 그리스도가 말씀하셨습니다:

"그대들은 그리스도를 어떻게 생각하느냐? 그리스도는 누구의 아들이냐?"[169]

유대아 사람들은 말했습니다:

"그는 다윗의 아들입니다."[170]

235 그러자 그리스도가 그들에게 말씀하셨습니다:

"예언자 다윗이 그리스도를 두고 어떻게 성령으로 예언하여 말했느냐? 다윗은 '주님이 내 주님에게 내가 너의 원수들을 너의 두 발 받침대 아래에 두게 하기까지 내 오른쪽에 앉아 있으라'고 말했다.[171] **그러니 그리스도가 다윗의 아들이라면, 어떻게 다윗이 그리스도를 주님이라고 부를 수 있겠느냐?"**[172]

236 그리고 나서 유대아 사람들이 곤란하게 되어 그리스도에게 한 마디도 대답하지 못했습니다.[173] 만일 그리스도가 하나님으로부터 나신 하나님이 아니셨다면 그리스도는 담대하게 그 자신을 다윗의 주로 만들지 못하셨을 것입니다.

237 그러나 그리스도는 하나님으로부터 나신 하나님이시고 다윗의 딸 마리아 —그녀는 다윗의 지파 출신이기 때문입니다.— 로부터 육신이 되셨고, 그리스도라고 불리셨습니다.

238 하나님은 그분의 예언자 다윗에게 **"너의 후손으로부터 그리스도가 있**

---

169 마 22:42a 참조.

170 마 22:42b 참조.

171 시 110:1 참조.

172 마 22:43-45 참조, 막 12:35-36; 눅 20:41-44 병행구절.

173 마 22:46 참조.

으리라"[174]라고 약속하셨습니다. 그리고 모든 것을 예언자 다윗이 선포했습니다.

239 다윗은 모든 것을 자기에게 계시하신 성령을 통해서 선포했습니다. 그러므로 그리스도가 다윗의 후손으로부터 육신이 되신 때에 하나님은 다윗을 그리스도로 인해 존귀하게 여기셨습니다.

240-249 이사야의 예언을 통해 증거된 구원자로 오실 그리스도

240 아모츠의 아들, 예언자 이사야가 예언하였습니다. 이사야는 열려 있는 하늘을 보았습니다.

241 또한 이사야는 주님을 보았는데 보좌에 높이 앉아 계셨고 사랍이[175] 그분의 주변에 있어 서로에게 외쳐 말했습니다:

"거룩하시다 거룩하시다 거룩하시다, 강력하신 주님, 그분의 찬송이 하늘과 땅에 충만하다."[176]

242 이사야는 성령으로 그리스도에 대하여 말했습니다:

"그분이 구원자로 시온에서 오시며 야곱을 그릇된 길에서 벗어나게 하신다."[177]

---

174 삼하 7:11-16 참조.

175 원문에는 الكروبيم(크룹)으로 기록되어 있다. 그러나 사 6:2에서 등장하는 천사는 "사랍"이다. 6세기 시리아 수도사로 알려진 위 디오니시오스(Pseudo-Dionysius the Areopagite)는 『천상의 위계』(De Coelesti Hierarchia)에서 하나님의 뜻을 수행하는 역할에 따라 천사들을 아홉 개의 계급으로 구분한 후대 가톨릭 신학에 중요한 영향을 준 천사 계급 체계를 제시하였다. 이 계급 체계에서 "크룹"الكروبيم(Cherubim, 智天使)은 두 번째 계급의 속하는 천사를, "사랍"السرافيم(Serephim, 熾天使)은 가장 높은 계급에 속하는 천사를 가리킨다. "사랍"이라는 명칭은 성경에서 오직 사 6:2,6에만 등장한다. 역자는 변증서의 저자가 "크룹"과 "사랍"을 혼동한 것으로 판단하고, 이에 따라 해당 용어를 "사랍"으로 번역하였다.

176 사 6:1-3 참조.

177 사 59:20 참조.

243 또한 그가 성령으로 말했습니다:

"그리고 그분이 이새의 뿌리에서 나서 민족들의 지도자로 설 것이며 민족들은 그분을 의지할 것이다."[178]

244 이새는, 예언자 다윗의 아버지고, 선량한 마리아는 다윗의 후손 곧 이새의 뿌리에서 났습니다. 마리아에게서 바로 하나님 말씀과 하나님의 빛이신 그리스도가 태어나셨습니다.

245 그리스도는 민족들이 의지하는 분이십니다. 그들의 소망이시고 그릇된 길에서의 구원이십니다. 또 이사야가 성령으로 말했습니다:

"중재자도 천사도 아닌 오직 주님만이 오셔서 우리를 구원하신다."[179]

246 왜냐하면 이것이 그리스도에게 가장 합당하기 때문입니다. 어떤 천사도 중재자도 우리를 구원할 수 없었습니다. 하나님이 그리스도를 통해 우리에게 나타나실 때까지는 그러했습니다. 그리스도는 우리를 구원하셨으며 민족들을 인도하셨습니다.

247 그리스도는 그들을 통치하실 뿐만 아니라 하나님과 같이 그들을 다스리셨습니다. 바른 길을[180] 통해 그들에게 은총을 베푸셨습니다. 그리스도는 시온에서 우리에게 오신 주님이시고, 그릇된 길에서 우리를 멀리하셨습니다.

248 그리스도는 우리를 위한 구원자이시요, 사탄한테서 해방이었습니다. 어떤 중재자도, 하나님의 천사들 가운데 어떤 천사도 우리를 그릇된 길에서

---

178 사 11:10 참조.

179 사 63:9[70인역] 참조.

180 직역하면 "그 길"الهدى(al-hudā)이다. "진리의 길", "복음"으로도 번역될 수 있다. 본문에 여러 번 등장한다(찾아보기 "ىده" 참조).

(진리로) 인도할 수도 없고, 우리를 사탄이나 그의 올무에서 구원할 수 없었습니다.

249 우리의 주님이 시온에서 우리에게 오실 때까지는 그러했습니다. 그리고 그리스도는 예언자 다윗의 후손에게 나셨으니 곧 하나님이 약속하신 대로입니다. 능력과 권세로 우리를 구원하시고 우리를 하나님의 빛과 하나님께 순종함에 이르게 인도하셨습니다. 그리스도는 피조물을 위한 자비였습니다.

250-259 이사야의 예언을 통해 증거된 동정녀의 출생과 그리스도의 신성

250 또 이사야가 성령으로 그리스도의 탄생을 두고 예언하여 말했습니다:

"동정녀가 잉태하여 한 아들을 낳을 것인데, 그분은 '임마누엘'이라고 불리실 것이다. 그것의 번역은 '우리 하나님은 우리와 함께 계시다'이다."[181]

251 그러므로 그 동정녀는 처녀로서 그녀는 아담의 후손에서 나왔습니다. 그녀는 그리스도를 낳았습니다. 그리스도는 임마누엘이요, 하나님으로부터 나신 하나님이시요, 하나님의 피조물을 위한 자비입니다.

252 우리는 아담부터 우리의 이 날까지 사람들 가운데 어떤 한 사람이 **'하나님은 우리와 함께 계시다'**로 불리거나 **'하나님 말씀'**으로 불리고 사람을 만지지 않는 처녀에게 태어났다고 들어본 적이 없습니다. 그리스도만 예외입니다.

253 그러니 그대들은 하나님이 그리스도를 통해 그분의 피조물에게 은혜를 주신다는 것을 부인하지 마십시오. 또 이사야는 성령으로 그리스도의 탄생을 두고 예언하여 말했습니다:

---

181 사 7:14 참조.

"한 사내 아이가 우리를 위해 태어났고 그분의 권세로 우리에게 그를 주셨다. 그의 이름이 위대한 모사의 왕, 놀라운 자, 조언자, 강한 신, 권력자, 평화의 지도자, 영원한 아버지로 불릴 것이다."[182]

254 하나님은 하나님의 예언자, 이사야의 입을 통해서 사람들을 위해 태어난 그 사내 아이가 바로 그리스도라고 이미 밝히셨습니다. 그 예언자가 **'강한 신, 권력자, 놀라운 자, 조언자, 영원한 아버지'**라고 말했을 때에 그리스도는 하나님으로부터 나신 하나님이시며, 자비로서 우리에게 나타나셨습니다.

255 그리스도는 심판하시는 분입니다.[183] 그러므로 어떤 사내 아이가 하나님이 사람들과 세상을 창조하신 때부터 지금까지[184] 사람들 가운데 태어나서 강한 신 또는 영원한 아버지라고 불렸습니까? 그에 대하여 그의 권세가 그의 두 어깨 위에 있다고 전해졌습니까?

256 그리스도가 하나님으로부터 나신 하나님이셨기에, 그리스도의 (두 어깨) 위에 권세가 있는 것이 아니겠습니까? 그러니 그대는 그리스도를 의심하지 마십시오, 인간이여, 또한 그리스도의 겸손에[185] 속지 마십시오.

257 이렇게 하나님은 우리를 하늘나라로 올리시고, 하나님을 경외하는 자들의 발 아래로 악마를 넘어뜨리셨습니다. 그러니 하나님의 예언자들의 입으로 전한 하나님의 말씀을[186] 부인하는 자의 형벌이 무엇이겠습니까?

---

182 사 9:6 참조.

183 사 33:22 참조.

184 원문에는 '사람들의 이 날까지'이다.

185 또는 '그리스도의 낮아지심에'.

186 여기서 번역된 "말씀" قول(qawl)은 "사람이 발음하는 모든 소리"를 뜻하며, 인간의 언어 행위나 표현된 음성 일반을 가리킨다(180행, 181행, 186행, 215행, 217행, 258행, 259행, 300행, 320행, 324행, 360행, 384행, 394행, 404행, 414행, 416행, 421행, 473행, 480행 참조). 본문에서 삼위일체 하나님의 제2위격인 "말씀" كلمة(Kalimah)와는 전혀 다른 개념이다.

258 우리는 하나님이 이로부터 보호하여 주시기를 바랍니다. 우리가 하나님의 말씀과 예언자들의 말을 신뢰하는 자가 되게 해 달라고 하나님께 구합니다.

259 참으로 이것은 하나님한테서 온 자비이고 만족이고 선한 형통입니다. 그러므로 그대들은 하나님을 경외하고 그리스도의 말씀을 따르십시오. 그분을 의심하지 마십시오.

260-270 시온에서의 새 율법과 순종: 그리스도의 행위와 구원의 완성

260 이사야가 성령으로 예언하여 말했습니다:

"시온에서 율법이[187] 나올 것이고, 주님의 말씀은 예루살렘에서 진리는 거룩한 집(예루살렘)**에서 나올 것이다."[188]**

261 시온에서 나온 율법은 복음으로,[189] 그리스도가 이를 가지고 오셔서 사람들에게 새 율법과 빛과 길로 내놓으셨습니다. 지식의 사람들과 경전의 사람들이[190] 이 사실을 이미 알고 있었으며, 아무도 그 안에 선함이 있다는 것을 의심하지 않았습니다.

262 그러므로 하나님이 모세와 이스라엘 자손에게 계시하신 토라는 하나님

---

187 "율법"السنة(al-sunnah)는 꾸란에서 차용한 말로, "법도", "규범", "관행", "무함마드의 관행"을 의미한다. 본문에서는 5번 등장한다(261[2]행), 262행, 263행).

188 사 2:3 참조.

189 "복음"الإنجيل(al-Injīl)은 헬라어 εὐαγγέλιον에서 유래한 단어로, "좋은 소식" 또는 "구원의 소식"을 말하며 "복음(서)"로도 번역할 수 있다. 이슬람 전통에서 하나님이 예언자 예수에게 계시한 경전을 의미한다(꾸란 2:87; 5:46,110; 57:27).

190 직역하면 "책들의 사람들"이며, 꾸란의 "أهل الكتاب"(Ahl al-Kitāb)이란 표현 즉 "경전의 사람들(유대인과 그리스도인을 가리킴, 꾸란 6:156)"에서 영향을 받은 것으로 감지된다. 변증서에서는 الكتب(책의 복수형, kutub)이 사용되었지만, 꾸란에서는 كتاب(책의 단수형, kitāb)이 쓰인다(꾸란 2:105,109; 3:64; 5:68; 9:29 등). 이러한 변증서의 복수형 사용은 필사자의 단순한 오류일 수도 있지만, 의도적 변형이나 당대 용례상의 다양성을 반영한 것일 가능성도 있다.

이 시나이산에서 계시하신 첫번째 율법입니다.

263 우리는 어떤 예언자도 시온에서 난 새 율법을 가져오지 못했다는 사실을 알고 있습니다. 길과 자비, 즉 복음을 가져오신 분은 오직 그리스도뿐이십니다.

264 이 복음은 하나님에게 순종하는 행실과 영의 정결함을 통한 온전한 행실을 증명하고, 영혼이 하나님과 가까워지게 합니다. 뿐만 아니라 세상에 대한 절제와 내세를[191] 향한 갈망을 가져다줍니다.

265 그리고 이것이 완벽한[192] 지식이고, 하나님이 사람들한테 원하신 섬김입니다. 하나님은 그들에게 강요하시지 않았습니다. 또한 그리스도는 말씀하셨습니다:

"나는 모세의 모범을 폐하러 오지 않고, 그것을 완성하고 많은 사람을 대신하여 내 자신을 대속물로 내어주기[193] 위해 왔다."[194]

266 그러므로 참으로 그리스도는 우리를 죽음과 죄와 악마의 그릇된 길에서 대속하셨습니다. 하나님께 찬미와 감사가 있기를 빕니다. 하나님은 예언자 다윗의 입을 빌어서 말씀하셨습니다:

"하나님이 민족들을 소유하시고, 권세자 없는 백성들이 와서 당신[195] 앞에서 경배할 것이다."[196]

---

191 "내세"الآخرة(al-āḫirah)는 "마지막 시대" 또는 "심판의 날"로도 번역될 수 있다. 이 용어는 꾸란 전체에서 110회 등장한다.

192 "완벽한"은 264행의 "온전한"과 동일한 아랍어 تمام(tamām)으로 표현되었다. 두 가지 경우 모두 "완전한", "완벽한", "완성된"으로도 번역할 수 있다.

193 "내어주다"로 번역된 아랍어 동사 جعل(ǧaʿala)은 "~을 만들다", "시키다"의 뜻이 앞선다.

194 마 5:17b; 20:28b 참조.

195 '하나님'을 가리킨다.

196 시 22:27-28 참조.

267 이런 이유는 민족들이 하나님을 섬기지 않고, 하나님이 누구인지 알지도 못했기 때문입니다. 그리스도가 민족들의 소망으로 오실 때까지는 그러했습니다. 또한 하나님은 민족들을 순종과 섬김으로 다스리시지 않았기 때문입니다. 그리스도가 그들을 대속하여 주실 때까지는 그러했습니다.

268 하나님은 그들을 다스리시고, 그들을 그릇된 길에서 구원하시고, 그들을 하나님과 하나님 말씀과 하나님 영의 성도들로 삼으셨습니다. 참으로 하나님은 능력과 권세로 하늘과 땅과 그 둘 안에 있는 (모든) 것을 다스리셨습니다. 하나님은 창조하신 것에서 원하시는 (모든) 것을 하실 수 있습니다.

269 그러나 복되고 거룩하게 여김 받으실 하나님은 사람들이 듣고 순종하기를 원하시며, 이를 통해 그들을 다스리기를 원하셨습니다. 그리고 그들의 순종에 대한 보상은 하나님에게 있기를 원하셨습니다.

270 그러니 하나님은 누구도 하나님을 억지로 섬기는 것을 원하시지 않습니다. 하나님은 지극히 강력하시고 존엄한 분이시니, 하나님의 피조물 중 하나에게 억지로 하나님을 섬기도록 강요하시지 않습니다.

271-291 미가의 예언을 통해 증거된 그리스도의 탄생: 베들레헴에 나타난 기적

271 하나님은 미가의 입을 통해서 말씀하셨습니다. 미가는[197] 예언자 엘리야 시대에 이스라엘 자손의 왕 아합의 횡포와 그의 그릇된 길을 저지하였습니다.

272 폭군 왕 아합의 아들이자 폭군의 아들인 왕 요람은 미가를 죽였습니

---

197 여기서 저자는 모레셋 사람 미가(미 1:1)를 이믈라의 아들 미가야(왕상 22:8-28, 대하 18:10-24)와 혼동했다.

다.[198] 왜냐하면 요람이 아합의 그릇된 길을 걸으며 아합을 따랐기 때문입니다. 미가는 요람이 하나님에게 순종을 거부하고 하나님의 예언자들의 말을 듣지 않는 것을 보았습니다.

273 미가는 예언하여 성령으로 하나님이 미가에게 계시하신 그리스도의 탄생에 관해 말했습니다:

"그리고 너 베들레헴아, 너가 유다 권세자들 가운데서[199] 하찮은 자가 아닌 것은 네게서 한 지도자가 나올 것이기 때문이다. 그는, 이스라엘 민족을 돌볼 것이고 그의 기원은 시대의 날들 가운데 처음 날에서 왔다."[200]

274 그러므로 경전의 사람들과 모든 사람들은 자비와 길 되신 그리스도가 베들레헴에서 태어나셨고, 그곳에서 나신 이스라엘의 목자이시자 모든 민족들의 목자이시라는 것을 알게 되었습니다.[201]

275 그리스도는 그들을 돌보시고, 그들을 가장 영광스러운 곳 하늘나라로 데려가셨습니다. 그리스도의 기원은 시대의 날들보다 앞섰습니다. 왜냐하면 그리스도가 하나님 말씀과 하나님의 빛이시고, 모든 시대 이전에 하나님 곁에 계셨기 때문입니다.

276 그리스도가 베들레헴에서 태어나셨을 때 하나님이 그분의 천사들 중

---

198 이와 유사한 내용을 『파스카 연대기』(Chronicon Paschale)에서 찾을 수 있다(PG 92, 366). 이 대목에서 양쪽 모두 시대착오로 보이는 부분이 있으나 본서에서는 다루지 않겠다.

199 "권세자들"이란 표현은 성경 인용에 관련하여 저자 특유의 표현으로 보인다. 아랍어 سلطان (sulṭān)은 본래 "권세", "권력", "권위", "국왕", "통치자"를 뜻하는데, 미 5:2에서 이 단어가 사용된 것은 이례적이다. 이에 대응하는 히브리어 성경의 표현은 אלְפֵי, 헬라어 역은 χιλιάσιν, 아랍어 성경은 ألوف로, 모두 "천천"을 뜻한다. 한글 성경에서는 이를 대개 "족속"으로 번역하며, 그 가운데 『새번역』이 각주를 통해 "통치자"라는 해석을 달았다. 역자는 원문의 의미에 보다 충실하고자 "권세자들"로 번역하였다.

200 미 5:2 참조.

201 베들레헴에서 그리스도께서 탄생하신 사건에 대한 지식이 일반 대중 사이에 퍼져 있었다.

하나를 목동들에게 보내셨습니다. 목동들은 베들레헴에서 양을 치고 있던 중이었습니다.

277 천사가 그들에게 말했습니다:

"내가 오늘 그대들에게 큰 기쁨으로 좋은 소식을 전하여 줄 것이다. 이것은 바로 모든 민족들의 기쁨이다. 오늘 하나님께서 그대들을 위해 다윗의 동네 베들레헴에서 그리스도 주님으로 탄생하셨다. 이것은 그대들을 위한 기적이다. 곧 그대들은 한 사내 아이를 구유에서 발견할 것이다.[202]

278 그 천사가 그들에게 기쁜 소식을 전하는 동안에 목동들은 많은 천사들의 군대의 소리를 들었습니다. 천사들은 찬양하면서 말하고 있었습니다.

"가장 높으신 하나님께는 찬양이요, 땅에는 평화요, 의로운 자들 가운데 기쁨이 있다."[203]

279 그때에 그리스도가 땅에 내려오셨으니, 그들에게 기쁨과 평화와 자비가 있었고 하나님의 기쁨이 사람들 안에 머물렀습니다.

280 그러므로 그리스도가 그들에게 나타나셨을 때, 그들의 마음을 깨끗하게 하시고, 그들의 마음을 성령으로 넘치게 하사,[204] 그들을 하나님에게 가까이 가도록 하시며 그들에게 빛과 길을 밝혀 주셨습니다.

281 그후에 그리스도에 대한 별 하나가 하늘에 나타났습니다.[205] 동방 사람

---

202 눅 2:10-13 참조.

203 눅 2:14 참조. 한글 성경은 '지극히 높은 곳에서는 하나님께 영광이요 땅에서는 하나님이 기뻐하신 사람 중에 평화로다 하니라'이다.

204 '성령이 그들의 마음을 사로잡았으며'로도 해석이 가능하다.

205 예수의 탄생을 알려주는 광명한 별에 대해서는 George T. Zervos, *The Protevangelium of James: Critical Questions of the Text and Full Collations of the Greek Manuscripts 2* (London: T&T Clark, 2022), 89를 참조하라. 요안네스 크리소스토모스(Johannes Chrysostomus, 347?-407)의 "In Matthaeum homiliae VII"에서는 일반적인 천체가 아니라,

들은 보았고, 또한 박사들이[206] 그것을 보았을 때에, 그 빛은 하늘에 있는 별들의 위대함을 정복하였고, 낮과 밤 동안 그들을 (밝게) 비추었습니다.

282 그들은 그것이 위대한 왕의 별이고, 그 왕은 세상 사람들의 왕들 중에서 가장 뛰어난 분이라는 것을 알고 있었습니다. 그래서 동쪽에서 떠나서 그 별의 빛이 있는 곳을 쫓아 태어나신 왕을 찾고자 하였습니다.

283 그들에게는 황금 유황 몰약의 예물들이 있었습니다. 그들이 떠나서 거룩한 집(예루살렘)에 들어가자 그 별은 그들에게서 사라졌습니다.

284 그들은 거룩한 집 사람들에게 물으며 말했습니다:

"그대들 가운에 한 위대한 왕이 태어났습니다. 우리는 동방에서 그분의 별을 이미 보았기 때문에 그분을 경배하기 위해 (이곳에) **왔습니다. 우리에게는 예물들이 있습니다."[207]**

285 그러므로 그들의 상황이 이스라엘 자손의 왕 헤롯에게 전달되어 헤롯을 두렵게 하였습니다.[208] 헤롯이 유대아 종교학자들에게 물었습니다:

"만일 그리스도가 오시면 그리스도가 어디에서 태어나시냐?"[209]

그러자 그들이 헤롯에게 말했습니다:

"베들레헴입니다."[210]

286 하나님이 미가의 입을 통해서 말씀하신 대로입니다:

하나님의 특별한 개입으로 나타난 초자연적인 도구로 해석되었다(PG 57, 75-78).

206 직역하면 '점성가들'이다.

207 마 2:2 참조.

208 마 2:3 참조.

209 마 2:4 참조.

210 마 2:5 참조.

"그리고 너 베들레헴아, 너가 유다 권세자들 가운데서 하찮은 자가 아닌 것은 네게서 한 지도자가 나올 것이기 때문이다. 그는, 이스라엘 민족을 돌볼 것이고 그의 기원은 시대의 날들보다 앞서다."[211]

287 그러므로 세상 사람들 중에서 태어난 이 분은 누구 십니까? 동포 여러분, 그분에게 이와 같은 기적들이 있었는데, 세상 왕들 중에 속합니까? 아니면, 하나님의 예언자들 중에 속합니까?

288 그래서 동정녀에게서 그리스도가 나셨습니다. 그리고 동정녀는 어떤 사람도 자신을 만진 적이 없는 상태로 그리스도를 낳은 후 처녀로 남았습니다. 그러므로 어느 기적이 이보다 더 위대하고 더 뛰어납니까?

289 그때에 별 하나가 그리스도를 위해 하늘에 나타났습니다. 그 빛은 마치 태양의 빛 같았습니다. 그러고는 천사들은 그리스도를 찬양했습니다. 그리스도가 태어나셨을 때에 말입니다. 천사들은 **"그대들을 위해 오늘 그리스도 주님이 다윗의 동네에서 나셨다"**라고[212] 사람들에게 기쁜 소식을 알렸습니다. 천사들은 하나님과 하나님 말씀과 하나님 영 외에는 찬양하지 않습니다.

290 또 그리스도를 위한 예물은 유황이니, 유황은 하나님께 바치는 것입니다. 또한 황금이니, (황금은) 왕들에게 바치는 것입니다. 그러므로 그리스도는 하나님으로부터 나신 하나님이시요 왕이십니다. 그리스도는 모든 민족들을 다스리고, 그들을 그릇된 길에서 이끌어 내신 왕이십니다.

---

211 마 2:6; 미 5:2 참조. 미 5:2는 273행에서도 동일하게 인용되지만, 273행 후반부에서는 "그의 기원은 시대의 날들 가운데 처음 날에서 왔다."라고 이어진다(275행 참조). 이에 대응하는 한글 성경의 번역은 다음과 같다. "그의 근본은 상고에, 영원에 있느니라."(『개역개정』); "그의 기원은 아득한 옛날, 태초에까지 거슬러 올라간다."(『새번역』)

212 눅 2:11 참조.

291 모든 그리스도의 사건들은 그리스도가 탄생하신 날부터 기적들과 놀라운 일들이었습니다. 그리스도는 하나님의 자비를 통해 우리를 하늘로 올려주실 뿐 아니라, 우리의 지위를 하나님의 빛과 하나님의 존귀함까지 높여주셨습니다. 그러므로 그리스도를 통해 우리를 높이신 하나님께 찬미를 드립니다.

292-306 다윗의 예언을 통해 증거된 그리스도의 구원: 의와 평화의 왕국을 다스릴 왕

292 다윗이 성령으로 또한 예언하여 말했습니다:

"주님은 베어진 풀 위에 비처럼, 땅에 떨어지는 물방울처럼 내려오실 것이고 그분의 날들 동안 의와 풍성한 평화는 달이 효력을 다할 때까지 발할 것이다.

293 **그분은 바다에서 바다까지, 강물들의 출로에서 땅 끝까지 다스리실 것이다. 그분의 앞에서 지혜는 꺼꾸러지고, 그분의 원수들이 먼지를 핥을 것이다.**[213] **땅의 모든 임금들은 그분에게 엎드려 경배하고, 모든 민족들은 그분을 섬길 것이다.**

294 **왜냐하면 그분은 가난한 사람과 도와주는 자가 없는 불쌍한 사람을 압제자로부터 구원하셨기 때문이다.**[214] **그분의 이름은 그들 앞에서 존귀히 여겨졌으며, 그분의 이름은 영원히 복이 되었다. 해 이전부터 그분의 이름은 영원하였으며 달 이전부터 세세토록 있었다."**[215]

295 주님은 우리에게 내려오셨습니다. 그리스도의 날들에 이르기까지는,

---

213 시 72:6-9 참조.
214 시 72:10-14 참조.
215 시 72:17,5 참조.

사람들 사이에 의와 의로운 행실과 하나님에 대한 순종으로 인한 풍성한 평화, 그리고 세상에 대한 끊이지 않는 절제가 발하지 못했습니다.

296 그리스도께서는 동쪽에서 서쪽까지 민족들을 다스리셨습니다. 우리는 세상에서 그리스도의 이름이 섬김을 받고 존귀하게 여김을 받는 장소 말고는 아무 장소도 찾을 수 없습니다.

297 이 예언자가 말한 대로입니다:

"그분의 이름은 그들 앞에서 존귀히 여겨질 것이며, 민족들이 그분을 섬길 것이다. 그분은 영원까지 복되시며, 자신의 성도들에게 복을 내리셨다. 그분의 이름은 해와 달 이전부터, 만물 이전부터 세세토록 무궁하였다."[216]

298 그러므로 사람들 가운데 하나님의 예언자들이 예언한 자는 누구입니까? 혹은 세상 왕들 가운데 자기 이름이 민족들 중의 복된 자는 누구입니까? 혹은 해 이전과 달 이전에 자기 이름이 무궁한 자는 누구입니까? 하나님 말씀과 하나님의 빛이신 그리스도가 아닙니까?

299 만일 그리스도가 하나님으로부터 나신 하나님이 아닌데도, 하나님의 피조물에게 내려오셔서 전처럼 그들 가운데 자비와 길로서 그들에게 나타나셨다면, 예언자 다윗이 그리스도를 위대하게 만들지도 못했을 것이고, 그리스도에 대해 이와 같은 말을 하지도 못했을 것입니다.

300 사람이 이처럼 언급되거나 하나님처럼 위대하게 여겨지는 것은 마땅하지 않습니다. 그러나 다윗은 그리스도를 두고 예언하여 말했습니다:

301 "하나님이 자신의 피조물에게 내려오시고, 그들을 그릇된 길로부터 인도해 내시고, 의와 풍성한 평화가 그들의 마음을 비추일 것이다. 그리고 땅의 임

---

216 시 72:17,5 참조.

금들과 모든 민족들이 그에게 경배할 것이다."

302 이사야가 성령으로 예언하여 말했습니다:

"이 분이 주님이시다. 빠른 구름 위에 앉아서 이집트에 오실 것이고, 이집트의 우상들을 떨게 하실 것이다."[217]

303 그리스도는 하나님이 정결케 하신 마리아에게서 정결한 육체를 입고 이집트에 들어가셨습니다. 그리고 왕이 왕의 옷을 그에게 입혀서 왕의 종을 존귀하게 여기듯이, 그리스도는 우리를 존귀하게 여기셨습니다.

304 그리고 나서 그리스도는 이집트의 우상들을 떨게 만드시고, 거기서 사탄의 횡포를 없애신 후에 그들을 악마의 그릇된 길로부터 하나님의 진리와 하나님의 교제에[218] 이르도록 인도하셨습니다. 그리고 하나님의 빛이 그들 마음 속을 비추었습니다.

305 보십시오! 우상들의 숭배와 악마의 그릇된 길에서 이집트가 언제 구원받았습니까? 그리스도가 하나님의 자비하심을 통해 그곳을 밟으시고, 하나님의 빛을 통해[219] 그들에게 나타나신 때가 아닙니까?

306 그러므로 인간이여, 예언자들의 예언과 그리스도의 행위를 깨달으십시오! 또 그리스도가 하신 일들과 예언자들의 예언이 얼마나 완벽하게 조화를 이루는지 살펴보십시오!

---

217 사 19:1 참조.

218 تجارة(tiǧārah)를 "교제"라고 번역했으나, "거래", "무역"이 앞선 뜻이다. 본문에서는 단 한 번 사용된다.

219 '빛 안에서' 또는 '빛과 더불어'로 바꾸어 번역할 수 있다.

307-315 욥과 다윗의 예언을 통해 증거된 그리스도의 신성과 창조주로서의 역할

307 정직한 욥은 또한 성령으로 예언했습니다. 욥은 하나님이 기억하신 자입니다. 하나님이 말씀하셨습니다:

"욥은 우리 종으로 정직하고 의로우며 모든 악의 행실을 멀리하는 자로다."[220]

308 욥은 예언하여 말했습니다:

"하나님은 홀로 하늘을 펴시며 바다 위를 땅처럼 걸으시는 분이시다."[221]

우리는 그리스도 말고, 사람 중 누구도 바다 위를 걸었다는 것을 알지 못합니다. 참으로 그리스도는 바다 위를 걸으셨습니다.

309 그리고 그리스도는 하나님 말씀과 하나님의 빛이시고, 그리스도를 통해 하나님은 하늘과 땅과 그 둘 안에 (모든) 것을 창조하셨다고 사람들에게 밝히셨습니다. (앞서) 정직한 욥이 그리스도를 두고 성령으로 예언한 것과 같습니다.

310 또한 다윗도 성령으로 예언하여 말했습니다:

"하나님 말씀으로 하늘이 지어졌고, 하나님 입의 영으로 모든 천사들의 군대를 살리셨다."[222]

311 그러므로 만일 하나님이 —하나님의 이름은 복됩니다.— 하나님 말씀으로 하늘을 세우시고 하나님 영으로 천사들을 살리셨다면, 그대들이 증언하는 대로 그리스도가 하나님 말씀이시며 하나님 영이십니다.

---

220 욥 1:1 참조.
221 욥 9:8 참조.
222 시 33:6 참조.

312 그러므로 우리는 하늘과 땅을 창조하신 하나님으로부터 나신 하나님, 곧 그리스도와 하나님이 그리스도를 통해 천사와 모든 사람들을 살리셨다는 사실을 믿습니다. 그런데 그대들은 우리를 왜 비난합니까?[223]

313 정직한 욥이 성령으로 예언하여 말했습니다:

"주님의 영이 나를 창조하시고,[224] 하나님은 주님의 이름으로 만물을 다스리셨다.[225] 하나님 말씀이 나를 이해하게 가르치셨다."[226]

314 하나님의 예언자들과 하나님의 성인들은 하나님과 하나님 말씀과 하나님 영이 만물을 세우시고 만물을 살리셨다고 확실히 밝혔습니다.

315 그리고 하나님이 하나님의 예언자들에게 계시하신 것을 아는 데도, 하나님과 하나님 말씀과 하나님 영인 한 하나님을 섬긴다는 사실을 창피해하는 것은 마땅하지 않습니다.

316-328 다니엘의 예언을 통해 증거된 그리스도의 성취: 지극히 거룩한 자의 오심

316 하나님은 하나님의 예언자 다니엘, 곧 하나님이 지혜롭게 하시고 깨닫게 하시고, 시대에 대한 지식을 밝혀 주신 자에게 계시하셨습니다. 그리고 시대에 대한 지식은 천사들의 우두머리, 가브리엘 편으로 다니엘에게 계시

---

223 62행 참조.

224 욥 33:4 참조.

225 출처 미확인.

226 이 대목은 욥 38-41장에서 하나님이 예언자 욥에게 하신 말씀을 암시한다. 하나님은 예언자 욥에게 일련의 질문을 던지며, 창조 세계와 생태계를 예로 들어 창조주의 지혜와 능력을 깨닫게 한다. 특히, "하나님 말씀"이라는 표현은 원문에서 여성 단수 3인칭 대명사 هي(그녀 또는 그것/그것들)로 표기해 놓았기 때문에 다양한 해석의 여지를 남긴다. 역자는 문맥에 따라 이를 제2위 하나님으로서의 "말씀"으로 판단하였다.

되었습니다.[227]

317 다니엘이 이십이 일 동안 금식하고[228] 하나님에게 탄원한 뒤에, 가브리엘은 하나님 말씀과 하나님의 빛이신 그리스도에 대하여 다니엘에게 말했습니다.

318 가브리엘이 다니엘에게 말했습니다:

"너의 민족과 너의 도성과 그 집 거룩한 집(예루살렘)에 대하여 일흔 이레가 정해졌으니,

319 하나님이 죄들을 봉하시고, 거짓을 무효하게 하시고, 불의를 멸하시고, 죄악들을 용서하시기 위해서다.

하나님은 영원한 의를 가지고 오시고 계시와 예언을 봉하시고 지극히 거룩한 자에게 기름을 부으실 것이다."[229]

320 다니엘은 재난에 관한 말의 시초와 예루살렘 건설로부터 통치자 그리스도까지 이르는 일흔 이레를 깨우쳤습니다. 이것은 사백 년 전(의 일)입니다.

321 그러므로 언제 죄가 근절되고, 하나님이 거짓을 봉하시고, 불의를 멸하시고, 죄악들을 용서하셨습니까? 그리스도가 무궁한 의를 가지고 영원무궁히 오신 때였지 않습니까?

322 이렇게 확신합니다. 곧 참으로 하나님은 모든 계시와 예언을 봉하셨습니다. (이 예언은) 모세의 날들부터 지극히 거룩한 자 그리스도가 오실 때까지

---

227 단 9:22 참조.

228 다니엘서에 등장하지 않는 이십이 일 금식은 아마도 단 10:2-3을 기억하여 단 9:20의 내용을 확장하여 추가된 것으로 보인다. 이십이 일 금식에 대한 언급이 한글 성경 외 다른 번역본에서 기원한 것인지는 확인되지 않았다.

229 단 9:24 참조.

이스라엘 자손 중에 있었습니다.

323 하나님은 이스라엘 자손의 주권과 그들의 예언을 없애시고, (이스라엘 자손의 주권과 예언을) 이렇게 봉하셨습니다. 그리고 그리스도는 제자들과 이스라엘 자손에게 말씀하셨습니다:

"지극히 거룩한 자 그리스도가 오신 때부터 우리의 이 날까지 어느 예언자도 그들을 (위하여) **중재한 적이 없다. "**[230]

324 그리스도가 하나님으로부터 나신 하나님이 아니셨다면, 그리스도가 지극히 거룩한 자라고 불리시지도 않고, 이스라엘의 주권과 예언이 없어지지도 않았을 것입니다. 그들은 그리스도를 거역하고 그리스도의 말씀을 따르지 않았었습니다. 하나님은 그리스도에게 다른 민족을 주셨습니다. 그것은 하나님이 말씀하신 것과 같습니다. 하나님의 말씀은 진실합니다.

325 우리는 이스라엘 자손의 왕들 중에나 예언자들 가운데 이름이 '지극히 거룩한 자'인 사람을 찾을 수 없습니다.

326 다윗은 분명히 왕이었고, 그 외에 이스라엘 자손 중 다른 자들도 분명히 예언자들과 왕들이었습니다. 그러나 그리스도 말고는 그들 중 어느 누구도 '지극히 거룩한 자'로 불리지 않았습니다. 그리스도는 길과 순종으로 민족들을 다스리시고 그들을 성령으로 거룩하게 하셨습니다.

327 그리스도를 의심하지 않는 자와 그리스도를 믿는 믿음으로 충성한 자는 복이 있습니다. 또한 그리스도는 복음서에서 말씀하셨습니다:

"나를 의심하지 않는 자는 복이 있다."[231]

---

230 출처 미확인.

231 마 11:6 참조. '의심하지 않는'이라는 표현은 한글 성경에서 '실족하지 아니하는 자는'(『개역개정』)과 '걸려 넘어지지 않는 사람은'(『새번역』)으로 번역되었다.

328 그리스도는 또 말씀하셨습니다:

"나는 빛이요 생명이요 부활이니 나를 믿는 사람은 죽음에서 영생으로 넘어갈 것이다."[232]

329-334 이사야의 예언과 그리스도를 통한 그 예언의 성취

329 이사야 성령으로 예언하여 말했습니다:

"너희는 맥풀린 손을 치료하고, 떨리는 무릎을 강하게 하여라, 연약한 영혼들과 이성들을 가진 자들아, 굳세어라 두려워하지 말아라,

이분은 너희 하나님이시니 판결하시고[233] **보응하실 것이다. 그가, 오셔서 너희를 구하여 주실 것이다.**

330 **그때에 시각장애인들의 눈이 열리고, 청각장애인들의 귀가 듣게 되며 뼈마디에 장애가 있는 사람이 사슴과 같이 도착하고,**[234] **언어장애인들의 혀들이 자유롭게 놀 것이다."**[235]

331 그러니 맥풀린 손들과 떨리는 무릎들이 언제 굳세어졌습니까? 바로 예언자가 말한 것과 같이 우리 하나님께서 우리에게 오셨을 때입니다. 그러므로 그리스도는 우리를 멸망에서 구하시고 사람들 속에 모든 연약함과 병을 치유하셨습니다.

332 또 언제 시각장애인들의 눈이 보았고, 청각장애인들의 귀가 들렸고, 맥풀린 다리가 사슴과 같이 도착하고, 말못하는 자의 혀들이 자유롭게 놀게 되었습니까? 그리스도가 우리에게 하나님 말씀과 그분의 빛으로 나타나실

---

232 요 5:24; 8:12; 11:25-26 참조.

233 직역하면 '이분은 하나님이시다 판결에서'이다.

234 한글 성경은 '사슴과 같이 뛸 것이며'이다.

235 사 35:3-6a 참조.

때가 아닙니까? 그리스도는 사람들을 위한 자비와 구원이었습니다.

333 그리스도는 이스라엘 자손과 그들 외에 다른 자들 가운데 모든 기적을 일으키고 사람들에게 판결과[236] 의로 갚아 주셨습니다. 그리스도를 믿는 자에게는 영생과 하늘나라가 보답이고, 그리스도를 불신하는 자와 그리스도를 믿지 않은 자에게는 모욕과 괴로운 고통이 보답입니다.

334 그러니 하나님이 실제로 그리스도의 행위들과 복음서에 기록된[237] 그리스도의 기적들을 어떻게 조화롭게 하셨는지 보십시오!

335-336 첫째: 지체장애인의 기적 이야기(요 5:1-18)

335 어느 날 그리스도는 한 지체장애인을 지나가셨습니다. 이 장애인은 서른 여덟 해 동안 자신의 침상 위에 있던 자였습니다. 다른 사람들이 그 침상에서 그를 움직여주지 않으면 뒤척거리지 못했습니다.[238]

336 그러자 그리스도가 그에게 자비를 베푸시고 그에게 말씀하셨습니다:

"그대는 낫기를 원하느냐?"[239] 지체장애인이 그리스도에게 말했습니다:

"예, 선생님, 저는 혼자 남겨진 자입니다. 저에게는 아무도 없습니다."[240]

그리스도가 그에게 말씀하셨습니다:

"일어나서 네 침상을 들고 집으로 돌아가라!"[241]

그러자 지체장애인이 그리스도의 명령을 행하여 자기 침상을 들고 자기 집

---

236 또는 '지혜'.

237 '하나님이 복음서에 기록하신'으로도 번역할 수 있다.

238 '지체장애인'은 한글 성경에서 각각 『개역개정』의 '서른여덟 해 된 병자'와 『새한글』의 '38년이나 병을 앓아 온 어떤 사람'으로 번역되었다.

239 요 5:6 참조.

240 요 5:7 참조.

241 요 5:8 참조.

으로 들어갔습니다.

337-343 둘째: 다른 지체장애인의 기적 이야기(눅 5:17-26 참조, 막 2:1-12; 마 9:1-8 병행구절)

337 그 후에 그리스도가 한 집에 들어가셨습니다. 유대아 종교학자들과 이스라엘 자손이 그분에게 모여들어서 그 집이 가득 차게 되었습니다. 그래서 많은 사람들로 인해 그 집에 아무도 들어갈 수 없게 되었습니다.

338 뼈마디에 장애가 있는 다른 한 사람이[242] 자기 침상에 누운 채로 그리스도에게 실려갔습니다. 그들은 그리스도를 뵙기를 원했지만, 많은 사람들 때문에 할 수 없었습니다.

339 그래서 그 사람은 들렸습니다. 그리고 그들이 그를 집 위로 올린 후에 지붕을 벗기고 침상에 누인 채로 그리스도 앞에 놓일 때까지 그를 내렸습니다. 그리스도 주변에는 유대아 종교학자들과 사람들이 있었습니다.

340 그러자 그리스도가 그에게 말씀하셨습니다:

"그대의 죄들은 사함을 받았다."[243] 그러자 종교학자들과 그리스도 주변에 있던 자들이 말했습니다:

"유일하신 하나님 외에 누가 죄들을 용서할 수 있습니까?"[244]

341 그리스도가 그들에게 말씀하셨습니다:

"종교학자 동포들아, 이 둘 중 어느 것이 더 쉽겠느냐? '네 죄가 사함을 받았다'라고 내가 말하는 것이냐? 아니면 '지체장애인아, 일어나 네 침상을 들고

---

242 '뼈 마디에 장애가 있는 사람'은 한글 성경에서 각각 『개역개정』의 '중풍병자'와 『새한글』의 '마비증에 시달리는 사람'으로 번역되었다.

243 눅 5:20 참조.

244 눅 5:21 참조.

네 집으로 가거라'라고 내가 말하는 것이냐?"[245]

342 그러자 그 지체장애인은 그들 앞에서 일어나 자기 침상을 들고 자기 가족에게로 갔습니다. 그리스도가 그에게 명령하신 대로입니다. 그러니 그들 중 아무도 그분에게 한 마디도 대답하지 못했습니다.

343 그리고 그리스도는 지체장애인을 통해 만드신 기적으로 죄악들을 용서하는 권세가 자신에게 있다는 것을 그들에게 밝히셨습니다. 하나님 외에는 죄악들을 용서할 수 있는 분이 없습니다. 참으로 그리스도가 하신 모든 일들은 권세와 능력 안에 있었습니다.

344-347 셋째: 시각장애인의 기적 이야기(요 9:1-32)

344 그후에 그리스도가 또 제자들과 이스라엘 자손의 대부분과 함께 지나가는데, 갑자기 길에서 시각장애인으로 태어난 한 구걸하는 남자가 나타났습니다.

345 그러자 제자들이 그리스도에게 물었습니다:

  "선생님, 이 사람이 시각장애인으로 태어난 것은 누가 죄를 지어서 입니까? 이 사람입니까, 아니면 그의 부모입니까?"[246] 그러자 그리스도가 그들에게 말씀하셨습니다:

  "이 자가 죄를 지은 것도 아니고 그의 부모가 죄를 지은 것도 아니다. 다만 이 자를 통해 하나님의 일들이 드러나도록 하기 위해서이다."[247]

346 그러고는 그리스도가 시각장애인을 부르시고 땅에 침을 뱉어서 진흙을

---

245 눅 5:23 참조.
246 요 9:2 참조.
247 요 9:3 참조.

만드신 후에, 그것을 그의 두 눈에 바르시고 말씀하셨습니다:

"실로암 샘으로 가서 거기에서 씻어라! 보아라,[248] 그대가 보게 될 것이다."[249]

347 그 시각장애인이 가서 실로암 샘에서 씻자 곧 보게 되어 돌아갔습니다. 그러자 유대아 사람들이 말했습니다:

"이 일이 일어나기 전에는, 창세 이후로[250] 시각장애인이 보게 되었다는 말을 들어 본 적이 없다."

이 일이 있은 후에 이스라엘 자손의 대부분이 그리스도를 믿었습니다.

348-349 넷째: 청각과 시각에 장애가 있는 사람의 기적 이야기(막 7:31-37)

348 그후에 그리스도는 청각과 시각에 장애가 있는 사람을 만났습니다. 그리스도는 그의 귀에 자신의 손가락을 넣고, 그의 혀에 침을 뱉은 후 사탄을 꾸짖으셨습니다.

349 그러자 사탄이 그에게서 떠나갔습니다. 청각과 시각에 장애가 있는 사람은 그리스도의 명령으로 나아서 자기 두 귀로 듣고, 자기 혀로 말하게 되었습니다.

350-354 다섯째: 심한피부병을 앓는 사람의 기적 이야기(막 1:40-42 참조, 마 8:1-3; 눅 5:12-13 병행구절)

350 그후에 또 그리스도가 심한피부병을 앓는 사람을 만났습니다. 그러자

---

248 Blau, 462-463 참조.

249 요 9:7 참조. "그대가 보게 될 것이다"는 성경에는 없는 구절이다.

250 직역하면 '시대 이후로'이다.

심한피부병을 앓는 사람이 그리스도에게 말했습니다:

"선생님, 당신이 원하시면, 당신은 저를 제 심한피부병을 깨끗하게 하실 수 있습니다."[251]

그러자 그리스도가 말씀하셨습니다:

"나는 진정으로 원한다."[252] 그러자 그가 그의 자리에서 깨끗하게 되었습니다. 그리스도가 말씀하신 대로였습니다.

351 그러니 사람들 곧 하나님의 예언자들과 하나님의 성인들 가운데서 그리스도께서 할 수 있는 것이 가능한 자가 누구입니까? 그리스도는 기적을 행하시고, 모든 연약함과 병을 능력과 권세로 치유하시고 원하는 대로 만들어 내시며[253] 죄악들을 용서하셨습니다.

352 이 모든 것은 하나님의 (놀라운) 일들에 포함된 것입니다. 사람 가운데 아무도 이와 같은 일을 할 수 없습니다.

353 나의 목숨을 걸고 맹세합니다! 우리는 사람들 가운데 하나님의 예언자들이나 그 외에 다른 자들 가운데에서 누구도 기도와 탄원의 능력과 청원이 아닌, 권세로 기적들을 행한 자를 찾을 수 없습니다.

354 그러므로 그들 가운데는 응답을 받은 자들도 있고, 또 매번 응답을 받지 못한 자들도 있습니다.

---

251 막 1:40 참조.

252 막 1:41 참조.

253 "만들어 내다"로 번역된 아랍어 يخلق(yaḥluq)는 "창조하다"의 뜻이 앞선다. 본문에서는 주로 후자의 의미로 번역하였다.

355-358 여섯째: 손이 마른 자의 기적 이야기(눅 6:6-10 참조, 마 12:9-13; 막 3:1-5 병행구절)

355 그후에 또한 그리스도는 안식일에[254] 유대아 사람들의 회당에 들어가셨습니다. 그러자 이스라엘 자손이 그리스도에게 모였습니다. 그때에 그리스도는 그들에게 이야기를 시작하시며 그들에게 충고하고 계셨습니다. 그때 갑자기 회당에 한 남자가 나타났습니다. 그는 손이 마른 자였습니다.

356 그러자 그리스도는 그들에게 말씀하셨습니다:

"안식일에 무엇을 행하는 것이 마땅하냐? 선을 행하는 것이냐? 악을 행하는 것이냐? 영혼은 살아야 하느냐? 아니면 멸망해야 하느냐?"[255]

357 그들이 말했습니다:[256]

"당연히 안식일에 우리는 선을 행해야 하고 영혼은 살아야 합니다."

그리스도가 그들에게 말씀하셨습니다:

"그대들이 옳다"

그러고는 그리스도는 손 마른 자에게 말씀하셨습니다:

"그대에게 내가 말하니, 그대 손을 쭉 뻗으라." 곧 손 마른 자가 그의 손을 내어놓자마자 그 손이 손 마른 자의 다른 손과 같게 되었습니다.[257]

358 그러므로 이스라엘 자손 가운데 이것을 본 자들은 감탄하고[258] 사람 중

---

254 원문에는 '토요일에'이다.

255 눅 6:9 참조.

256 이후에 등장하는 이스라엘 사람들과 그리스도의 대화는 성경에 등장하지 않는다. 이 대목이 다른 번역본에서 기원한 것인지는 확인되지 않았다.

257 눅 6:10 참조.

258 '감탄했습니다'는 '경탄했습니다', '놀라서 경악했습니다', '이상하게 여겼습니다'로도 번역할 수 있다.

아무도 그리스도의 역사를 행할 수 없다는 것을 알게 되었습니다. 그래서 많은 사람들은 그리스도를 믿게 되었습니다.

359-367 야곱과 다윗의 예언을 통해 증거된 그리스도의 오심과 이스라엘의 운명

359 이렇게 하나님은 사람들의 믿음을 원하십니다. 하나님은 어느 누구도 억지로 하나님을 믿는 것을 원하시지 않습니다. 그러니 참으로 억지로 하는 일에는 보상이 없습니다. 다만, 하나님은 사람들이 순종함으로 하나님을 믿기를 원하십니다. 그러므로 사람들을 위한 보상은 참으로 하나님께 있습니다.

360 나는 하나님을 찬미합니다. 하나님은 그리스도의 일들과 그리스도의 기적들과의 조화를 이룬 하나님의 예언자들의 말을 우리에게 주셨습니다. 하나님은 그리스도가 하나님으로부터 나신 하나님이라고 사람들에게 밝히셨습니다.

361 그리스도는 우리를 구하셨습니다. 우리를 그릇된 길과 멸망에서 구원하셨습니다. 뿐만 아니라 모든 연약함과 병을 치유하시고, 하나님의 빛과 하나님의 존귀함에 이르게 우리를 인도하셨습니다.

362 이스라엘인 야곱은 예언하였습니다. 자기의 임종이 다가오자 자기 아들들을 불렀을 때였습니다.[259] 야곱은 자기 아들들을 두고 예언하여 야곱의 장자인 르우벤에 대하여 하나님이 계시하신 것을 말했습니다. 또 시므온에 대하여, 또 레위에 대하여 말했습니다.

363 그 다음에 그는 유다를 불렀습니다. 유다는 야곱의 넷째 아들입니다.

---

259 성경에서 야곱이 자신의 열 두 아들을 불러서 유언한 내용은 창 49:3-27을 참조하라.

야곱이 예언하여 말했습니다:

> **"사자 새끼는 유다라. 민족의 소망이자 희망이 되는 분이 오실 때까지 어느 예언자도 주권자[260]도 지도자도 너(유다)의 영광에서 끊어지지 않을 것이라."[261]**

364 그러므로 우리는 그리스도가 민족의 소망으로 오신 이래로 이스라엘 자손 중에 있는 모든 예언자와 왕이 끊어진 것을 정말로 보았습니다. 그리고 유다 지파에서 이스라엘 자손의 예언자들과 왕들이 나왔습니다.

365 하나님은 (다른) 민족들을 다스리셨습니다. 왜냐하면 그들은 그리스도의 보배였기 때문입니다. 그리고 하나님께서 이스라엘 자손은 땅의 동쪽과 그 서쪽에 흩으셨고, 그들의 예배처와 그들의 도시에 불을 지르셨습니다. 왜냐하면 그들이 하나님과 하나님의 기름 부음 받은 자에게 못된 짓을 했기 때문입니다.

366 다윗이 예언하여 말한 대로입니다:

> **"땅의 임금들과 그 권세를 가진 자들이 모여서 모두 주님과 그분의 기름 부음 받은 사람을 거스르려고 음모를 꾸미는도다.[262]**

> 367 **하늘에 거주하시는 분이 웃으신다. 주님이 그들을 비웃으신다. 거기에서 그분이 호통을 치시고 그분의 분노로 그들에게 겁을 주신다."[263]**

---

260 "주권자"ولي(waliyy)는 "보호자", "후견인"이란 뜻이 앞서며 종교적 맥락에서는 "성자" 또는 "통치자"로도 번역할 수 있다. 본문에서는 단 한 번 사용된다. 한편, 복수형은 أولياء(awliyā')로 그 뜻은 "성인(들)"로 번역하였다(152행, 268행, 297행, 411행, 496행, 498행).

261 창 49:9-10 참조. 저자는 이 구절을 인용하면서, 유다 지파에게 왕권과 예언자 계보가 주어졌음을 강조하고 민족들의 소망이시며, 이 계보의 완성이신 예수 그리스도를 직접적으로 드러내고자 하였다.

262 시 2:2 참조.

263 시 2:4-5 참조.

하나님께서는 이스라엘 자손이 그리스도를 거역했기 때문에 그들에게 이처럼 행하셨습니다.

368-375 예레미야의 예언을 통해 증거된 그리스도와 그리스도의 말씀

368 하나님이 증인으로 삼으신 예언자 예레미야가 예언하여 말했습니다:

"내가 너를 보기 전에 내가 너를 알았고 네 엄마 뱃속에서 나오기 전에 너를 골라냈다."[264]

369 예레미야가[265] 성령으로 예언하여 말했습니다:

"이분은 우리 하나님이시다. 우리는 하나님 외에 어떤 신도 섬기지 않는다. 하나님은 모든 지식의 길을 아시고, 지혜를[266] 하나님의 충실한 친구[267] 이스라엘이요 하나님의 종인 야곱에게 주셨다. 그 이후에 땅 위에서 하나님이[268]

---

264 렘 1:5 참조.

265 원문에는 주어가 명시되어 있지 않지만, 역자는 이를 예레미야로 판단하였다.

266 원문에는 원래 목적어가 명시되어 있지 않고, 여성 단수 3인칭 접미대명사 "ها"(그녀를 또는 그것[들]을)로 표기되어 있다. 이 대명사가 헬라어 본문에서는 αὐτήν, 라틴어 본문에서는 illam으로 나오며, 여러 주석서는 이를 "지혜"로 번역하였다. 이 지혜에 대한 해석은 고대 근동의 지혜문학 전통 속에서 발전된 신인(神人)의 개념, 즉 전도서와 잠언과 같은 지혜문학에서 인격화되어 창조 사역에 동참한 지혜와 연관된다. 이러한 지혜 개념은 구약에서 메시아(Messiah)와 신약 성경에서 로고스(λόγος)를 이해하는 배경이며, 결국 신약의 그리스도에서 완전히 드러난다(요 1:-3; 고전 1:24,30 등).

267 "그분의 충실한 친구"صفيه(ṣafiyyahu)는 "하나님이 선택하신 자" 또는 "하나님께 진실한 자"를 의미한다.

268 원문에는 주어가 명시되어 있지 않지만, 역자는 이를 "하나님"으로 판단하였다. 라틴어 본문(post hæc in terris visus est, et cum hominibus conversatus est)에는 아랍어 본문과 마찬가지로 남성 단수 3인칭 주어인 "그"로 표현되어 있다. 반면 헬라어 본문(μετὰ τοῦτο ἐπὶ τῆς γῆς ὤφθη καὶ ἐν τοῖς ἀνθρώποις συνανεστράφη)에서는 단수 3인칭 대명사 사용으로 성별 구분이 명확하지 않다. 주어의 성별 여부와 무관하게, 변증서의 저자는 이 대목에서 그리스도를 염두에 두고 기록한 것으로 보인다. 실제로 교부들은 그리스도의 출생 혹은 성육신을 언급할 때 일반적으로 바룩 3:38을 인용하였으며(이레나이우스의 『이단 논박』[Against Heresies] 4.20.4, 9과 크리소스토모스의 『마르키온주의자들과 마니교인들에 대한 설교』[Against Marcionists and Manichaeans] 3 등), 토마스 아퀴나스(Thomas Aquinas, 1225?-1274)도 역시 『신학대전』(Summa Theologiae) 제3부에서 예수의 성육신과 공적 사

보이셨고[269] 사람들과 어울리셨다."[270]

370 그러므로 우리는 하나님이 하나님 말씀이요 하나님 영이신 그리스도와 더불어 우리에게 나타나신 때를 제외하고는, 땅 위에서 보이셨고 사람들과 어울리신 적을 알지 못합니다.

371 그런즉 하나님은 육체에 스스로를 숨기셨습니다. 그 육체는 우리에게서 비롯되지 않았습니다.[271] 그때에 사람들은 하나님께서 그들 자신과 어울리시는[272] 것을 보았습니다. 하나님은 신이시고 죄 없는 인간이셨습니다.

372 하나님은 선을 위한 길들과 지식과 지혜(꼬의힘)을 아십니다. 그리고 하나님의 계명과 하나님의 말씀을 따르는 자에게 그것들을 알려주시고 그것들이 자라게 하셨습니다.

373 그리스도의 말씀은 빛의 말씀이고 생명입니다. 이는 제자들이 그리스도에게 말한 것과 같습니다:

"참으로 당신의 말씀이 빛의 말씀입니다. 우리가 누구에게로 떠나가겠습니까? (빛의 말씀이) **당신께 있습니다."[273]**

374 그러므로 우리는 그리스도의 계명들을 좇는 자가 되고 그리스도를 믿도록 하나님의 자비로 하나님께 구합니다. 예언자들이 그리스도를 두고 예언하고 그리스도에 관한 기쁜 소식을 전한 것처럼 말입니다.

역을 설명하는 근거로 두 차례 인용한 바 있다(STh III,4,4; 40,1).

269 "보이셨고"(was seen)는 "나타나셨고"(appeared)로도 번역할 수 있다(Blau, 175 참조). 동일한 표현은 370행에서도 반복된다.

270 바룩 3:36-38.

271 동정녀 탄생을 뜻한다.

272 또는 '상호작용하시는'.

273 요 6:68 참조. 요한복음에서 베드로는 "영원한 생명의 말씀"에 대하여 언급한다.

375 예언자들이 말했습니다:

"참으로 너희 신이 너희에게 나타나 구원과 길과 자비를 가지고 너희에게 오셨다. 그분은 너희 주님이시고 자비를 베푸는 자들 중 가장 자비로운 분이시다."

376-391 하박국과 다니엘의 예언을 통해 증거된 그리스도의 탄생과 구원 행위

376 하나님이 예언자 하박국의 입을 통해서 말씀하셨습니다. 하박국은 천사가 만났던 자입니다. 그에게는 음식이[274] 있었고 자기 추수꾼들에게 가던 중이었습니다.[275]

377 그때에 천사가 그에게 말했습니다:

"그대의 이 음식을 가지고 바벨론 땅에 있는 예언자 다니엘에게 가라."[276]

그러자 하박국이 천사에게 말했습니다:

"그 길은 어디에 있습니까?[277] 바벨론은 내게 멀리 있습니다."[278]

378 그러자 그 즉시 그 천사가 하박국의 앞머리를 잡고 하박국을 즉시 굴 곁에 두었습니다.[279] 이 굴은 페르시아 사람들이 다니엘을 사자들 가운데로 던진 곳이었습니다.

379 예언자 하박국이 다니엘에게 말했습니다:

---

274 직역하면 '점심'이다.

275 벨과 뱀 1:33 참조.

276 벨과 뱀 1:34 참조.

277 직역하면 '그 길'이다.

278 벨과 뱀 1:35 참조.

279 벨과 뱀 1:36 참조.

"일어나 하나님이 그대에게 그를 통해 보내신 음식을 먹어라."[280]

둘이 함께 먹은 후에 천사가 하박국을 그의 땅으로 돌려보냈습니다.[281] 그 땅은 팔레스티나입니다.

380 하박국이 성령으로 예언하여 말했습니다:

"하나님은 데만에서 오시고 그 거룩한 분은 그늘을 드리운 *아슈아르산*[282] 에서 오실 것이다."[283]

381 그러므로 이것은 분명하고 명백한 예언입니다. 하나님께서 하나님의 예언자들의 입을 통해서 그리스도가 어느 곳에서 오시고, 하나님 말씀과 하나님의 빛으로 사람들에게 나타나신 때에 누구로부터 태어나시는지를 밝히셨습니다.

382 곧 데만은 베들레헴이고 거룩한 집(예루살렘)의 남쪽에[284] 있습니다. 그 늘진 *아슈아르산*은 거룩한 마리아입니다. 하나님은 거룩한 마리아를 성령으로 가리셨습니다.[285] 그리고 하나님의 힘이 그녀 안에 임했습니다.

---

280 벨과 뱀 1:37 참조.

281 벨과 뱀 1:39 참조.

282 이 산에 대해서는 추가적인 연구가 필요하지만, 본서에서는 시간적 제약으로 인해 깊이 다루지 못했다. 그러나 역자는 이 산을 구약에서 예언된 메시아인 그리스도의 출현과 연관되는 "바란(Paran)산"(합 3:3)과 동일한 지명으로 추정한다. 현재 동일한 이름을 지닌 산이 아라비아 반도 내에 존재하는 것으로 알려져 있으나, 이것이 본문에서 언급된 산과 일치하는지는 명확하지 않다. 이슬람 전통에서는 바란(Paran) 지역을 메카(Mecca) 일대로 보려는 견해가 유력하다. 이에 대한 보다 자세한 논의는 Syed Ahmed Khan Bahador, *A Series of Essays on the Life of Mohammad V1 and Subjects Subsidiary Thereto* (London: Trübner & Co., 1870), 72-79를 참조하라.

283 합 3:3 참조.

284 직역하면 '오른쪽에'이다.

285 '가리셨습니다'는 '덮으셨습니다'로도 번역할 수 있다. 이는 구약성경에 등장하는 지성소의 두 크룹이 날개로 속죄소를 덮고 있는 장면을 떠올리게 한다.

383 천사들의 우두머리, 가브리엘이 말한 대로입니다. 그때에 마리아가 가브리엘에게 대답했습니다:[286]

"어디서 사내 아이가 내게 생깁니까? 어떤 사람도 나를 만진 적이 없습니다."[287]

가브리엘이 그녀에게 말했습니다:

"하나님의 영이 그대 위로 내려오시고, 하나님의 힘이 그대 안에 머물 것이다."[288]

384 하나님은 자신의 예언자와 자신의 천사 가브리엘이 그리스도에 대한 말 그 진실한 말을 할 때, 그들의 말을 조화롭게 하셨고, 예언자와 가브리엘은 사람들에게 그리스도가 어디에서 오시고, 누구에게서 태어나시는지를 밝혔습니다.

385 참으로 하나님은 하나님의 피조물의 구원을 위해 오셔서 그들을 인도하셨습니다. 그러므로 하나님께 찬미를 드립니다. 하나님은 우리를 창조하셨습니다. 우리는 그리스도에 관한 하나님의 천사들과 하나님의 예언자들의 말을 받아들이고 믿습니다.

386 이렇게 하나님께서 천사들의 우두머리인 가브리엘 편으로 예언자 다니엘에게 밝혀 주셨습니다.[289] 다니엘이 한 산에서 두 손을 대지 아니하여[290] 잘린 돌을 보았을 때였습니다.

387 그리고 그 돌이 우상의 다리를 쳐서 진흙과 쇠와 구리와 은과 금을 산

---

286 직역하면 '말했습니다'이다.
287 눅 1:34 참조.
288 눅 1:35 참조.
289 단 2:25-45 참조.
290 직역하면 '두 손 없이'이다.

산이 부수자, 우상이 마치 추수 때 흩어진 가루와 같이 되었고, 강한 바람이 그 가루와 함께 불며 진흙과 쇠와 구리와 은과 금의 흔적이 전혀 보이지 않게 되었습니다.

388 그리고 우상을 친 돌은 커다란 산이 되어 온 땅을 가득 채웠습니다. 그러자 천사 가브리엘이 다니엘에게 밝혀 주었습니다.

389 우상에게는 금으로 된 머리, 구리로 된 가슴과 두 손과 배와 두 허벅지, 쇠와 진흙으로 된 두 종아리와 두 발이 있습니다. 이들은 이 세상을 다스리는 세상의 왕들입니다.

390 두 손을 대지 아니하여 산에서 잘린 돌은, 말하자면, 하나님 말씀과 하나님의 권세입니다. 하나님께서는 세상의 왕들을 굴복시키시고 영원무궁히 다스리십니다. 또 하나님의 권세는 온 땅을 가득 채웠습니다. 하나님께서는 모든 민족들을 순종과 길로 다스리십니다.

391 산은, 말하자면, 어떤 사람도 그녀를 가까이한 적이 없는 상태로 그리스도를 낳은 마리아입니다. 그리스도는 악마의 권세와 악마의 그릇된 길을 굴복시키시고, 사람들을 의와 경외함과 하나님의 진리의 앎에[291] 이르도록 인도하셨습니다.

392-405 스가랴와 다윗의 예언을 통해 증거된 그리스도의 예루살렘 입성 사건

392 예언자 스가랴가 성령으로 예언하여 말했습니다:

"시온의 딸아, 크게 기뻐하여라, 예루살렘의 딸아 선포하여라, 이분이 너

---

291 "앎"으로 번역된 아랍어 معرفة(maʿrifah)가 200행에서는 "지인"으로 번역되었다.

의 왕이시니 암나귀와 그녀의 새끼를 타시고 너에게 오실 것이다."[292]

393 그리스도가 들어오셨습니다. 종려주일에 암나귀 위에 앉아서 거룩한 집(예루살렘)에 들어오셨습니다. 그때에 이스라엘 자손은 올리브나무와 종려나무 가지를 가지고 그들의 여인들과 그들의 자식들과 함께 그리스도를 맞이했습니다.[293]

394 어린 아이들과 젖먹이들은 그분을 찬양하며 말했습니다:

"다윗의 아들께 호산나, 이스라엘의 왕으로 오시는 분은 복되시다."[294] 그러자 유대아 종교학자들이 그리스도에게 말했습니다:

"그대는 이들이 말하는 것이 들리지 않소? 이들의 말이 그대를 대단하게 만들고 있지 않소? 마치 하나님을 찬양하듯이 그대를 찬양하고 있으니 말이오."[295]

395 그리스도께서 그들에게 말씀하셨습니다:

"그대들은 예언자 다윗의 자부르에서 읽지 못했느냐? 다윗이 성령을 빌려 말했다. '당신이 어린 아이들과 젖먹이들의 입을 통해 당신을 찬양할 수 있게 하셨다.'"[296]

396 또한 여덟 번째 시편에서 예언자 다윗이 예언하여 말했습니다:

"주님, 우리 주님, 당신의 이름이 온 땅에서 어찌 그리 찬미를 받을 만한가요! 참으로 당신은 당신의 찬미를 하늘 위에 창조하셨으며, 젊은이들과 소년

---

292 슥 9:9 참조.

293 마 21:1-11; 요 12:12-15 참조, 막 11:1-11; 눅 19:28-38 병행구절.

294 마 21:9; 요 12:13b 참조.

295 마 21:15 참조.

296 마 21:16 참조. 이 구절의 인용문에 해당하는 시 8:2에서 '당신'은 '주님'을 지칭한다.

들의 입을 빌려 당신의 찬송을 완전하게 하셨습니다."[297]

397 그러므로 그리스도에 관해 이 예언보다 더 확실한 것이 무엇이겠습니까? 그리스도가 암나귀를 타시고 거룩한 집에 들어오셨을 때 참으로 하나님으로부터 나신 하나님이시요 완전한 인간이셨습니다.

398 예언자 다윗이 그리스도를 두고 예언한 대로입니다. 그리고 말도 못하고 이해하지도 못하는 어린 아이들과 젖먹이들이 그리스도를 찬양했습니다. 그때에 하나님께서 그들의 입을 여사 그들이 그리스도를 찬양했습니다.

399 다윗이 그리스도를 두고 예언하여 말한 대로입니다:

"그분은 복되시고 그분은 이스라엘의 왕이시다." 유대아 사람들은 부인했습니다. 유대아 사람들은 그리스도에게 순종을 거부하고 그리스도의 말을 듣지 않고,[298] 예언자 다윗이 그리스도를 두고 예언한 것을 믿지도 않았습니다.

400 다윗이 말했습니다:

"참으로 그분은 주님이시다. 참으로 그분의 찬미는 하늘 위에 올라갔으며, 어린 아이들과 젖먹이들의 입을 통해 그분을 향한 찬송을 완전하게 하셨다."

401 나의 목숨을 걸고 맹세합니다! 이것 안에는 경외하고 진리를 받아들이는 자를 위한 신앙적 교훈이 있습니다.[299] 그대들은 하나님의 경전 안에서 어린 아이들과 젖먹이들이 그리스도를 찬양하고 있다는 것을 들을 수 있게

---

297 시 8:1-2 참조. 여기서 변증서의 저자는 '어린 아이들과 젖먹이들'이라는 표현 대신 '젊은이들과 소년들'을 사용하였다(395행과 비교).

298 "거부하다"와 "듣지 않다"는 한 동사를 문맥에 따라 다른 표현으로 번역한 것으로, 이에 해당하는 아랍어는 خالف(ḫālafa)다. "일치하지 않다", "위반하다"로 번역한 부분도 있다(63행, 86행, 272행).

299 206행 참조.

되었습니다.

402 젖먹이들로 하여금 찬양하게 한 분이 누구입니까? 젖먹이들을 창조하시고, 아직 그들의 때가 아님에도 불구하고 그들에게 말을 선물하신 분은 오직 하나님뿐이십니다.

403 그리하여 하나님은 사람들이 하나님의 기적들과 하나님의 놀라운 일들을 믿게 하시고, 그리스도가 하나님 말씀과 하나님의 빛이심을 알게 하실 뿐만 아니라, 그리스도를 하나님과 동일한 위치에 두셨습니다. 그러므로 참으로 하나님 말씀은 하나님에게서 나셨고, 하나님은 하나님 말씀의 아버지이십니다.

404 하나님을 찬양합니다. 그리스도에 대한 예언자들의 예언은 얼마나 풍성한지요! 그리스도에 대한 예언자들의 말은 어찌나 확실한지요! 그 내용은 이렇습니다. 그리스도는 하나님으로부터 나신 하나님이자 하나님의 빛으로서, 사람들에게 자비와 동정으로 나타나신 죄 없는 인간이십니다.

405 세상에서는 아담부터 우리의 이 날에 이르기까지 예언자나 어떤 다른 누구도 죄 없는 사람으로 나타난 적이 없습니다. 하지만 우리의 구원이신 그리스도만은 예외입니다. 그리스도는 우리를 인도하시고 우리를 죄에서 구하셨습니다. 그리고 우리를 위해 그리스도를 믿는 우리 믿음으로 죄악들의 용서함을 베푸셨습니다.

406-415 하나님의 구원 계획의 실현: 성령의 계시와 그리스도가 하신 기적의 증거

406 하나님은 성령을 통해 그분의 예언자들의 입을 통해서 그들에게 계시하신 그리스도의 사건을 밝혀 주셨습니다.

407 또 하나님은 그리스도가 행하신 그리스도의 기적들을 우리에게 밝히시고, 이 기적들을 통해 그리스도와 하나님으로부터 나신 하나님을 알게 하셔서 그리스도가 어디에서 오시고 누구에게 나실지를 밝히셨습니다.

408 이는 예언자들이 그리스도에 관한 기쁜 소식을 전한 대로입니다. 예언자들이 말했습니다: **"하나님은 죄악들을 용서하신다." "하나님의 뜻대로 원하시는 것을 창조하신다." "감추어진 것들의 비밀들을 아시고 부지의 것을 관찰하신다."**[300]

409 **"기억해야 할 것을 그들에게 알려주신다." "신처럼 바다 위를 땅과 같이 걸으신다." "굶주림을 채우신다." "권세와 능력으로 모든 허약함과 질병을 치유하신다."**[301]

410 이 모든 것은 예언자들이 그리스도에 관하여 말한 것입니다. 하나님은 사람들을 위해 이 기적들을 손수 행하셨습니다.[302] 그래서 우리는 그리스도를 신뢰하고, 그리스도를 믿고, 그리스도를 따르게 되었습니다. 뿐만 아니라 우리는 하나님 말고는 그리스도의 역사를 행할 수 있는 이가 없다는 것을 알게 되었습니다.

411 하나님께 찬미를 드립니다. 하나님은 우리를 이렇게 도우셨으며 그리스도의 성도로 우리를 삼으셨고 또 우리를 그릇된 길과 사탄의 숭배에서 구원하사 하나님의 빛과 하나님의 자비로 인도하셨습니다. 이는 우리를 (그분

---

300 정확한 출처를 특정하긴 어렵지만, 이와 유사한 표현은 본문에 언급된 내용 순서대로 다음과 같은 구절들에서 확인할 수 있다. 시 33:9; 103:3a; 렘 36:3; 사 46:10-11; 45:7; 렘 10:12; (계 4:11); 단 2:22.

301 위의 각주와 동일한 설명. 신 4:9-10; 9:7; 렘 2:2, 말 4:4; 욥 9:8; 시 132:15; 사 35:3-6; 시 103:3b.

302 "손수 행하셨습니다"صنع(ṣanaʻa)는 "만들다", "제작하다", "제조하다"의 뜻이 앞선다.

의 구원의 대상으로) 선택하신 하나님의 선하심입니다.

412 그러므로 이것이 하나님의 예언자들이 하나님 말씀이자 하나님의 빛인 그리스도에 대해 밝혀준 것 중 일부입니다. 이는 그리스도가 하나님의 자비로 사람들에게 나타나서서 그들을 악마의 그릇된 길에서 구원하시고 빛과 바른 길로 인도하셨을 때의 일입니다.

413 그러므로 이것은 예언자들의 예언의 일부에 불과합니다. 그리스도에 관해 예언자들이 예언한 모든 것을 말하자면 너무 방대하여, 어느 누구도 그것을 (완전히) 서술하거나 파악할 수 없습니다. 다만 우리는 그것들을 요약하는 것을 좋아합니다.

414 모든 것 중 핵심은[303] 가장 훌륭하고 가장 아름다운 것입니다. 우리가 그리스도의 출생에 대한 예언자들의 말에서 발췌하려 한다면, 하나님께서 허락하신다면, 거기에서 우리가 원하는 모든 것을 얻을 수 있을 것입니다.

415 이것이 부활의 날에 하나님 곁에서, 천사들의 우두머리들과 먼저 있던 예언자들과 나중된 예언자들 앞에서 우리가 내세울 주장입니다:

"우리는 당신과 당신 말씀과 당신 성령이신[304] 한 하나님을 믿습니다. 당신이 사람들을 위해 당신의 경전들에서 계시하시고 밝히신 대로 믿습니다. 이제 우리를 지옥의 고통에서 구해주십시오. 당신의 천사들과 당신의 성인들과 당신의 예언자들과 함께 당신의 자비로 (하늘나라에) **들어가게 해주십시오, 하나님이시여."**

---

303 "핵심"قصد(qaṣd)는 "목적"이나 "의도"를 포함한다.
304 또는 '당신의 거룩한 영이신'.

416-480 그리스도의 세례, 물들임

416-422 하나님이 명령하신 그리스도의 물들임:

416 이것은 세례 때 그리스도의 물들임에 관한 하나님의 예언자들의 말입니다. 하나님은 물들임을 명령하셨고, 우리를 위해 물들임 안에 죄악들의 용서함을 베푸셨으며, 하나님의 예언자들의 입을 통해서 물들임 사건을 밝히셨습니다.

417 그리스도는 우리에게 물들임을 권면하시고, 우리에게 물들임을 명령하셨습니다. 그리스도가 말씀하셨습니다:

"아멘 아멘[305] 내가 그대들에게 말한다. 물과 영으로 나지 아니하면 하늘나라에 들어가는 자가 없다."[306]

418 그러므로 우리는 우리의 이 책 처음에서 그리스도의 물들임에 관한 예언자이자 왕인 다윗의 예언을 기억합니다. 그때에 다윗이 예언하여 말했습니다:

"주님의 목소리가 물 위에 있다. 찬미 받기 합당하신 하나님은 우렛소리를 내시고 하나님은 많은 물 위에 계신다."[307]

---

305 "아멘"ﺁﻣﻴﻦ(āmīn)은 히브리어 אמן(진실한, 정직한, 신실한)에서 유래한 말이다(신 27:15, 왕상 1:36, 대상 16:36, 시 41:13). 이 표현은 유대아 전통에서 하나님께 드리는 찬양, 말씀, 기도의 끝에 동의를 표하는 응답으로 사용되었으며, 그 뜻은 "진실이다", "그렇게 되기를 바란다"이다. 예수는 이 구절을 자기 이해적 용법으로 활용함으로써, 선지자를 능가하는 권위를 가진 하나님의 계시자임을 스스로 드러냈다(요 1:51; 3:3,5,11; 5:19,24,25; 6:26,32,47,53; 8:51,58; 10:1,7; 12:24; 13:16,20,21,38; 14:12; 16:20,23; 21:18).『개역개정』은 이를 "진실로"로 번역하였으며, 같은 용례는 본문의 417행, 423행, 437행, 452행, 486행, 492행, 495행, 497행에 나타난다.

306 요 3:5 참조.

307 71-72행에서 저자는 시편 29:3을 인용하며 그리스도의 '물들임'에 대해 언급한 바 있다.

419 그래서 그때에 그리스도는 세례를 받으시고 아버지는 하늘에서부터 증언하시며 말씀하셨습니다:

"이는 내 사랑하는 아들이다. 내가 기뻐하는 자이다. 그에게, 그러니, 너희는 순종하라"[308]

420 그리고 성령이 하늘로부터 내려오시고 그리스도 위로 오셨습니다. 그때에 하나님께서는 이스라엘 자손에게 하나님과 하나님 말씀과 하나님 영이 하늘과 땅과 모든 곳에서 한 하나님이심을 밝히셨습니다.

421 이는 옛 시대에 하나님의 예언자들이 말한 바에 대한 설명입니다. 곧 하나님과 하나님 말씀과 하나님 영을 한 하나님으로 믿지 않는 자는 하나님에 대한 믿음에 충실하지 않았으며, 하나님의 예언자들의 말을 받아들이지 않은 것입니다.

422 그때에 예언자들이 그들에게 계시된 모든 일에 대해 말했습니다: **"참으로 하나님의 힘과 하나님의 지혜는 하나님 말씀이고, 참으로 만물의 생명은 성령입니다."**

423–427 성경과 꾸란이 증거하는 세례자 요한

423 예언자의 아들 예언자 사가랴의 아들 요한은[309] 그리스도가 증언하신 자입니다. 그리스도가 이스라엘 자손에게 말씀하셨습니다:

"아멘 아멘 내가 너희에게 말한다. 여자가 낳은 자 중에서 사가랴의 아들

---

308 마 3:16-17; 17:5b? 참조. 한글 성경에는 '들으라'로 나와 있는데 저자는 '순종하라'로 쓰고 있다. 64행과 비교.

309 여기서 "요한"으로 번역된 아랍어는 يحيى(Yaḥyā)로, 꾸란에서 사용되는 형태이다. 아랍어 성경에서는 يوحنّا(Yuḥannā)이다.

세례자 요한보다 더 위대한 자가 없다."[310]

424 왜냐하면 세례자 요한이 그리스도에게 세례를 베푼 후 하늘로부터 아버지가 증언하여 **"이는 내 사랑하는 아들이고 내가 기뻐하는 자이다"**라고 말씀하시는 소리를 듣고, 성령이 하늘에서 내려오시고 그리스도 위로 오시는 것을 보았기 때문입니다.

425 그리고 그리스도는 **"하늘나라에서 작은 자가 그보다 더 위대한 자이다"**[311] 라고 말씀하셨습니다. 왜냐하면 하늘나라에 있는 자 중에 가장 작은 자가 위대한 땅의 사람보다 더 위대하기 때문입니다.

426 그리하여 사람들은 비천한 하늘의 사람이 위대한 땅의 사람보다 더 위대하다는 것을 알게 되었고, 하늘나라를 소망함으로써 땅과 그 안에 있는 것들을 절제하며 살아갈 수 있게 되었습니다.

427 사가랴의 아들 요한에 대한 언급이 꾸란에 기록되어 있습니다. 하나님이 말씀하셨습니다:[312]

거기에서 사가랴가 그의 주님께 기도하여 말했다. '주님, 당신으로부터 선량한 후손을 제게 주십시오. 정말로 당신은 기도를 듣고 계십니다' 그러자 천사들이 미흐랍[313]**에 서서 기도하는 그에게 선포했다. '하나님이 네게 요한에 관한 기쁜 소식을 전하신다. 그는 하나님으로부터 나신 말씀을**[314] **확증하는 자**

---

310 마 11:11a 참조, 눅 7:28a 병행구절.

311 마 11:11b 참조, 눅 7:28b 병행구절.

312 각주 41번 참조.

313 이슬람 사원 내 벽에 기도 방향을 알려 주는 아치형 홈으로 무슬림들의 기도 장소로 사용된다.

314 "하나님으로부터 나신 말씀"كلمة من الله(kalimah min Allāh)는 꾸란에서 단 한 번 사용되는 표현으로, "하나님으로부터 온 말씀" 또는 "하나님의 말씀"으로도 번역할 수 있다. 일부 꾸란 주석가들은 여기서 "말씀"을 예언자 예수로 해석한다. 꾸란에는 예언자 예수가 하나님이 창조한 피조물이며, 하나님이 예언자 예수를 흙으로 창조한 후 "존재하라"고 명령하자 그가 존재

요 선생이고 금욕자로 의로운 자들 중의 한 예언자이다.'[315]

428-436 그리스도와 그리스도의 세례에 대한 세례자 요한의 증언

428 세례자 요한은, 증인이 되어 그리스도에 대해 말했습니다. 그때 하나님께서 (세례자 요한을) 광야에서 그리스도에게 보내셨습니다.[316] 세례자 요한은 이스라엘 자손에게 세례를 베풀며, 이스라엘 자손에게 그리스도에 관한 기쁜 소식을 전했습니다.

429 그러자 유대아 종교학자들과 이스라엘 자손이 사방에서[317] 왔습니다. 그후에 이스라엘 자손이 세례자 요한을 보았을 때에 세례자 요한에게 말했습니다:

"그대가 우리가 기대한[318] 그리스도요?"[319]

430 세례자 요한이 그들에게 말했습니다:

"나는 그리스도가 아니오."[320] 그들이 말했습니다:

"그렇다면 그대가 하나님께서 시나이산에서 모세에게 하신 '너희를 위하여 나와 같은 한 예언자를 세우실 것이니, 그에게 순종하라'는 말씀에서 가리

하게 되었다고 서술되어 있다(꾸란 3:59). 그러나 변증서의 저자는 분명히 الله من كلمة를 제2위 하나님으로서의 "말씀"인 "예수 그리스도"로 이해하였을 것이다. 저자는 그리스도의 세례를 변증하는 부분에서 이 대목을 더욱 명확하게 밝힌다(439행).

315 꾸란 3:38-39 참조.

316 원문에는 주어와 목적어의 대상이 밝혀져 있지 않기 때문에 해석이 모호한 부분이다. 역자는 성경에서 하나님이 세례자 요한을 예수님에게 보내신 사실을 언급하고 있으며, 저자가 여기서 이러한 내용을 서술하고 있다고 판단하였다(434행 참조).

317 직역하면 '모든 곳에서'이다.

318 '소망한'으로도 번역할 수 있다.

319 요 1: 19 참조.

320 요 1: 20 참조.

키신 그 예언자요?"[321]

431 세례자 요한이 그들에게 말했습니다:

"나는 그 예언자가 아니오."[322] 그러자 그들이 그에게 말했습니다:

"그러면 그대는 누구요?"[323] 세례자 요한이 말했습니다:

"나는 '광야에서[324] **부르짖는 이의 소리'요. 하나님이 예언자 이사야의 입을 통해서 그리스도에 대하여 말씀하셨소. '그대들은 주님의 길을 준비하고 주님의 대로를 평탄케 하라' 또 사가랴의 아들 요한에 대해서 말씀하셨소. '내가 너보다 앞서**[325] **나의 사자를 보내어 너의 길들을 준비할 것이다'**[326]

432 그래서 나는, 그리스도의 길들을 준비하고 그리스도에 관한 기쁜 소식을 전하기 위해 그리스도 보다 앞서 왔소. 나는, 그대들에게 물로 순결한 세례를 주지만, 그대들 가운데 서 계신 그대들이 모르는 분이 계시오. 그분은 내 뒤에 오시지만, 나는 그분의 양 신발 끈을 풀 만한 자격도 도 없소.[327] 그분은 그대

---

321 요 1: 21a 참조. 여기서 저자는 신 18:15,18를 추가했다.

322 요 1: 21b 참조.

323 요 1: 22 참조.

324 "광야"로 번역된 القفر(al-qafr)는 "물과 동식물, 그리고 사람이 존재하지 않는 빈 장소"를 의미한다. 역자는 이 구절에서 한글 성경의 익숙한 표현을 따라 "광야"로 옮겼다. 또한 القفر는 소리 또는 생명의 부재를 내포하고 있어, 세례자 요한이 등장하는 배경으로서 그 장소의 특성을 더욱 선명하게 부각시키는 역할을 한다고 판단하였다. 본문에서 동일하게 "광야"로 번역된 البرية (al-barriyyah)와의 비교를 위해서는 428행, 486행, 487행, 488행을 참조하라(104행에서는 이 단어가 "땅"أرض(ard)이라는 표현과 결합하여 "아무것도 없는 땅"으로 번역되었다.). 변증서의 저자가 역자와 같은 의도를 실제로 염두에 두었는지는 확실하지 않지만, القفر라는 표현은 결과적으로 세례자 요한의 등장 배경을 상징적으로 이해할 수 있는 가능성을 제시한다.

325 직역하면 '그대 앞에', '그대 면전에'이다. 432행과 433행 참조.

326 요 1: 23[사 40:3]; 막 1:2-3[말 3:1] 참조. 구약성경과 신약성경에 문자적인 모순이 있다고 알려진 성경 인용문이다. 이에 대한 성서학적 논의에 대해서는 Robert A. Guelich, *Mark 1-8:26*, (WBC 34A), 김 철 역, 『마가복음 1-8:26』(성서주석 34/상) [서울: 솔로몬, 2001] 1. 서두(1:1-3)의 원문주해 및 양식/구조/주해, 59-63을 보라.

327 요 1: 26-27 참조.

들에게 성령과 불로 세례를 주실 것이오.[328]

433 다음 날이 되었을 때, 보십시오,[329] 그리스도께서 나타나시자, 세례자 요한이 말했습니다:

"이분이 천하의 죄들을 제거하시는 하나님의 어린 양이요. 이분을 두고 한 말이오. 내가 전에 말했소. '내 뒤에 오시지만 나보다 앞서신 분이니 내 이전 부터 계신 분이시기 때문이다'[330]

434 **또 나는 그분을 알지 못했소. 그러나 나를 보내어 세례를**[331] **주게 하신 분이 나에게 말씀하셨소. '성령이**[332] **그 위로 내려와서 그 위로 머문 것을 보거든, 그가, 바로 하나님의 아들인 그리스도이다. 그분은 성령으로 세례를 주시고, 사람들의 죄들을 제거하시고, 그들의 죄악들로부터 그들을 정결하게 한다.'"**[333]

435 그러므로 사가랴의 아들 요한은 증언하였습니다. 곧 그리스도는 세례 요한 이전에 계신 분으로, 하나님으로부터 나신 하나님이십니다. 사람들의 죄들을 멸하시고 그들의 마음을 정결하게 하시고 그리스도를 믿는 자에게 성령과 불로 세례를 베푸십니다.

436 이것은 그리스도께서 영혼을 정결하게 하시고 영혼을 맑게 하시고 영혼을 성령으로 밝혀 주실 뿐만 아니라, 마치 불이 가시를 태우고 가시를 소멸시켜서 그것에 대한 어떤 흔적도 보이지 않게 된 것같이, 그리스도께서

---

328 마 3:11b; 눅 3:16b 참조.

329 Blau, 461 참조.

330 요 1:29-30 참조.

331 한글 성경에는 이 구절 앞에 '물로'라는 말이 추가되어 있다.

332 직역하면 "그 영" الروح(al-Ruḥ)이다.

333 요 1:33-34 참조.

죄들을 태우시고 용서의 문을 통하여 그것들을 죽이시기 때문입니다. 그러므로 죄들과 죄악들은 가시를 닮았습니다.[334]

437-452 물과 영으로 받은 그리스도의 세례, 물들임

437 그리스도가 복음서에서 말씀하셨습니다:

"아멘 아멘 내가 그대들에게 말한다. 누구든 물과 영으로 나지 아니하면, 하늘나라에 들어갈 수 없다."[335]

438 물과 영으로 난 사람은 말하자면 한 하나님 한 주님이신 성부와 성자와 성령의 이름으로 세례를 받은 자입니다.

439 그대가 **'성부와 성자와 성령'**을 들으면, 절대로 겁을 먹지 마십시오. 성부는 바로 하나님이시고, 성자는 바로 하나님으로부터 나신 말씀이시고,[336] 성령은 바로 하나님 영이십니다. 성령은 물이 육체의 때를[337] 깨끗하게 하는 것과 같이 모든 것을 거룩하게 하십니다.

440 이렇게 성령이 혼과 영의[338] 얼룩을 정결하게 하시고, 그것들을 죄들과 죄악들로부터 맑게 하십니다. 심지어 믿음으로 세례를 받은 자는 그의 어머니의 배에서 어떤 죄나 악행도 없이 태어났을 때보다 더 깨끗합니다.

---

334 변증서가 사용한 죄와 가시에 대한 비유는 성경에서 빈번하게 사용되는 비유로서 주로 죄악, 패배, 또는 이로 인한 부정적인 결과 혹은 하나님의 심판을 의미한다(사 10:17; 27:4; 33:12; 나 1:10; 히 6:8).

335 요 3:5 참조.

336 여기서 변증서의 저자는 الله كلمة(하나님 말씀)이란 표현을 사용하지 않았다. 427행의 '하나님으로부터 나신 말씀'과 비교.

337 "때"سند(danas)는 "더러움", "흠", "티", "모욕", "속된 것"이라는 뜻도 있다. 변증서에서는 모두 8번 사용되었다(440행, 454행, 455행, 457행, 462행, 463행, 470행).

338 직역하면 '혼들과 영들의'이다.

441 그래서 사가랴의 아들 요한은 **"그리스도는 그대들에게 불과 영으로**[339] **세례를 주실 것이오"**라고 말했습니다. 그리스도는 **"누구든지 물과 영으로 나지 아니하면 하늘나라에 들어갈 수 없다"**[340]라고 말씀하셨습니다. 하나님께서는 두번째 태어남을 죄악들의 용서함으로 삼으셨습니다.

442 다윗은 또한 그리스도의 물들임과 악마와 악마의 군대의 멸망에 대해 성령으로 예언하여 말했습니다:

"당신은, 물 위에 바다 괴물들의 머리를 깨부수시고, 당신은, 리워야단의 머리를 짓부수셨습니다."[341]

443 그는 악마이고 그의 군대입니다. 그리스도는 세례의 물들임을 통해 이들을 멸망시키시고, 사람들을 붙든 악마의 힘을 깨부수셨습니다. 악마는 악마의 그릇된 길을 통해 사람들을 억압하고 악마의 횡포로 그들을 유혹했습니다.

444-452 회개를 통한 세례의 물들임

444 그리스도는 사람들을 위해 회개의 문과 죄악들의 용서의 문을 여셨습니다. 그리스도가 복음서에서 제자들에게 말씀하신 대로입니다:

"온 세상으로 나가라, 민족들에게 하늘나라와 내 이름으로의 회개를 선포하여라, 그들에게 성부와 성자와 성령의 이름으로 세례를 주어라."[342]

445 그러므로 믿고 세례를 받은 자는 구원받고 목숨을 구하고 용서를 받지만, 세례를 받지 않은 불신한 자는 능욕과 후회가 그에게 정당합니다.

---

339 432행에서는 '성령과 불로'이다.

340 요 3:5 참조.

341 시 74:13b-14a 참조.

342 마 28:19?; 막 16:15-16 참조.

446 하나님께 찬미를 드립니다. 하나님은 우리를 리워야단과 그의 그릇된 길에서 구하셨습니다. 세례의 물들임과 하나님 말씀과 하나님의 빛이신 그리스도를 믿는 우리의 믿음으로 우리를 우리의 죄들과 우리의 죄악들에서 구원하셨습니다.

447 하나님은 예언자 에스겔의 입을 통해서 말씀하셨습니다. 에스겔은 예언자들의 우두머리들 가운데 하나로 이스라엘 자손에게 바벨론 땅에서 예언한 자입니다. 에스겔이 말했습니다:

"내가 너희에게 맑은 물을 뿌릴 것이다. 그러므로 너희는 우상들의 숭배와 너희 죄들에서 스스로 깨끗하게 하라."[343]

448 우리는 세례의 물들임을 말고는 하나님이 사람들을 뿌리고 그들의 죄들과 우상들의 숭배로부터 그들을 깨끗하게 하시는 것이 무엇인지 알지 못합니다. 하나님은 세례의 물들임으로 그리스도를 믿고 세례를 받고 하나님의 예언자들에게 순종한 자를 깨끗하게 하셨습니다.

449 하나님의 빛이신 그리스도가 우리에게 나타나시고 세례를 통해 우리를 받아 주시자, 비로소 하나님이 사람들을 우상들의 숭배에서 구원하셨습니다.

450 하나님이 예언자 이사야의 입을 통해서 말씀하셨습니다:

"너희는 목욕해라,[344] 정결하게 되어라, 너희 죄들을 주님 앞에서 제거하라."[345]

---

343 겔 36:25 참조.

344 "목욕해라"로 번역된 아랍어 استحم(istaḥamma)는 "물로 몸을 씻다"의 뜻이 앞선다. 세례는 물에 몸을 담고 씻는 목욕을 연상시키는 의식이다. 이 구절은 한글 성경에서는 "씻어라"로 번역되어 있다.

345 사 1:16 참조.

451 그래서 어떤 목욕과 씻음이 주님 앞에서 사람들의 죄들을 제거할 수 있겠습니까? 죄의 고백과 하나님께 회개함과 그리스도의 이름으로 말미암은 세례의 물들임이 아닙니까?

452 그러므로 하나님은 사면하시는 분이십니다. 하나님은 회개하는 자들을 사랑하십니다. 그리스도가 복음서에서 말씀하신 대로입니다:

"아멘 아멘 내가 그대들에게 말한다. 땅에서 하나님에게 회개하는 죄인의 회개를 본다면, 하늘의 천사들이 기뻐할 것이다."[346]

453-464 영혼과 육체를 정결하게 하는 세례의 물들임

453 그런데 그들은 육체는 씻으면서도 하나님께 회개하지 않고, 하나님께서 우리에게 명령하시고 우리에게 자비의 문을 여신 그 물들임을 통한 죄들과 죄악들에서의 영혼의 정화를 내버려 두었는데, 이에 대해 그리스도는 그들을 꾸짖으신 적이 있습니다.

454 그리스도가 그들에게 말씀하셨습니다:

"잔의 겉만 닦고 그 속은 때와 오물로 가득 차게 내버려두는 자들아! 위선자야! 그 겉을 닦기 전에 그 속을 닦아라!"[347]

455 다시 말하면, 자신의 육체를 매일 씻는 자들은 죄들과 죄악들의 때와 헛된 근심들에서 자신의 영혼을 씻지 않은 상태로 그대로 둡니다.

456 그후에 그리스도는 한 비유로 그들에게 말씀하셨습니다:

"바로 그들의 비유는 회칠한 무덤의 비유다. 무덤의 겉은, 그들이 석회로

---

346 눅 15:10 참조.
347 마 23:25-26 참조.

잘 칠했지만, 그 속은, 시체가 가득하다."[348]

457 그러므로 죄들과 죄악들의 때에서 우리 영혼을 정결하게 하지 않는다면, 우리 육체의 씻음만으로는 충분하다고 할 수 없습니다.

458 예언자 다윗이 죄를 지었을 때 예언하여 말한 대로입니다:

"나의 범죄에서 나를 깨끗하게 해주소서. 나의 죄들에서 나를 정하게 해주소서.[349] **정결한 마음을 내 안에 창조하여 주시고, 하나님이시여, 당신의 성령을**[350] **나에게서 제거하지 마소서."**[351]

그러니 이러한 정결함은 하나님께서 자신을 섬기는 자에게서 사랑하시는 것입니다.

459 육체의 씻음은 말하자면 유대아 사람들이 몸을 씻는 행위입니다. 유대아 사람들은 시체에 가까이 갔을 때나 시체의 뼈, 혹은 월경 중인 여인을 만졌을 때 몸을 씻고 그들의 옷을 빨았습니다.[352]

460 그러나 이러한 행위는 그들을 하나님께 가까이 이끌지 못했습니다. 그때 그들은 자신의 영혼을 죄들과 죄악들에서 깨끗하게 하지 않았기 때문입니다. 마찬가지로, 하나님의 진리는 이와 같습니다.

461 하나님이 말씀하신 대로입니다:

"내가 너희에게 맑은 물을 뿌릴 것이다. 그러므로 너희는 우상들의 숭배와

---

348 마 23:27 참조.
349 시 51:2 참조.
350 또는 '당신의 거룩한 영을'.
351 시 51:10-11 참조.
352 민 19:16; 레 15:19-33 참조.

너희 죄들에서 스스로 깨끗하게 하라."[353]

정말로 이렇게 하나님께서는 그리스도의 물들임에 대하여 말씀하셨습니다.

462 그러므로 우리가 하나님의 자비로 하나님께 구합니다. 우리의 영혼과 우리의 육체를 죄들과 죄악들에서 정결하게 하시고, 인간을 멸망시키고 하나님한테서 인간을 멀어지게 만드는 더럽고 헛된 근심들에서 우리 영을 정결하게 하소서.

463 그러나 육체의 더러움은,[354] 참으로 말하자면, 하나님께 맹세코, 우리 영혼이 정결하여 하나님에 대한 거역과 죄들의 얼룩, 그리고 사탄이 주는 근심에서 멀리 있다면, 결코 우리에게 아무런 해도 끼치지 않을 것입니다.

464 그러므로 이 정결함은 하나님이 사랑하시고 명령하시고 하나님을 섬기는 자들과 하나님에게 순종하는 사람들에게 권유하시는 것입니다.

465-480 하나님이 인도하신 구원의 샘과 세례의 물들임

465 하나님이 예언자 이사야의 입[355]을 통해서 말씀하셨습니다:

"그대들은 기쁨으로 구원의 샘에서 난 물로 몸을 씻으라. 그 날에 그들은 '주님을 찬양하고 그분의 이름을 선포하고 민족들 가운데에서 그분의 놀라운 일들을 이야기하여라'라고 말할 것이다."[356]

466 참으로 구원의 샘은 하나님께서 사람들에게 명령하신 것으로, 그들은 기쁨으로 구원의 샘에서 씻으며 주님을 찬양합니다. 그때에 그리스도께서

---

353 겔 36:25 참조.

354 "더러움"وسخ(wasah)는 본문에서 단 한 번 사용되며, 이와 유사한 표현으로는 "때"(سند)가 있다(439행 참조).

355 직역하면 '혀'이다.

356 사 12:3-4 참조.

세례의 물들임을 우리에게 나타내시고, 우리는 세례의 물들임을 우리 영혼을 위한 구원으로 받아들였습니다.

467 그후에 그 예언자가[357] 말했습니다:

"그분의 이름을 선포하고 민족들 가운데에서 그분의 놀라운 일들을 이야기하여라."

그러므로 이것은 세례의 물들임의 샘입니다. 하나님께서는 이 샘을 통해 우리를 우리 죄악에서 구원하시고 우리를 우리 죄에서 깨끗하게 하셨습니다.

468 우리는 주님의 이름을 찬양했습니다. 기쁨으로 모든 민족들 가운데에서 그리스도께서 민족들에게 제자들을 파송하시어 제자들이 그리스도에게로 부르고 세례의 물들임을 명령하는 주님의 놀라운 일들을 이야기했습니다.

469 하나님은 또한 미가의 입을 통해서 성령으로 말씀하셨습니다. 미가가 말했습니다:

"누가 당신과 같겠습니까, 하나님이시여, 당신은 죄들을 제거하시고 불의를 눈감아 주십니다. 참으로 당신은 자비를 원하시는 신이십니다. 당신은 우리를 돌아보시며 우리를 싸매시고 우리 죄들을 (물에) 빠뜨리시고 바다 깊은 곳에서 우리 거짓을 물리치셨습니다."[358]

470 참으로 하나님은 사람의 죄들을 (물에) 빠뜨리시고 바다 깊은 곳에서 그들의 거짓을 물리치셨습니다. 회개와 세례의 물들임으로 그들의 불의를 눈감아 주셨습니다. 하나님은 세례의 물들임을 통해 우리 죄들을 (물에) 빠뜨리시고 우리 영혼과 우리 육체를 죄들의 때에서 깨끗하게 하셨습니다.

---

357 또는 '이사야가'.

358 미 7:18-19 참조.

471 하나님이 예언자들의 입을 통해 진리를 아는 자들에게 밝히신 대로입니다. 하나님은 우리의 하나님으로 하나님의 피조물을 위해 그 자비를 원하십니다. 하나님은 그리스도의 물들임을 통해 그들을 용서의 문으로 안내하십니다.

472 누가 그리스도의 물들임을 부인할 수 있겠습니까? 예언자들은 하나님이 하나님의 예언자들의 입을 통해 우리를 데려가신 그리스도의 물들임에 대해 말했습니다.

473 이는 바로 하나님이 우리에게 용서와 우리 죄악들을 위한 자비를 베푸신 때입니다 그러므로 어떤 구원의 샘으로든, 하나님이 우리를 안내해 주시도록 하십시오. 하나님은 자기에게 순종하는 자와 하나님의 말씀을 받아들이는 자를 이끄십니다.

474 또한, 어떤 바다에 하나님이 사람의 죄들을 빠뜨리시겠습니까? 하나님은 죄들을 통하여 회개를 원하는 자와, 그리고 세례의 물들임을 통해 그의 주님한테서 용서를 구하는 자에게 자비를 베푸십니다.

475 이사야가 또한 성령으로 예언하여 말했습니다:

"하나님은 그들에게 자비를 베푸신다. 그분은, 그들을 싸매시고, 하나님께 맹세코, 반드시 그들을 샘물로[359] 데려가신다."[360]

하나님은 우리를 이 샘물로 데려가시고 우리를 이 샘물로 싸매시면서 하나님의 자비로 우리를 부유하게 하셨습니다.

476 하나님은 우리를 세례의 물들임으로 안내하시고 세례의 물들임으로 우

---

359 직역하면 '물들의 샘들'이다.

360 사 49:10 참조.

리의 깨진 곳을 싸매심으로써 아담이 거역하여 우리에게 물려준 우리 시련을 새롭게 하셨습니다.

477 죄와 죽음은 그리스도가 우리에게 나타나사 세례를 통해 우리를 새롭게 하실 때까지 우리 안에서 흐르며 우리를 억압했습니다.

478 나의 목숨을 걸고 맹세합니다! 이스라엘 자손은 그들의 땅에 이미 많은 샘들을 가지고 있었지만, 하나님은 그것들을 **"구원의 샘"**이라고 부르시거나, **"내가 너희를 샘물로 데려갈 것이다"**라고 말씀하지 않으셨습니다. 참으로 하나님은 이렇게 세례의 물들임을 작정하셨습니다.

479 그러므로 하나님의 경전과 하나님의 예언자들의 말을 의심하지 않는 사람은 복이 있습니다.[361] 하나님의 뜻과 하나님의 만족을 좇으십시오. 하나님으로부터 나신 하나님이시며 인류의[362] 구원이신 그리스도를 믿으십시오.

480 그러므로 이것이 세례의 물들임에 대한 하나님의 예언자들의 말입니다. 곧 하나님은 세례의 물들임을 사람들을 위한 용서와, 그리스도와 그리스도의 말씀을 믿는 자의 정결로 삼으셨습니다.

481-450 그리스도의 십자가와 재림

481-485 그리스도의 십자가에 대한 예언자들의 예언

481 그리고 이것은 그리스도의 십자가에 대한 하나님의 예언자들이 예언한 것입니다. 그리스도는 우리를 십자가로 악마의 그릇된 길과 악마의 행위들

---

361 예수님의 산상수훈 말씀 중 팔복을 떠올리게 하는 구절이다(마 5:3-12).
362 또는 '사람들의'.

에서 대속하셨습니다.

482 하나님이 (직접 대면하시어) 말씀하신[363] 모세가 예언하였습니다. 하나님은 이스라엘 자손 가운데 어느 누구도 하나님의 얼굴을 직접 볼 수 없게 하셨을 때, 모세의 얼굴을 존귀하게 하셨습니다.[364]

483 모세는 그리스도의 십자가에 대해 예언하였습니다. 곧 모세는 하나님께서 그에게 계시하신 토라에서 이스라엘 자손에게 말했습니다:

"너희 눈 앞에 너희 생명이 매달려 있는 것을 보아라. 그리고 그 생명을 믿지 말라."[365]

그러므로 이스라엘 자손의 눈앞에 생명이 매달려 있으나, 그들은 그것을 믿지 않고 오직 하나님의 빛만을 믿었습니다.

484 그러니 예언자들이 그리스도에 대하여 성령으로 예언한 것을 깨달으십

---

363 출 34:5 참조. 이 대목에서 꾸란 4:164의 영향이 감지된다.

364 하나님을 보고도 살아남을 자는 없다(177행, 출 33:20 참조). 이는 거룩하고 영원한 하나님의 위엄과 영광을 제한적이고 속된 인간이 감당할 수 없기 때문이다. 그러나 모세는 시내산에서 십계명을 받을 때, 사십 일 동안 하나님과 대면했다. 하나님과 대면한 모세의 모습은 출 34:29-30에 묘사되어 있다. 모세가 하나님께 받은 두 돌판을 들고 산에서 내려올 때, 그의 얼굴 피부에 광채가 나서 사람들이 가까이 다가가기를 두려워했다. 한편, 꾸란 7:143에서도 모세가 하나님과 말씀을 나누는 장면이 등장하지만, 하나님을 직접 보는 것은 불가능하다고 강조되며, 하나님의 현현 앞에서 모세는 기절하게 된다.

365 신명기 28:66 참조. 이 구절은 전통적으로 그리스도의 십자가 사건을 예언한 본문으로 자주 인용되어 왔으며, 사르데이스의 멜리톤(Melito of Sardis, 2세기 후반 활동)이 이 구절을 최초로 그러한 맥락에서 언급한 인물로 알려져 있다. 또한, 이 구절은 변증서의 저자가 복음서에서 직접 인용할 수 있는 구절들보다는 모세오경, 특히 율법서의 예언에 더 의존하는 경향을 보여준다. 이러한 제한적 인용 전략은 8세기 시리아어 논박서인 『총대주교 요한의 편지』(*Letter of Mar Yohannan the Patriarch*)를 연상시키는데, 이 논박서에 따르면 한 무슬림 행정관이 총대주교에게 모세의 말 만을 인용하라고 요구한다(Mark N. Swanson, "Folly to the Hunafā'," [Leiden: Brill, 2006], 246-247). 따라서 변증서의 저자 역시 이러한 요구를 염두에 두고, 자신의 논증이 하나님의 계시를 받은 모세의 예언에 근거하고 있음을 강조하고자 했던 것으로 보인다. 이는 곧 모세의 권위를 이용하여 그리스도의 십자가 사건의 역사성과 그 실체를 확증하려는 변증 전략으로 이해될 수 있다.

시오! 그리스도는 십자가에 못 박히시고, 십자가에 죄를 못박으시사 그분 자신의 십자가로 악마를 멸망시키셨습니다.

그리스도가 말씀하셨습니다:

"나는 생명이요 빛이요 부활이다. 나를 믿는 자는 영원히 살 것이다."[366]

485 하나님은 하나님의 예언자 모세의 입을 통해서 그리스도가 아담과 그의 후손을 죽음과 죄에서 구원하시기 위해 십자가에 못 박히신 것을 밝히셨습니다. 그리스도는 영생이십니다. 그리스도를 믿으면, 영원히 살 수 있습니다.

486-494 광야의 구리 뱀과 그리스도의 십자가

486 그래서 그리스도는 복음서에서 그리스도의 십자가에 대해 이스라엘 자손에게 말씀하셨습니다:

"아멘 아멘 내가 그대들에게 말한다. 모세가 광야에서 이스라엘 자손을 죽음에서 구원하기 위해 구리 뱀을 든 것처럼, 그렇게 그리스도가 들려야 합니다. 그것은 누구든지 그리스도를 믿는 사람에게는 영생이 있게 하고 영원히 멸망하지 않게 하려는 것이다."[367]

487 그리고 광야에서 모세가 든 구리 뱀 사태에 대해서는,[368] 하나님께서 원하시면, 우리가 그 일을 밝힐 것입니다. 그것은 곧, 이스라엘 자손이 시나이산 근처 광야에 있는 한 정착지로 내려간 것을 의미합니다.

---

366 요 8:12; 11:25-26 참조.

367 요 3:14-16 참조.

368 구약성경 민수기에 나오는 광야의 구리 뱀 사건은 전통적으로 그리스도의 십자가에 대한 예표로 해석되어왔다. 저자는 이 사건을 통해, 그리스도의 십자가에 못박히심이 아담과 그의 후손을 죽음과 죄에서 구원하여 생명으로 인도하기 위한 것임을 설명한다(요 3:14-15).

488 그들은 예언자 모세와 함께 하나님이 그들에게 물려주신 거룩한 땅으로 가던 중이었습니다. 그런데 그 광야에는 뱀과 독사가 많이 있었습니다.[369]

489 이스라엘 자손은 그 독사들과 뱀들에게 물렸고, 그들 가운데 많은 사람들이 죽게 되었습니다. 그때에 이스라엘 자손은 독사들의 사태와 그들의 죽음 때문에 모세를 향해 울부짖었습니다.[370]

490 그래서 모세는 이 시련을 그들에게서 제거해 주시도록 자신의 주님께 구했습니다.[371] 그러자 하나님께서 모세에게 말씀하셨습니다:

"너는 구리로 뱀을 만들어 그것을 그들 맞은편에 세워 놓아라. 이스라엘 자손 중에서 뱀에게 물린 사람은 누구든지 이 구리 뱀을 쳐다보면 살 것이다."[372]

491 정말로 구리 뱀은 십자가를 닮았습니다. 그리고 이 뱀으로 이스라엘 자손은 죽음과 독사의 물림으로부터 목숨을 구했습니다. 이 모든 일을 하신 하나님께 먼저 감사를 드립니다.

492 그래서 그리스도가 이스라엘 자손에게 말씀하셨습니다:

"아멘 아멘 내가 그대들에게 말한다. 모세가 이스라엘 자손을 구원하기 위해 광야에서 구리 뱀을 든 것처럼, 그렇게 그리스도가 너희의 눈 앞에서 들려야 한다. 그것은 누구든지 그리스도를 믿는 사람에게는 영생이 있게 하려는 것

---

369 이 문장은 성경에 기록되어 있지 않다.

370 민 21:6 참조. 성경에는 이스라엘 백성이 하나님과 모세를 원망했기 때문에 하나님이 그들에게 불뱀을 보내셨다고 기록되어 있다(민 21:5-6). 본문에서는 이스라엘 백성이 독사와 뱀에게 물려 죽게 된 원인이 언급되지 않았으며, 성경에 등장하는 "불뱀" 대신 "독사와 뱀"이라는 표현이 사용되었다.

371 민 21:7 참조.

372 민 21:8 참조.

이다."[373]

493 그러므로 우리는 하나님의 자비로 하나님께 구합니다. 그리스도께서 말씀하시고 자기에 대해 증언하신 것처럼, 우리로 하여금 그리스도를 믿는 자가 되게 하시고 그리스도가 영생이요 빛이며 부활이심을 증언하는 자로 만들어 주소서. 또한 우리에게 존귀와 하늘나라와 다함이 없는 영생을 물려 주소서.

494 하나님은 하나님 경전들에서 말씀하셨습니다:
"그들은 그들이 찌른 사람을 쳐다볼 것이다"[374]
그때 그들은 고양된 숨결로 엎드려 경배하며 **"참으로 당신은 하나님이십니다"**[375]라고 고백할 것입니다.[376]

495-496 부활의 때의 그리스도의 재림과 적그리스도에 대한 경고

495 우리는 알지 못했으나, 그것은 부활의 날에 그리스도가 천사들과 함께 오셔서 사람들을 그들의 행위에 따라 심판하실 때를 가리킵니다. 그리스도 께서도 자신을 믿는 제자들에게 말씀하셨습니다:

"아멘 아멘 내가 그대들에게 말한다. 많은 사람이 내 이름으로 와서 '내가 그리스도다'라고 말해도 그들을 신뢰하지 말아라. 또 '그리스도가 장터에[377] **계시다'라고 그대들에게 들릴 지라도 믿지 말아라. 또 적그리스도가 그대들에게 '그리스도가 그대들의 문**[378] **앞에 계시다'라고 말해도 그에게 나가지 말아**

---

373 요 3:14-16 참조.

374 슥 12:10b; 요 19:37 참조.

375 슥 13:9b 참조.

376 ㅈ역하면 '말할 것입니다'이다.

377 직역하면 '장터들' 또는 '시장들'이다.

378 직역하면 '문들'이다.

라."[379]

496 정녕 그리스도께서는 **"이것이 적그리스도에 대한 것이다"**라고 말씀하셨습니다. 그리스도는 그분의 성도들에게, 그 타락한 자가 나타날 때 그를 믿거나 따르지 않도록 경고하셨습니다. 왜냐하면 그는 거짓말쟁이기 때문입니다.

497-500 부활의 때의 십자가의 징표

497 그후에 그리스도가 말씀하셨습니다:

"아멘 아멘 내가 그대들에게 말한다. 하늘에 번개가 있어 동쪽에서 서쪽까지 보이는 것처럼, 그렇게 그리스도가 하늘에서 그리스도의 천사들과 함께 오실 것이다.[380] 그리고 그대들은 그리스도 앞에서 하늘에 있는 번개와 같은 한 징표를 볼 것이다."[381]

498 정말로 그리스도의 징표는 십자가입니다. 그리스도는 십자가로 악마를 넘어뜨리시고 악마의 권세를 멸망시키시며, 그분의 성도들을 위해 십자가를 징표로 삼아, 모든 사람들이 있는 곳에서 그 십자가를 통해 자신을 알게 하셨습니다.[382]

499 나의 목숨을 걸고 맹세합니다! 참으로 세상의 모든 사람들은, 우리가

---

379 변증서의 저자는 마 24:3-28(막 13:3-23; 눅 21:5-19 병행구절)을 근거로 하여 그리스도가 종말의 때에 거짓 그리스도와 거짓 예언자가 나타나 사람들을 미혹시키고 진리를 분간하지 못하게 혼란에 빠뜨릴 것을 경고한 말씀을 인용한다. 그러나 해당 본문에는 마 24:5,23과 병행구절에 없는 표현들이 포함되어 있고, 이들의 출처가 다른 번역본인지는 확인되지 않았다.

380 직역하면 '그렇게 될 것입니다 그리스도의 오심이 하늘로부터 그의 천사들과 함께'이다.

381 마 24:28,30 참조.

382 마 24:14에 따르면, 그리스도의 구원의 소식이 세상의 모든 민족과 사람들에게 전해져야 하며, 이 일이 이루어진 후에 세상의 끝과 심판이 올 것이다. 이 대목은 499행과도 연관된다.

그리스도 안에서 아는 한, 이 세상과 부활의 날에도[383] 그리스도인들에게는 십자가 외에는 아무런 징표도 없음을 알게 될 것입니다.[384]

500 이 날에는 그리스도께서 오셔서 살아있는 사람들과 죽은 사람들을 그들의 행위에 따라 심판하실 것입니다.[385] 그때에 유대아 사람들은 경악하여 … 않고 …

---

383 "부활의 날"يوم القيامة(yawm al-qiyāmah)은 변증서에서 총 5회 언급되며(176행, 230행, 415행, 495행), 이는 그리스도가 천사들과 함께 재림하여 인간을 그들의 행위에 따라 심판하시는 날로 제시된다. 이 표현은 꾸란에서도 동일하게 يوم القيامة로 기록되며, 알끼야마 장(سورة القيامة)을 포함한 다른 장에서 모두 70회 등장한다. 한편, يوم القيامة와 동일한 의미로 사용된 꾸란의 알까리아 장(سورة القارعة)에서 사용된 القارعة(al-Qāri'ah, "큰 재앙") 또는 يوم القارعة(yawm al-qāri'ah, "재앙의 날")과 알타카수르장(سورة التكاثر)에서 사용된 المقابر(al-maqābir, "무덤들") 등의 표현은 변증서에 나타나지 않는다.

384 변증서 후반부에서 십자가는 단순한 고난과 희생의 상징을 넘어, 그리스도의 죽음과 부활을 통한 인간의 신화(神化)와 구원, 그리고 죄와 죽음에 대한 승리와 영광을 드러내는 중심 주제로 제시된다(163행 참조). 뿐만 아니라 이는 부활의 날(또는 심판의 날), 죽은 자와 산 자의 심판, 영원한 생명과 형벌 등과 같은 종말론적인 주제들과 연관한다. 이에 대하여 니사의 그레고리오스(Gregory of Nyssa, 335/40-394년 이후 사망)는 종말론적 기독론의 토대를 하나님의 아들의 성육신 사건에서 찾았으며, 이러한 그리스도 중심의 종말론적 기독론은 변증서에서도 분명하게 드러난다.

385 이 대목은 이전 내용을 정리하면서 이후 논의를 예고하지만, 필사본은 다음 문장을 끝맺지 못한 채로 중단되었다. 역자는 이 지점에서 부활에 관한 본격적인 논의가 이어질 것으로 예상한다. 다만 이는 하나의 가능성일 뿐이다.

성경 인용 찾아보기

	장절	행
창세기		
	1:1	23
	1:2b	24
	1:3	25
	1:6-7	26
	1:11	27
	1:24-25	27
	1:20-21	28
	1:26a	29
	1:26	56
	1:31a	223
	2:7	77
	2:8	78
	2:16-17	79
	2:20-22	78
	3:1	81
	3:5	81
	3:6	82
	3:7	82
	3:24	83
	6:7-8	87
	7:7-9	88
	8:15-19	89
	8:20-21	89
	18:20	94
	19:16	95
	19:24-25	94
	49:9-10	363

	장절	행
출애굽기		
	1:7-2:10	97-99
	2:23-25	100-101
	3:1	101
	3:7	102
	3:9	102
	3:10	103
	7:8-12:36	103
	12:37	97
	13:21-22	104
	14:21-28	103
	16:13-14	104
	16:31	104
	16:35	104
	31:18	105
	32:1-6	105
	32:10-13	106
	32:14	107
	33:20	177, 482
	34:5	482
레위기		
	15:19-33	459
민수기		
	14:14	104
	19:16	459
	21:6	489
	21:7	490
	21:8	490

	장절	행
신명기		
	2:7	104
	8:2	104
	18:15	108, 430
	18:18	430
	18:18-19	108
	28:45b	108
	28:66	483
	29:20b	108
	34:7	110
사무엘하		
	7:11-16	238
느헤미야		
	9:12	104
	9:19	104
	9:20	104
욥기		
	1:1	307
	9:8	308
	33:4	313
시편		
	2:2	366
	2:4-5	367
	2:7	218
	2:7-9	224
	8:1-2	396
	22:27-28	266
	29:3	71, 418
	33:6	310
	48:10	226
	50:3	127
	51:2	458
	51:10-11	458
	72:5	294, 297
	72:6-9	292-293
	72:10-14	293-294

	장절	행
	72:17	294, 297
	74:13b-14a	442
	78:24	104
	80:1-2	122, 396
	105:40	104
	107:20	124
	110:1	228, 235
	118:25a	126
	118:26a	126
	144:5	122
이사야		
	1:16	450
	1:20b	43
	2:3	260
	6:1-3	241
	6:3	14
	7:14	250
	9:6	253
	10:17	436
	11:10	243
	12:3-4	465
	19:1	302
	27:4	436
	33:12	436
	33:22	255
	35:3-6a	329-330
	40:3	431
	40:5	43
	40:12	48
	49:10	475
	58:14	43
	59:20	242
	63:9[70인역]	123, 245
예레미야		
	1:5	368
	9:12	43

	장절	행
에스겔		
	36:25	447, 461
다니엘		
	2:25-35	386-388
	2:36-45	389-391
	9:22	316
	9:24	318-319
미가		
	4:4	43
	5:2	273, 286
	7:18-19	469
나훔		
	1:10	436
하박국		
	2:3b	125
	3:3	380
스가랴		
	9:9	392
	12:10b	494
	13:9b	494
말라기		
	3:1	431
마태복음		
	2:2	284
	2:3	285
	2:4	285
	2:5	285
	2:6	286
	3:11b	432
	3:16-17	64, 419, 424
	5:17b	265
	11:6	327
	6:9-13	193-195
	7:8	22
	8:1-3	350-354
	9:1-8	337-343

	장절	행
	10:16a	182
	10:18-19	184
	11:6	327
	11:11a	423
	11:11b	425
	12:9-13	355-358
	13:35	117
	17:5b	64, 419
	20:28b	265
	21:9	394
	21:15	394
	21:16	395
	22:42a	234
	22:42b	234
	22:43-45	235
	22:46	236
	23:25-26	454
	23:27	456
	24:5	495
	24:14	498-499
	24:23	495
	24:27	497
	24:30	497
	28:19	181, 444
마가복음		
	1:2-3	431
	1:9b-11	64, 419, 424
	1:40-42	350-354
	1:40	350
	1:41	350
	2:1-12	337-343
	3:1-5	355-358
	7:31-37	348-349
	12:35-36	235
	16:15-16	444
누가복음		

	장절	행
	1:28-30	156
	1:34	157, 383
	1:35	157, 383
	2:10-13	277
	2:11	289
	2:14	278
	3:21-22	64, 419, 424
	3:16b	432
	5:12-13	350-354
	5:17-26	337-343
	5:20	340
	5:21	340
	5:23	341
	6:6-10	355-358
	6:9	356
	6:10	357
	7:28a	423
	7:28b	425
	11:2-4	193-195
	11:10	22
	15:10	452
	20:41-44	235
	24:49	182
요한복음		
	1:1	221
	1:2-3	222
	1:15	433
	1:19	429
	1:20	430
	1:21a	430
	1:21b	431
	1:22	431
	1:23	431
	1:26-27	432
	1:29-30	433
	1:33-34	434

	장절	행
	3:5	417, 437, 441
	3:14-16	486, 492
	5:1-18	335-336
	5:6	336
	5:7	336
	5:8	336
	5:24	328
	5:39	21
	6:68	373
	8:12	328, 484
	9:1-32	344-347
	9:2	345
	9:3	345
	9:7	346
	10:38	169
	11:25-26	328, 484
	12:13b	394
	14:16-17	183
	14:26	183
	19:37	494
사도행전		
	1:4	184
	2:1-11	186
	5:28	207
	5:35-39	208-211
	7:14	97
	13:18	104
히브리서		
	3:9	104
	6:8	436
베드로전서		
	3:20b	88

외경 인용 찾아보기

	장절	행
바룩		
	3:36-38	369
벨과 뱀		
	1:33	376
	1:34	377
	1:35	377
	1:36	378
	1:37	379
	1:39	379

꾸란 인용 찾아보기

	장절	행
Qur'ān		
	2:113	63
	3:38-39	427
	3:47	157
	3:49	170
	3:55	230
	3:135	171
	4:164	102
	4:171	60
	6:94	59
	6:125	10
	15:86	58
	16:102	60
	16:106	10
	19:20	157
	20:25	10
	35:3	171
	36:81	58
	39:22	10
	39:53	171
	54:11	58
	70:4	13
	78:38	13
	90:4	58
	94:1	10
	97:4	13
	106:4	171

아랍어 찾아보기

순서	아랍어 단어	아랍어 음성번역표기	번호(행)
ا			
	الأب	Al-ab	42, 43, 51, 64, 72, 73, 222, 229, 419, 424, 438, 439, 444
	إبراهيم	Ibrāhīm	90, 94, 96, 190
	إبليس	Iblīs	75, 80, 82, 93, 117, 119, 132, 136, 137, 141, 143, 147, 148, 150, 151, 153, 161, 162, 167, 191, 199, 202, 257, 266, 304, 305, 391, 412, 442, 443, 481, 484, 498
	الابن/ابن	Ibn, al-ibn	42, 43, 64, 72, 73, 95, 224, 234, 250, 363, 394, 419, 424, 438, 439, 444
	التوراة	Al-Tawrāh	19, 23, 56, 61, 105, 174, 262, 483
	أحبار	Aḥbār	207, 285, 337, 339, 340, 314, 394, 429
	أخاب	Aḫāb	271, 272
	آدم	Ādam	75, 77, 80, 83, 84, 85, 87, 109, 120, 132, 133, 137, 143, 144, 146, 147, 150, 155, 161, 163, 167, 173, 189, 190, 191, 198, 199, 251, 252, 405, 476, 485
	الأردنّ	Al-Urdunn (江)	64
	إرميا	Irmiya	368
	إشعياء	Iša'yā'	240, 245, 250, 253, 254, 260, 302, 329, 431, 450, 465, 475
	أعداء	A'dā'	228, 229, 235
	اغتسال	Iġtisāl	451, 453, 457, 459
	الأنبياء	Al-Anbiyā' (書)	19, 61, 221
	الإنجيل	Al-Inǧīl (書)	19, 21, 61, 64, 221, 234, 327, 334, 437, 444, 452, 486
	أهل الكتب	Ahl al-kutub	261(ahl al-'ilm wa-l kutub), 274
	أورشليم	Ūršalīm	260, 320, 392

순서	아랍어 단어	아랍어 음성번역표기	번호(행)
	أيّوب	Ayyūb	307, 309, 313
	آية ج. آيات .複 ,Āyah	Āyah, 複. āyāt	103, 168, 181, 198, 214, 277, 287, 288, 291, 333, 334, 343, 351, 353, 360, 403, 407, 410
ب			
	بابل	Bābil	377, 447
	بتول	Batūl	250, 251, 288
	برّ	Birr (義)	164, 292, 295, 301, 319, 321, 333, 391
	بشر	Bašar	157, 159, 252, 288, 383, 391
	بلاء	Balāʾ	92, 161, 194, 476, 490
	بيت المقدس	Bayt al-Maqdis	182, 184, 207, 260, 283, 284, 318, 382, 393, 397
	بيت لحم	Bayt Laḥm	273, 274, 276, 277, 285, 286, 382
ت			
	تواضع	Tawāḍuʿ	256
	توبة	Tawbah	181, 197, 444, 451, 452, 453, 470, 473
	تيمان	Tīmān	380, 382
ج			
	جبرائيل	Ǧibrāʾīl	156, 157, 158, 316, 383, 384, 386, 388
	جنّة	Ǧannah	78, 83, 143, 149
ح			
	حبقّوق	Ḥabaqqūq	376, 377, 379, 380
	حزقيال	Ḥizqiyal	447
	حقّ	Ḥaqq	5, 20, 63, 164, 199, 203, 204, 205, 206, 213, 260, 266(bi-), 304, 359(bi-), 391, 401, 460, 471
	حنفاء	Ḥunafāʾ	203
	حواريّون(حواريّين)	Ḥawāriyyūn(Ḥawāriyyīn)	173, 181, 186, 188, 197, 207, 212, 213, 214, 323, 344, 345, 373, 444, 468, 495
	حياة	Ḥayāh	21, 77, 176, 328, 333, 373, 422, 483, 484, 485, 486, 492, 493
	حيّة النحاس	Ḥayyat al-nuḥās	486, 487, 490, 491, 492
خ			
	خالق	Ḫāliq	9, 12, 13, 17, 31, 62

순서	아랍어 단어	아랍어 음성번역표기	번호(행)
	خطيئة ج. خطايا	Ḫaṭīʾah, 複. ḫaṭāyā	83, 84, 159, 163, 178, 266, 319, 321, 340, 341, 371, 404, 405, 433, 434, 435, 436, 440, 446, 447, 448, 450, 451, 453, 455, 457, 458, 460, 461, 462, 463, 467, 469, 470, 474, 477, 484, 485
	خلق	Ḫalq	119, 121, 131, 134, 136, 139, 140, 160, 164, 167, 177, 249, 251, 253, 270, 299, 301, 385, 471
	خلاص	Ḫalāṣ	75, 109, 119, 121, 122, 129, 137, 138, 139, 140, 160, 165, 167, 191, 245, 375, 385, 405, 465, 466, 473, 478, 479, 485, 486, 492
	خلائق	Ḫalāʾiq	7, 53
د			
	دانيآل	Dānīyāl	316, 377, 378, 379, 386, 388
	داود	Dāwud	71, 126, 218, 224, 226, 228, 232, 234, 235, 236, 237, 238, 239, 244, 249, 266, 277, 289, 292, 299, 300, 310, 326, 366, 394, 395, 396, 398, 399, 418, 442, 458
ذ			
	ذرّيّة	Ḏurriyyah	75, 83, 84, 109, 120, 132, 133, 137, 143, 144, 146, 147, 150, 155, 161, 162, 167, 191, 238, 239, 244, 249, 251, 427, 485
	ذنوب	Ḏunūb	171, 194, 319, 321, 343, 351, 405, 408, 416, 434, 436, 440, 441, 444, 446, 453, 455, 457, 460, 462, 467, 473
ر			
	رأوبين	Raʾūbayn	362
	رجاء	Raǧāʾ	227, 245, 267, 363, 364
	رحمة	Raḥmah	1, 5, 60, 75, 76, 101, 109, 121, 134, 135, 137, 138, 139, 160, 164, 167, 177, 232, 249, 251, 254, 259, 263, 274, 279, 291, 299, 305, 332, 374, 375, 404, 411, 412, 415, 453, 462, 469, 471, 473, 475, 493
	روح الله*، روحه، روحك	Rūḥ allāh	12, 15, 16, 18, 19, 24*, 30, 31, 44, 50, 52, 53, 55, 57, 61, 62, 65, 73, 109, 130, 154, 157*, 159, 165, 166, 187, 223, 231, 268, 289, 311, 314, 315, 370, 383*, 420, 421, 439*

순서	아랍어 단어	아랍어 음성번역표기	번호(행)
	روح القدس	Rūḥ al-qudus	16, 17(rūḥika al-muqaddas), 42, 43, 60, 62, 65, 72, 73, 159, 173, 180, 183, 185, 188, 192, 198, 201, 214, 217, 220(rūḥihi al-muqaddas), 228, 235, 239, 242, 243, 245, 250, 253, 260, 273, 280, 292, 302, 307, 309, 310, 313, 326, 329, 369, 380, 382, 392, 395, 406, 415, 420, 422, 424, 432, 434, 435, 436, 438, 439, 440, 442, 444, 458(rūḥaka al-muqaddas), 469, 475, 484
ز			
	الزبور	Al-Zabūr	19, 61, 395
س			
	سبيل ج. سبل	Sabīl, 複. subul	369, 372, 431, 432
	سدوم	Sadūm	94
	سفينة	Safīnah	88, 89
	سلام	Salām	253, 278, 279, 292, 295, 301
	سلطان	Sulṭān	13, 70, 73, 173, 184, 192, 200, 201, 216, 225, 226, 249, 253, 255, 256, 266, 268, 273, 286, 343, 351, 353, 366, 390, 391, 409, 498
	سنّة	Sunnah	260, 261, 262, 263
	سيمة	Sīmah	497, 498, 499
ش			
	شأن	Ša'n	49, 183, 285, 487, 489
	شفيع	Šafī'	123, 245, 246, 248
	شمس	Šams	32, 33, 51, 68, 289, 294, 297, 298
	شمعون	Šim'ūn	362
	شيطان ج. شياطين	Šayṭān, 複. šayāṭīn	91, 105, 111, 113, 114, 120, 121, 131, 135, 162, 173, 195, 198, 248, 304, 348, 411, 463
ص			
	صبغة	Ṣibġah	71, 72, 416, 418, 442, 443, 446, 448, 451, 453, 461, 466, 467, 468, 470, 471, 472, 474, 476, 478, 480
	صفيّ ج. أصفياء	Ṣafiyy, 複. aṣfiyā'	91, 314, 351, 369, 415
	صليب	Ṣalīb	163, 481, 483, 486, 491, 498, 499
	صهيون	Ṣihyawn	325, 432, 441, 444, 463, 464, 467, 732
ض			

순서	아랍어 단어	아랍어 음성번역표기	번호(행)
	ضلالة	Ḍalālah	75, 113, 117, 119, 120, 121, 132, 137, 144, 161, 167, 191, 202, 204, 215, 242, 245, 247, 248, 266, 268, 271, 272, 290, 301, 304, 305, 361, 391, 411, 412, 443, 446, 481
ط			
	طاعة	Ṭāʿah	90, 152, 199, 249, 264, 267, 269, 272, 295, 326, 390, 399, 464
	طبيعة	Ṭabīʿah	222
	طريق	Ṭarīq	344, 378, 431
	طهر	Ṭuhr	450, 458, 464, 480
	طور الزيت	Ṭūr al-Zayt	181
	طور سيناء	Ṭūr Sīnāʾ	22, 101, 105, 174, 262, 430, 487
ظ			
	ظلمة	Ẓulmah	75, 162, 204
ع			
	عذراء	ʿAḍrāʾ	160, 251, 252, 288
	عرش	ʿArš	7, 129, 130, 141, 146, 158, 167, 233, 241
	عقل ج. عقول	ʿAql, 複. ʿuqūl	40, 41, 49, 51, 329
	علم	ʿIlm	3, 4, 20, 81, 208, 261, 265, 316, 369, 372
	عين سلوام	ʿAyn Silwām	346, 347
غ			
	غلام	Ġulām	253, 254, 255, 383
	غمالائيل	Ġamālāʾīl	208
ف			
	فرح	Faraḥ	277, 465, 466, 468
	فرعون	Firʿawn	98, 99, 100, 102, 103
	فرقان	Furqān	119
	فلسطين	Filisṭīn	112, 379
ق			
	قدرة	Qudrah	5, 13, 141, 216, 249, 268, 343, 351, 353, 409
	قربان	Qurbān	89
	القرآن	Al-Qurʾān	58, 60, 170, 230, 427
	قيامة	Qiyāmah	163, 176, 230, 328, 415, 484, 493, 495, 499
ك			

순서	아랍어 단어	아랍어 음성번역표기	번호(행)
	كتاب ج. كتب	Kitab, 複. kutub	20, 21, 30, 63, 172, 180, 261, 221. 274, 401, 415, 418, 479, 494
	كرامة	Krāmah	14, 80, 130, 154, 177, 192, 201, 233, 291, 361, 493
	كلمة الله*، كلمته، كلمتك	Kalimat Allāh	12, 15, 16, 17, 18, 19, 25, 30, 31, 44*, 50, 51, 52, 53, 55*, 57, 60, 61, 62, 65, 73, 75, 109*, 124, 130, 146, 154, 155, 159, 160, 165, 166, 187, 191*, 192, 220, 222, 223, 227*, 231, 232*, 244*, 252*, 268, 275*, 289, 298*, 309*, 310*, 311*, 314, 315, 317*, 332*, 370, 381, 390*, 403*, 412*, 415, 420, 421, 422, 446*
	كنيسة	Kanīsah	355
ل			
	لاوي	Lāwī	362
	لوط	Lūṭ	94, 95
م			
	مخلّص	Muḫalliṣ	128, 156, 242, 248
	مخلوق	Maḫlūq	223
	مريم	Maryam	146, 155, 157, 159, 160, 227, 237, 244, 303, 382, 383, 391
	المزمور	Al-Mazmūr	396
	مسرّة	Masarrah	193, 196, 278, 279
	مصر	Miṣr	96, 98, 101, 302, 303, 304, 305
	مصير	Maṣīr	3, 11
	معصية ج. معاص	Maʿṣiyah, 複. maʿāṣin	83, 84, 91, 135, 143, 145, 149, 151, 163, 367, 463, 476
	معموديّة	Maʿmūdiyyah	416, 432, 443, 446, 448, 449, 451, 466, 467, 468, 470, 474, 476, 477, 478, 480
	ملاك ج. ملائكة	Malāk, 複. Malāʾikah	13, 15, 16, 123, 154, 156, 158, 166, 174, 196, 219, 220, 245, 246, 248, 276, 277, 278, 289, 310, 311, 312, 316, 376, 377, 378, 379, 383, 384, 385, 386, 388, 415, 427, 452, 495, 497
	ملكوت السماء	Malakūt al-samāʾ	153, 176, 181, 197, 257, 275, 333, 417, 425, 426, 437, 441, 444, 493
	موت	Mawt	79, 83, 84, 107, 143, 149, 163, 266, 328, 477, 485, 486, 489, 491

순서	아랍어 단어	아랍어 음성번역표기	번호(행)
	موسى	Mūsā	23, 30, 96, 99, 101, 105, 106, 107, 108, 110, 174, 190, 262, 265, 322, 430, 482, 485, 486, 487, 488, 489, 490, 492
	ميخا	Mīḫā	271, 286, 469
ن			
	نار	Nār	51, 83, 94, 104, 118, 127, 186, 365, 432, 435, 436, 441
	نوح	Nūḥ	85, 86, 87, 89, 190
	نور	Nūr	13, 19, 25, 34, 68, 75, 155, 159, 160, 164, 168, 191, 196, 199, 201, 204, 214, 232, 244, 249, 261, 275, 280, 281, 282, 289, 291, 298, 304, 305, 309, 317, 328, 332, 361, 373, 381, 403, 404, 411, 412, 446, 449, 483, 484, 493
ه			
	هدى	Hudā	60, 63, 75, 109, 160, 164, 203, 204, 247, 261, 263, 274, 280, 299, 326, 375, 390, 412
	هيرودس	Hīrūdus	285
و			
	الوالي(وال)	Al-wālī	320
	وسيط	Wasīṭ	177
	وليّ ج. أولياء	Waliyy, 複. awliyāʾ	152, 268, 297, 363, 411, 496, 498
ي			
	يحيى	Yaḥyā	423, 427, 431, 435, 441
	يعقوب	Yaʿqūb	242, 362, 369
	يهوذا	Yahūḏa	273, 286, 363
	يهورام	Yahūrām	272
	يوسف	Yūsuf	98
	يوم السبت	Yawm al-sabt	355, 356
	يوم العنصرة	Yawm al-ʿanṣarah	185
	يوم القيامة	Yawm al-qiyāmah	176, 230, 415, 495, 499

한글 찾아보기

순서	우리말 번역	번호(행)
ㄱ		
	가말리엘	208
	가브리엘	156, 157, 158, 316, 317, 318, 383, 384, 386, 388
	거룩한 집	182, 184, 207, 260, 283, 284, 318, 382, 393, 397
	겸손	256
	경전(들)	20, 21, 30, 63, 172, 180, 261, 274, 401, 415, 479, 494
	경전의 사람들	261, 274
	계시	20, 23, 30, 180, 232, 239, 262, 273, 315, 316, 319, 322, 362, 406, 415, 422, 483
	구리 뱀	486, 487, 490, 491, 492
	구원	74, 75, 84, 87, 95, 99, 100, 109, 119, 120, 121, 122, 123, 128, 129, 132, 136, 137, 138, 139, 140, 144, 146, 156, 160, 161, 165, 167, 191, 195, 242, 245, 246, 248, 249, 268, 294, 305, 332, 361, 375, 385, 405, 411, 412, 445, 446, 449, 465, 466, 467, 473, 478, 479, 485, 486, 492
	구원의 샘	465, 466, 473, 478
	구원자	128, 156, 242, 248
	권세(자), 권력	13, 70, 73, 173, 184, 192, 200, 201, 216, 225, 226, 249, 253, 255, 256, 266, 268, 273, 286, 343, 351, 353, 366, 390, 391, 409, 498
	그릇된 길	75, 113, 117, 119, 120, 121, 132, 137, 144, 161, 167, 191, 202, 204, 215, 242, 245, 247, 248, 266, 268, 271, 272, 290, 301, 304, 305, 361, 391, 411, 412, 443, 446, 481
	금욕	264, 295, 427
	기적(들)	103, 168, 181, 198, 214, 277, 287, 288, 291, 333, 334, 343, 351, 353, 360, 403, 407, 410
ㄲ		
	꾸란	58, 60, 170, 230, 427

순서	우리말 번역	번호(행)
ㄴ		
	낙원	78, 83, 143, 149
	노아	85, 86, 87, 89, 90, 190
	능력	5, 13, 141, 216, 249, 268, 343, 351, 353, 409
ㄷ		
	다니엘	316, 317, 318, 320, 377, 378, 379, 386, 388
	다윗	71, 126, 218, 224, 226, 228, 232, 234, 235, 236, 237, 238, 239, 244, 249, 266, 277, 289, 292, 299, 300, 310, 326, 366, 394, 395, 396, 398, 399, 400, 418, 442, 458
	다신교도들	203
	데만	380, 382
	동정녀	250, 251, 288
ㄹ		
	레위	362
	롯	94, 95
	르우벤	362
ㅁ		
	마리아	146, 155, 157, 159, 160, 227, 237, 244, 303, 382, 383, 391
	만나와 메추라기	104
	멸망	94, 95, 98, 106, 108, 120, 132, 141, 145, 147, 148, 150, 331, 356, 361, 442, 443, 462, 484, 486, 498
	모세	23, 30, 96, 99, 101, 102, 103, 105, 106, 107, 108, 110, 174, 190, 262, 265, 322, 430, 482, 483, 485, 486, 487, 488, 489, 490, 492
	목자	274
	물들임	71, 72, 416, 417, 418, 442, 443, 446, 448, 451, 453, 461, 466, 467, 468, 470, 471, 472, 474, 476, 478, 480
	세례	64, 416, 419, 424, 432, 434, 435, 438, 440, 441, 443, 444, 445, 446, 448, 449, 451, 466, 467, 468, 470, 474, 476, 477, 478, 480
	미가	271, 272, 273, 286, 469
ㅂ		
	바벨론	377, 447
	방주	88, 89
	번제	89
	베들레헴	273, 274, 276, 277, 285, 286, 382
	보좌	7, 129, 130, 141, 146, 158, 167, 233, 241
	복음서	19, 21, 61, 64, 221, 234, 327, 334, 437, 444, 452, 486

순서	우리말 번역	번호(행)
	부활	163, 176, 230, 328, 415, 484, 493, 495, 499
	불	51, 83, 94, 104, 118, 127, 186, 365, 432, 435, 436, 441
	불순종, 거역	83, 84, 91, 105, 135, 143, 145, 149, 151, 163, 229, 233, 324, 367, 463, 476
	빛	13, 19, 25, 34, 68, 75, 155, 159, 160, 164, 168, 191, 196, 199, 201, 204, 214, 232, 244, 249, 261, 275, 280, 281, 282, 289, 291, 298, 304, 305, 309, 317, 328, 332, 361, 373, 381, 403, 404, 411, 412, 446, 449, 483, 484, 493
ㅅ		
	사탄(들)	91, 105, 111, 113, 114, 120, 121, 131, 135, 162, 173, 195, 198, 248, 304, 348, 349, 411, 463
	생명	77, 328, 373, 422, 483, 484
	성령	16, 17, 42, 43, 60, 62, 65, 72, 73, 159, 173, 180, 183, 185, 188, 192, 198, 201, 214, 217, 220, 228, 235, 239, 242, 243, 245, 250, 253, 260, 273, 280, 292, 302, 307, 309, 310, 313, 326, 329, 369, 380, 382, 392, 395, 406, 415, 420, 422, 424, 432, 434, 435, 436, 438, 439, 440, 442, 444, 458, 469, 475, 484
	성부	42, 43, 72, 73, 438, 439, 444
	성자	42, 43, 72, 73, 438, 439, 444
	소돔	94
	소망	227, 245, 267, 363, 364, 426
	순종	86, 90, 108, 152, 199, 233, 249, 264, 267, 269, 272, 295, 326, 359, 390, 399, 419, 430, 448, 464, 473
	시나이산	23, 101, 102, 105, 174, 262, 430, 487
	시므온	362
	시온	184, 242, 247, 249, 260, 261, 263, 392
	시편	396
	실로암샘	346, 347
	십자가	163, 481, 483, 484, 485, 486, 491, 498, 499
ㅆ		
	씻음	451, 457, 459
ㅇ		
	아담	75, 77, 78, 80, 83, 84, 85, 87, 109, 120, 132, 133, 137, 143, 144, 146, 147, 150, 155, 161, 162, 163, 167, 173, 189, 190, 191, 198, 199, 251, 252, 405, 476, 485
	아들(들)	94, 111, 135, 157, 234, 235, 240, 250, 272, 362, 363, 394, 423, 427, 431, 435, 441 (성자) 64, 224, 419, 424, 434

순서	우리말 번역	번호(행)
	아버지	244, 253, 254, 255, 403 (성부) 51, 64, 193, 222, 229, 419, 424
	아브라함	90, 94, 96, 190
	아합	271, 272
	악마	75, 80, 82, 93, 117, 119, 132, 136, 137, 141, 143, 147, 148, 150, 151, 152, 153, 161, 162, 167, 191, 199, 202, 257, 266, 304, 305, 391, 412, 442, 443, 481, 484, 498
	안식일	355, 356, 357
	야곱	242, 362, 363, 369
	어둠	75, 162, 204
	에스겔	447
	영생	21, 176, 328, 333, 485, 486, 492, 493
	예언서	19, 61, 221
	예레미야	368, 369
	예루살렘	260, 320, 392
	오순절	185
	올리브 산	181
	요단강	64
	요람	272
	요셉	98
	요한(세례자)	423, 424, 427, 428, 429, 430, 431, 433, 435, 441
	욥	307, 308, 309, 313
	원수들	228, 229, 235, 293
	유다	273, 286, 363, 364
	율법	260, 261, 262, 263
	의	164, 292, 295, 301, 319, 321, 333, 391
	이사야	240, 241, 242, 245, 250, 253, 254, 260, 302, 329, 431, 450, 465, 475
	이성(들)	40, 41, 49, 51, 329
	이집트	96, 98, 101, 302, 303, 304, 305
	임마누엘	250, 251
ㅈ		
	자부르	19, 61, 395
	자비	1, 5, 7, 60, 75, 76, 101, 109, 119, 121, 134, 135, 137, 138, 139, 140, 160, 164, 167, 177, 178, 232, 249, 251, 254, 259, 263, 274, 279, 291, 299, 305, 332, 336, 374, 375, 404, 411, 412, 415, 453, 462, 469, 471, 473, 474, 475, 493

순서	우리말 번역	번호(행)
	자비와 길	60, 75, 109, 160, 274, 263(길과 자비), 299, 375(길과 자비)
	정결	46, 264, 303, 434, 435, 436, 440, 450, 457, 458, 462, 463, 464, 480
	제자들	173, 181, 186, 188, 197, 198, 199, 201, 203, 207, 212, 213, 214, 323, 344, 345, 373, 444, 468, 495
	존귀함	14, 80, 130, 154, 177, 192, 201, 233, 291, 361, 493
	종교학자	207, 285, 337, 339, 340, 341, 394, 429
	종착지	3, 11
	죽음	83, 84, 107, 143, 149, 163, 266, 328, 477, 485, 486, 489, 491
	중보자	177
	중재자	123, 245, 246, 248
	지식	3, 4, 20, 81, 208, 261, 265, 316, 369, 372
	진리	5, 20, 63, 164, 199, 203, 204, 205, 206, 213, 260, 304, 391, 401, 460, 471
	징표	497, 498, 499
ㅊ		
	책	418
	창조	13, 16, 17, 23, 30, 53, 56, 57, 58, 59, 68, 76, 77, 78, 135, 149, 169, 170, 220, 222, 223, 225, 255, 268, 309, 312, 313, 385, 396, 402, 458
	창조주	9, 12, 17, 31, 62
	처녀	160, 251, 252, 288
	천사(들), 사자	13, 15, 16, 123, 154, 156, 158, 166, 174, 196, 219, 220, 245, 246, 248, 276, 277, 278, 289, 310, 311, 312, 316, 376, 377, 378, 379, 383, 384, 385, 386, 388, 415, 427, 452, 495, 497
ㅌ		
	태양, 해	32, 33, 51, 68, 289, 294, 297, 298
	토라	19, 23, 56, 61, 105, 174, 262, 483
ㅍ		
	파라오	98, 99, 100, 102, 103
	팔레스티나	112, 379
	평화	253, 278, 279, 292, 295, 301
	피조물	119, 121, 131, 134, 136, 139, 140, 160, 164, 167, 177, 249, 251, 253, 270, 299, 301, 385, 471

순서	우리말 번역	번호(행)
ㅎ		
	하나님 말씀(= 예수 그리스도)	15, 18, 19, 25, 30, 31, 44, 50, 51, 52, 53, 55, 57, 60, 61, 62, 65, 73, 75, 109, 124, 130, 146, 154, 155, 159, 160, 165, 166, 187, 191, 192, 220, 222, 223, 227, 231, 232, 244, 252, 268, 275, 289, 298, 309, 310, 311, 313, 314, 315, 317, 332, 370, 381, 390, 403, 412, 420, 421, 422, 446
	하나님(의) 영(=성령)	15, 18, 19, 24, 30, 31, 44, 50, 52, 53, 55, 57, 61, 62, 65, 73, 109, 130, 154, 157, 159, 165, 166, 187, 223, 231, 268, 289, 311, 314, 315, 370, 383, 420, 421, 439
	하늘과 땅	12, 14, 16, 23, 76, 130, 142, 192, 216, 220, 241, 268, 309, 312, 420
	하늘나라	153, 176, 181, 197, 257, 275, 333, 417, 425, 426, 437, 441, 444, 493
	하박국	376, 377, 378, 379, 380
	헤롯	285
	회개	181, 197, 444, 451, 452, 453, 470, 473
	회당	355
	후손	75, 83, 84, 109, 120, 132, 133, 137, 143, 144, 146, 147, 150, 155, 161, 162, 167, 191, 238, 239, 244, 249, 251, 427, 485

제4부
———————
아랍어 원문

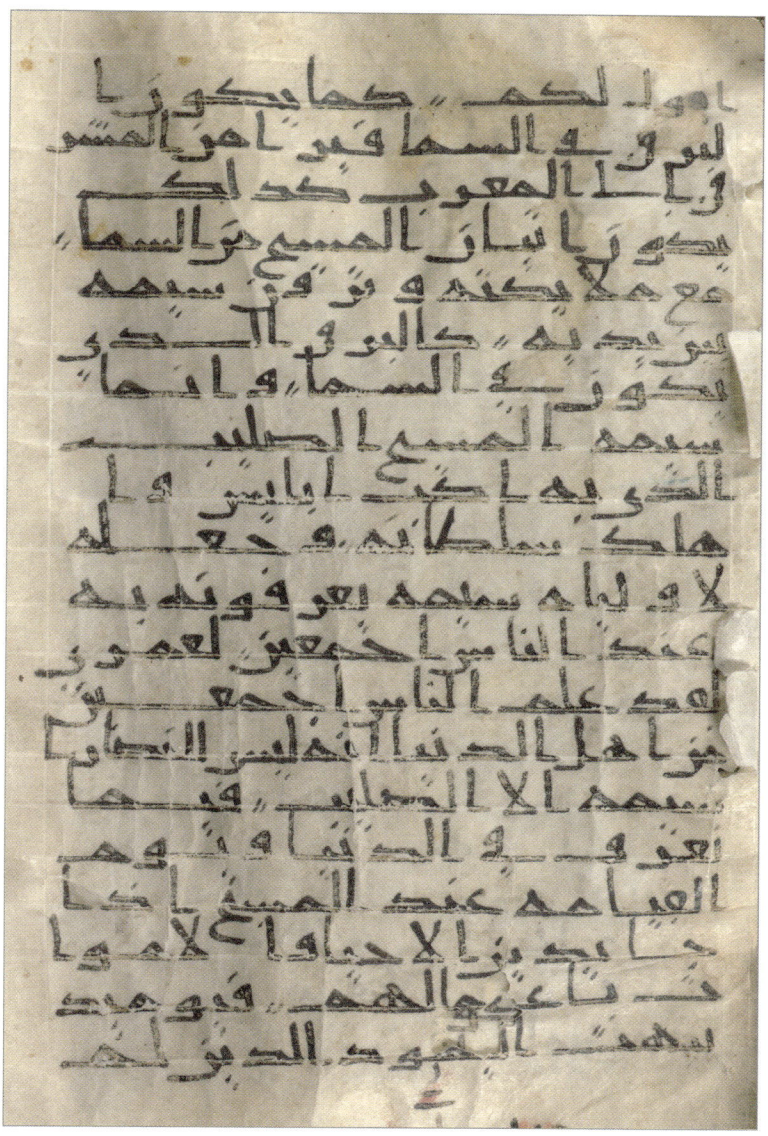

f. 139v

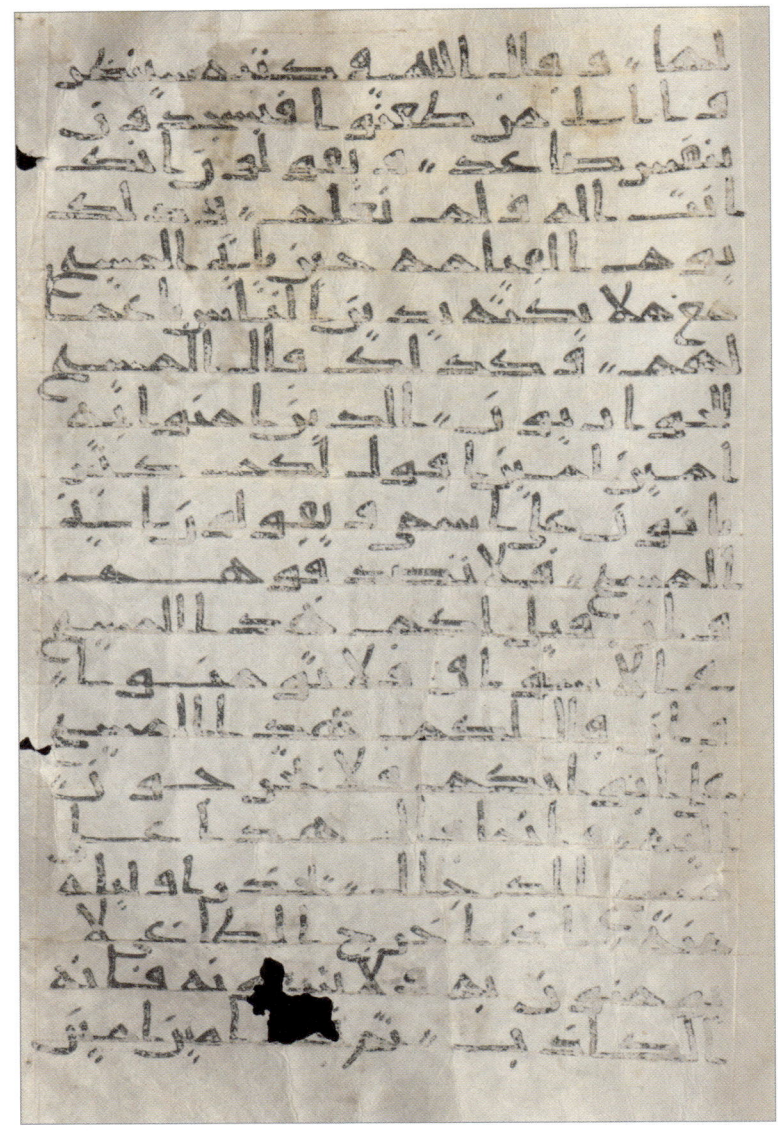

f. 139r

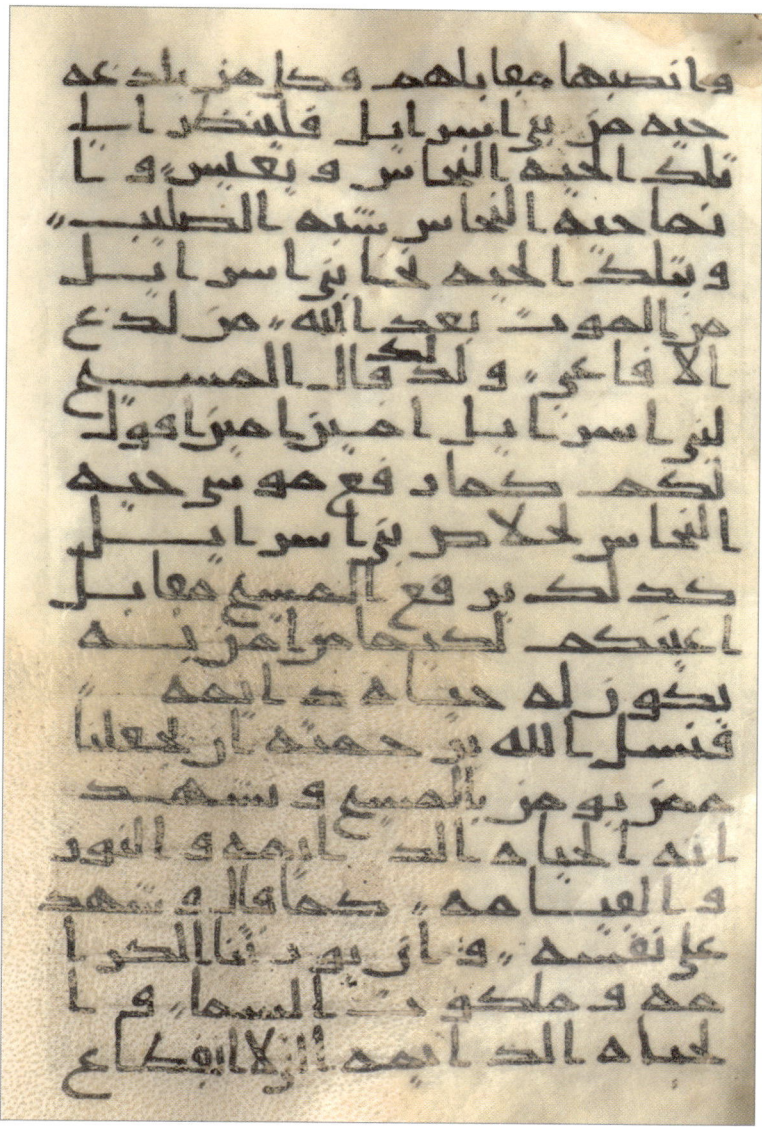

واتصيها معايلهم وكاهن بلدعه
حدهصر براسوابل فلسكراا
ملك الحده الياس و يعلس وا
نحاحبه العاس شبه الصلبـ
وملك الحده كابراسوابل
مرالمود بعداللـه من لدع
الا فاعى ولدكا المسـ
لبراسوابل احبراحبراءوك
لكم كحاد فعحه سحه
العاس لاحلاصر براسوابل
كدلكور فع المسح معابل
اعلكم لكحاملوامزبـه
بكور له حباه وابـه
فنسل الله رحمبه اربعلنا
معربومر بالسمع و سهـد
الله الحباه الدكارمه والبـو
والقبامه كهاماه سهـد
علبفسه وابرمرقال الحوا
حه وملكو السماه وا
لبباه الد ابـه الايبكاع

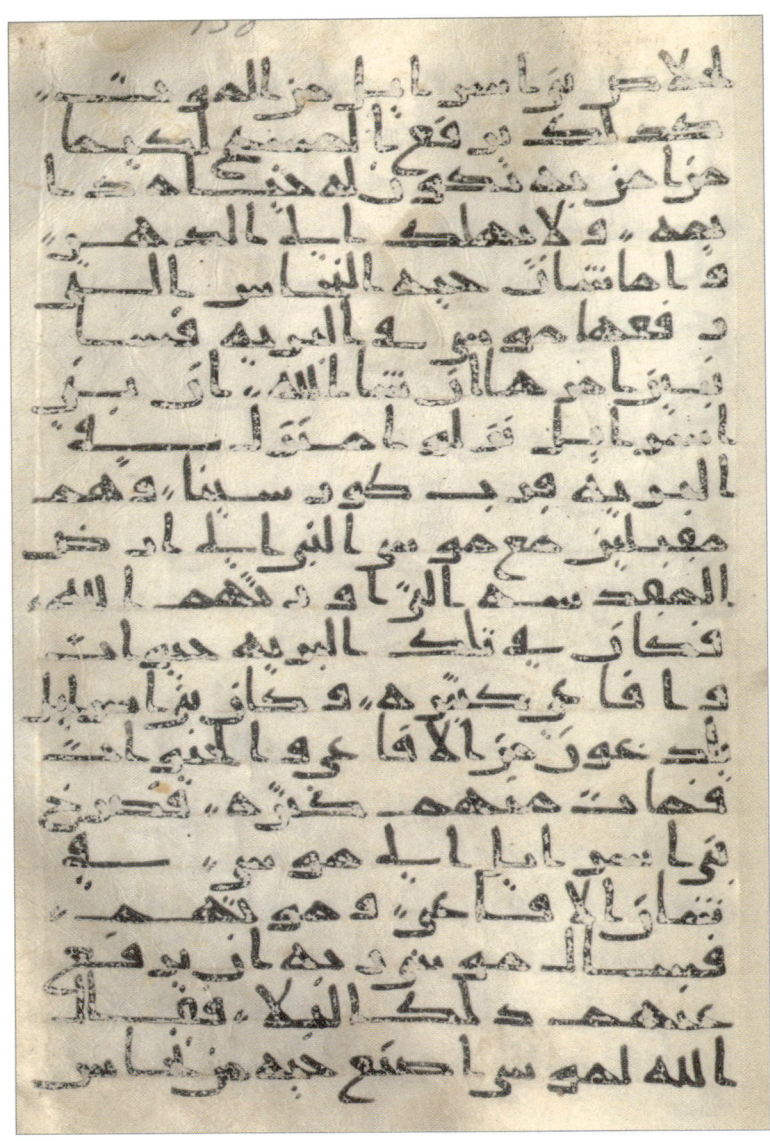

f. 138r

لنوا سرایل ه النور داه الوا سرلها
اسلا علیه لنوون جانکم معلیه
معایل اعنکم و لا نو حنون
بهها فار جیاه علیه معایل اعـز
براسوایل ولم یو حنو ایها
الانور دالله فافهم هانسا الانیا
بروح القدس علی المسیع الـدری
صلب و صلب الخطیه واهلک
ابلیس یصلبه وقال انا انا الحیاه
والنور والعیاه مزیومزا
جیا الدهر فقد سرالله
علیکسانریسه موسیار المسیع
صلب مواحل خلاص ادهـ
ودد یه مرالموت والخطیه
وهو الحیاه الدایمه الدیمی
یومریه عیالا الدهر وکد
لک قال المسیع والانجیـل
لنوا سرایل علی کلیه امیـر
امیروه الکم حماد فع
هو سحمه الناس والبریه

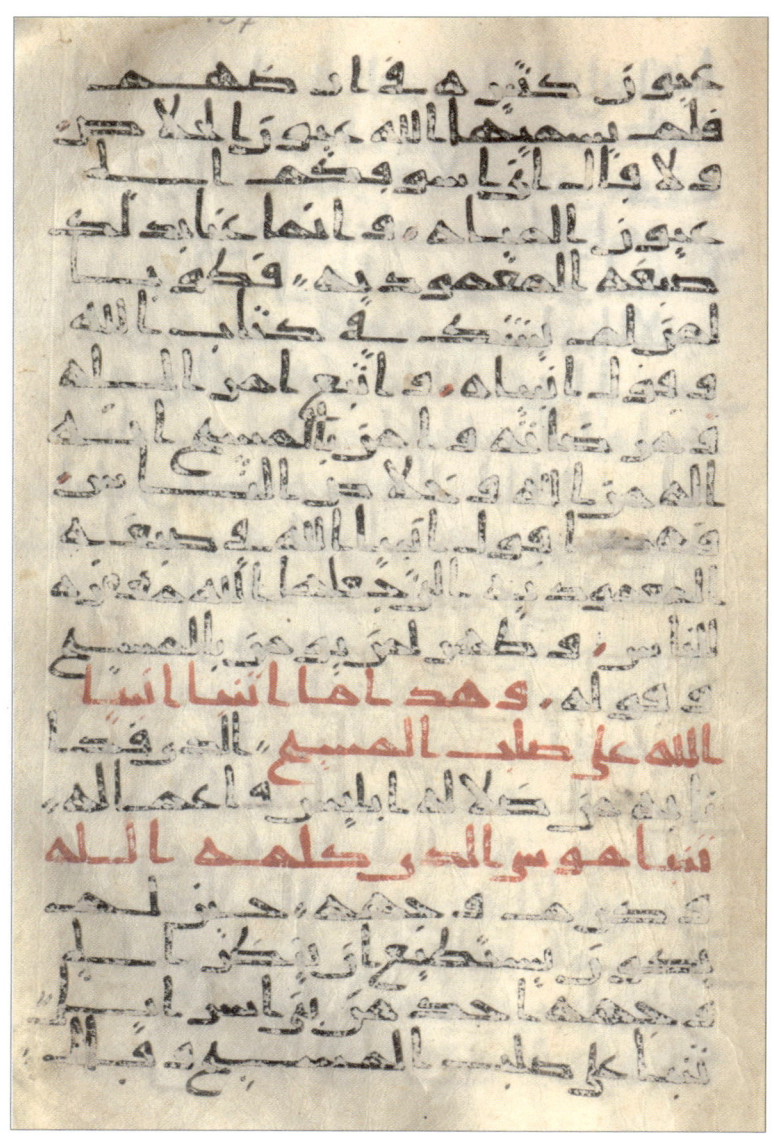

f. 137r

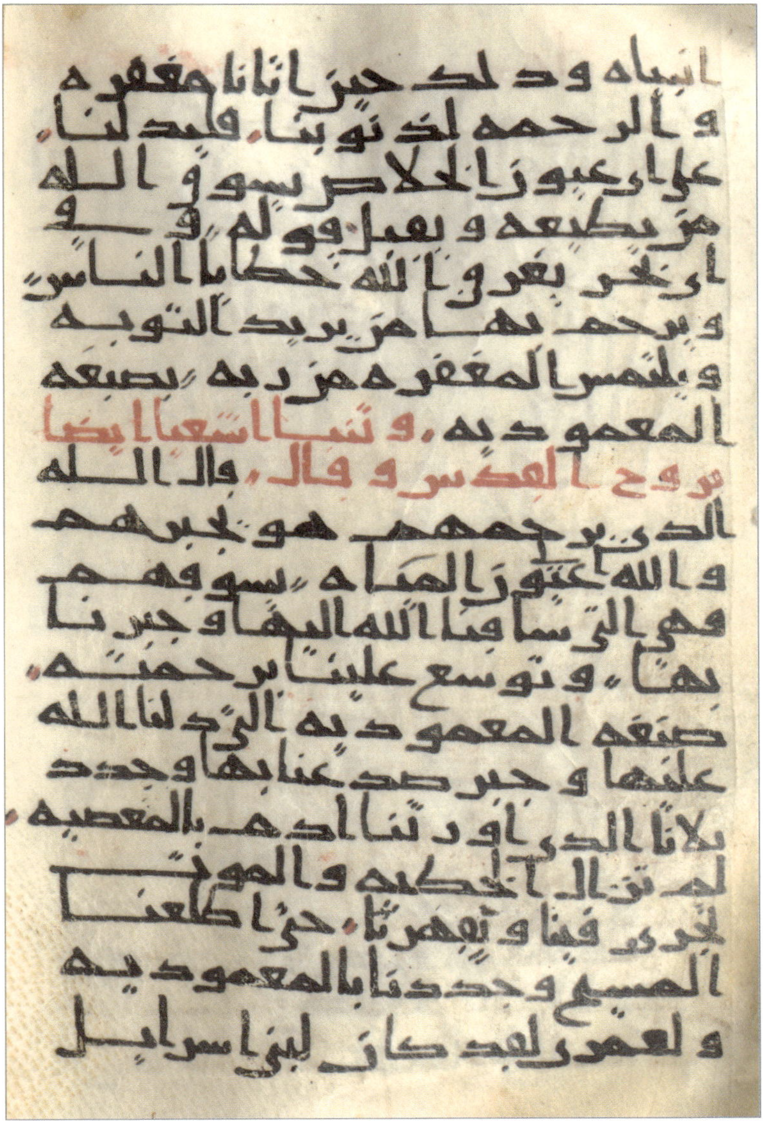
انباه وقد لك حين اتانا مغفره
والرحمه لذنوبنا فلقد كنا
على ان عيون الخلاص يسوع الله
من يطيعه ويقبل قوله و
ان يغفر الله خطايا الناس
ويرحم بها من يريد التوبه
ويلتمس المغفره من ربه بصبغه
المعموديه. وثنا اشعيا ايضا
روح القدس وقال. قال الله
الذين يرحمهم هو يخبرهم
والله عيون الماه يسوقهم
فهي التي سقانا الله بها وخبرنا
بها. وتوسع علينا برحمته
صبغه المعموديه التي دلنا الله
عليها وخير صدعنا بها وجدد
لنا الذي اورثنا ادم بالمعصيه
لم تزل الخطيه والموت
تجري فينا وتقهرنا. حتى اطلعنا
المسيح وجددنا بالمعموديه
ولعمري لقد كان لبني اسرايل

f. 136v

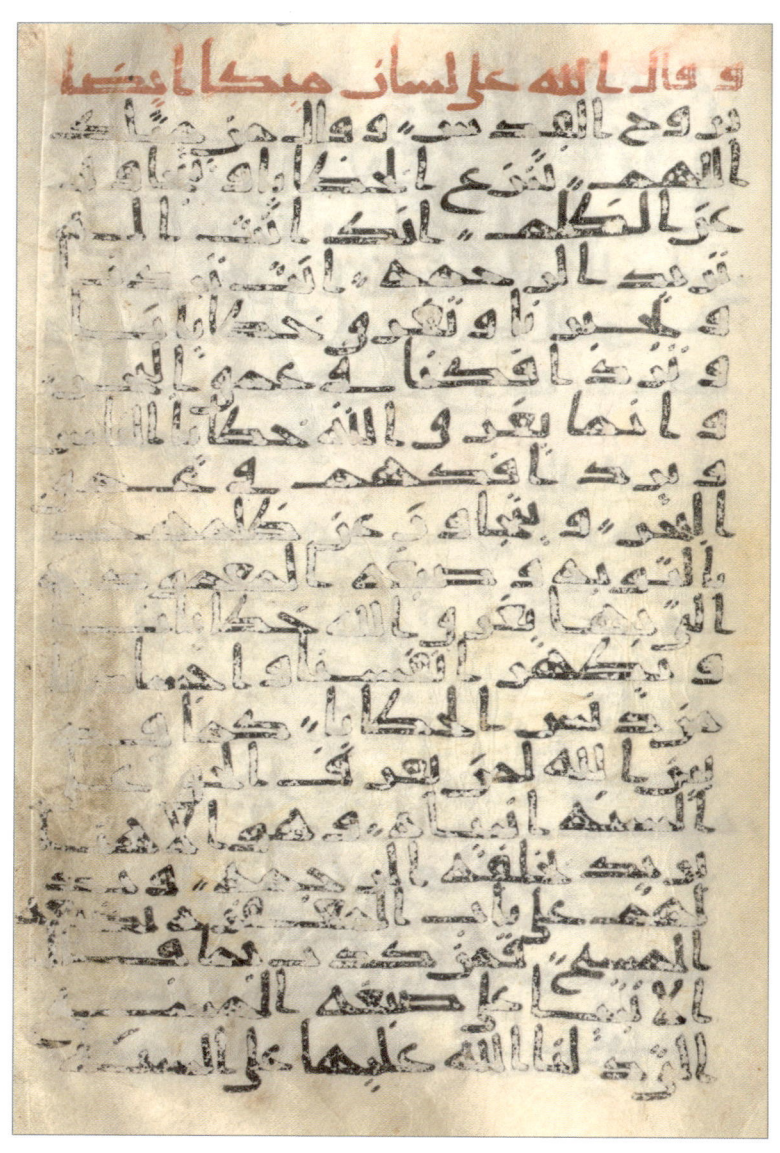

f. 136r

f. 135v

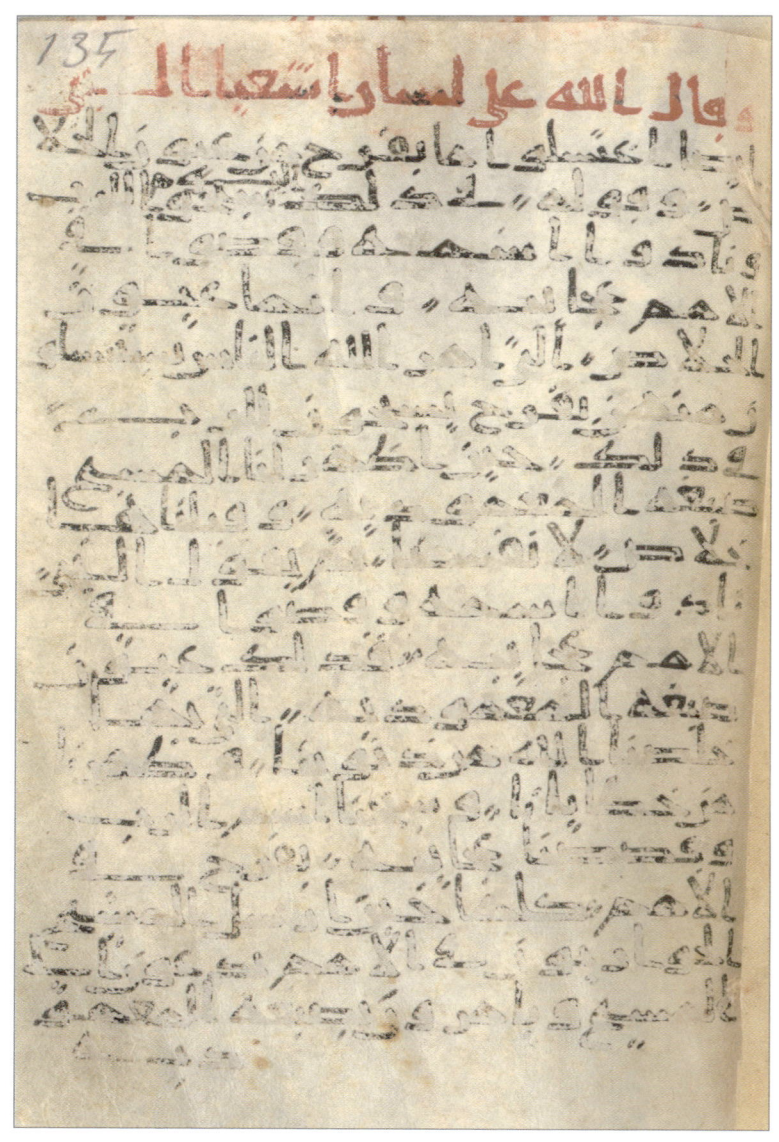

f. 135r

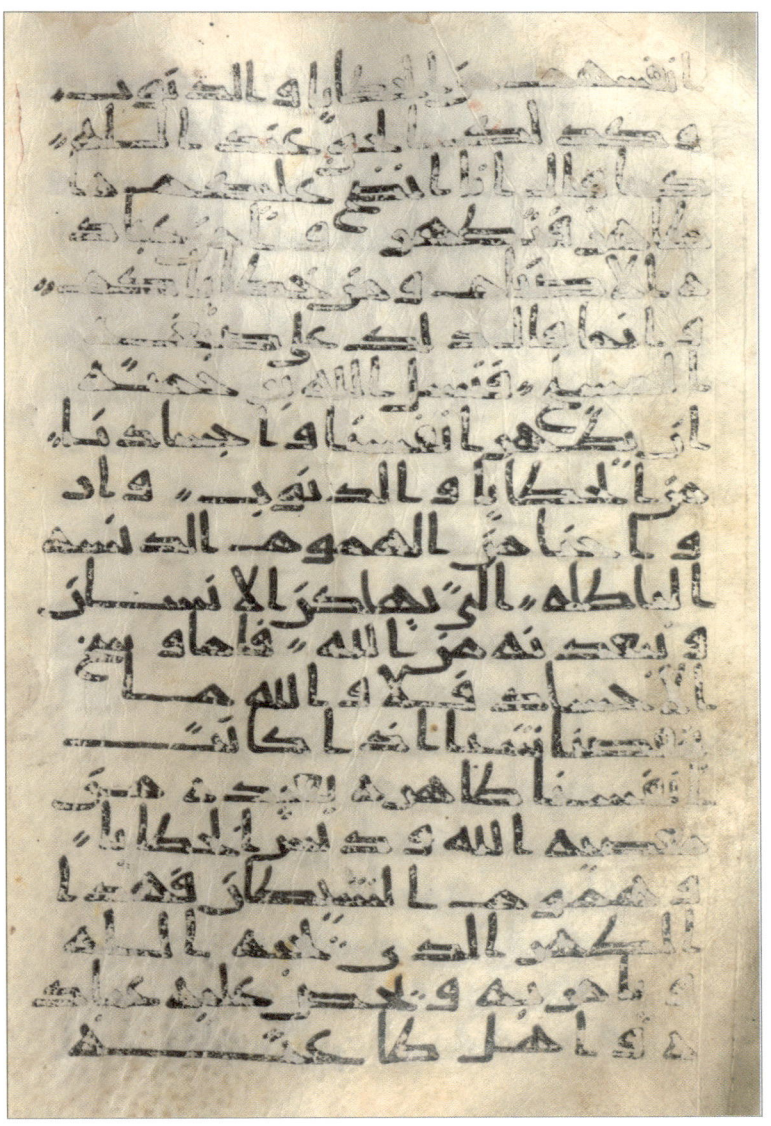

f. 134v

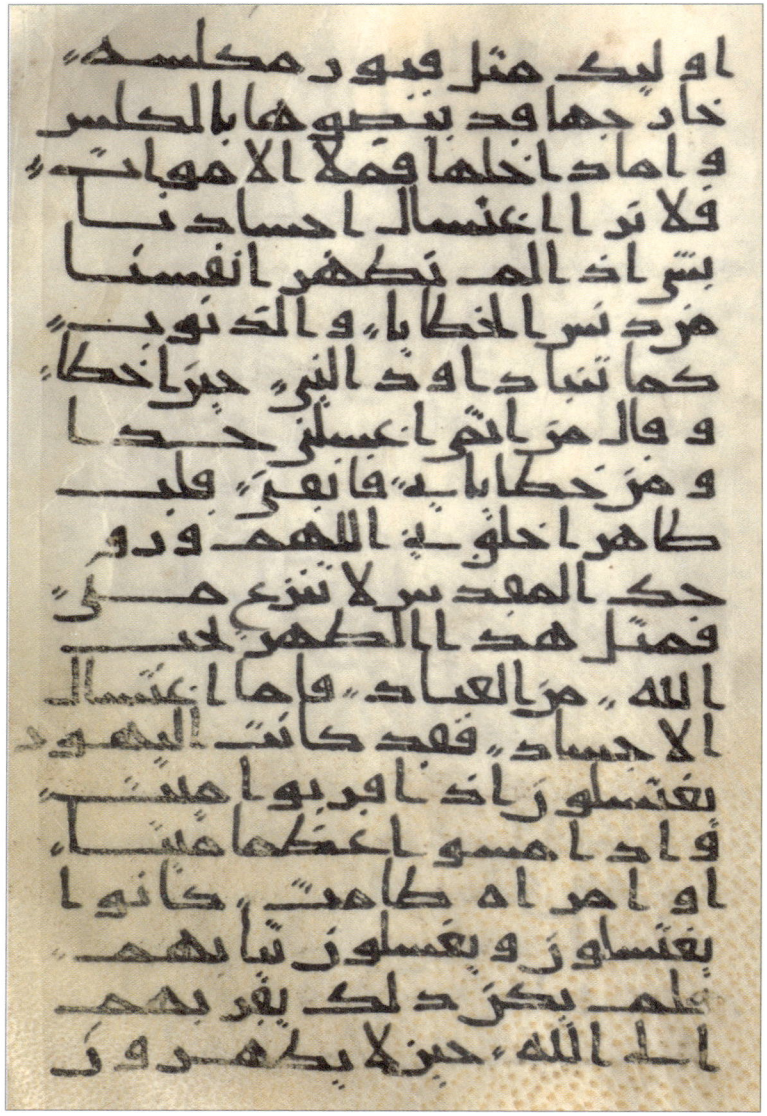

اوليك مثل قوم محلسه
خاد جهاد بصوها بالكلس
واماد اخلها قمه XL موات
فلاتر الغنسال احساد نا
بسراه الم نطهر انفسنا
مرد سر الخطايا والكنوب
كما تبادادد النبي حبرا خطا
وقال مرا تو اعسلن حدا
ومر حكاياد فانقى ولي
كاهر احلوى اللهم ودو
حك المعد سلا تنزع حى
فمتل هد الطهر لحد
الله مر العباد واها عنسال
لا حساد قد كانت البهو
بعتسلو راد ابربو املي
واد احسو اعطما عسا
او احد اه طاهر كانو ا
يعتسلو ويعسلون تبا هم
علم بكر دلك يقربهم
ا الله حبر لا بطهرون

f. 134r

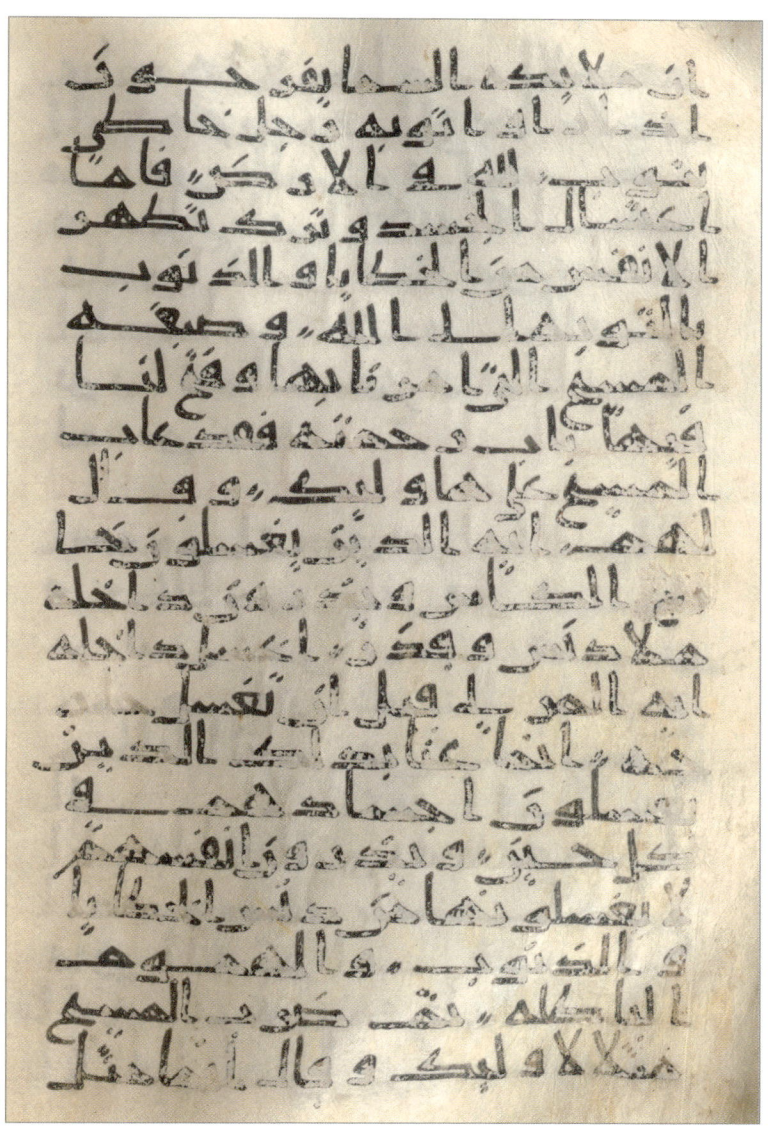

f. 133v

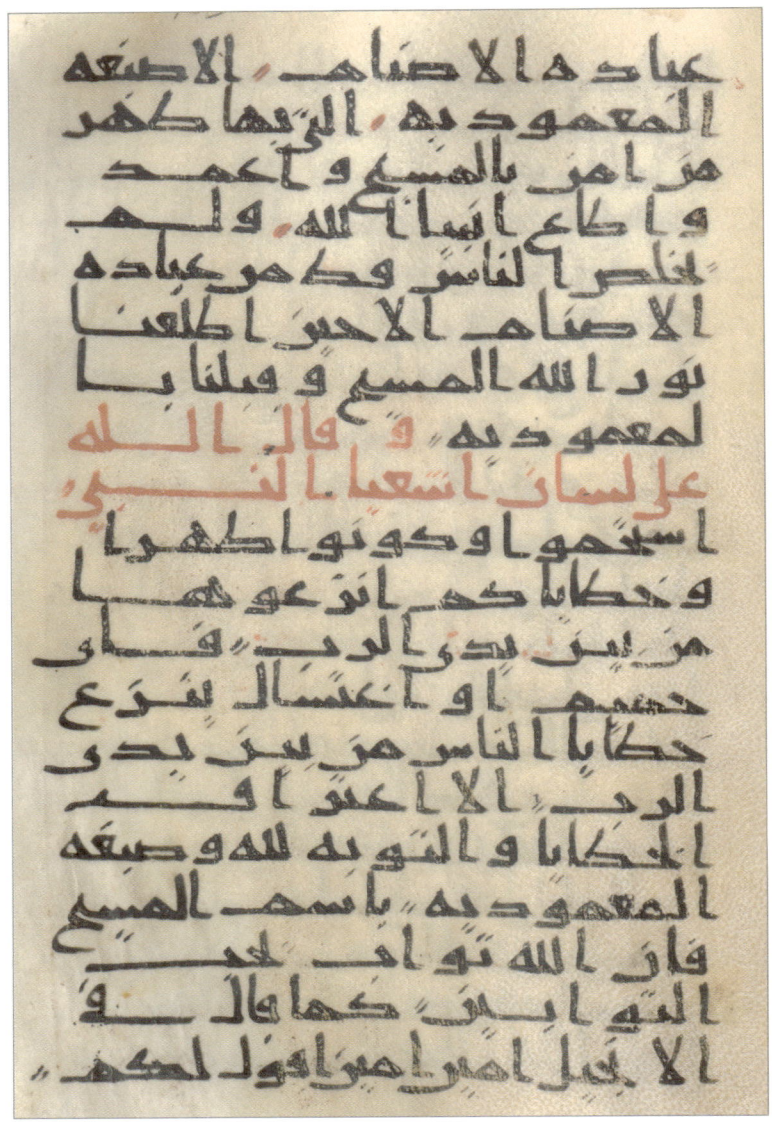

عباد الله اصنام لا يصنعـ
المعمودية الربها طهر
من امر بالمسيح و يعمد
واكاى انسان الله ولم
يخلص لقانو وهو عباده
الا صناهم الا لحق اطعنا
نور الله المسيح و علنا
لمعمودیه و قال الله
على لسان اشعيا النبى
اسحموا وكونوا طهروا
و خطايا كم انوعو ها
من ايـدى لـدیـ قـاى
حسم ـا و اغسال نفرع
حطايا الناس من بـين یدى
الرب الا يعنو اوـ
احكايا والنوبه لله وصبعه
المعمودیه باسم المسيح
قال الله نورا لهـ
النه ايس كما قال ـ
لا نقل امراهرا ولا حكم

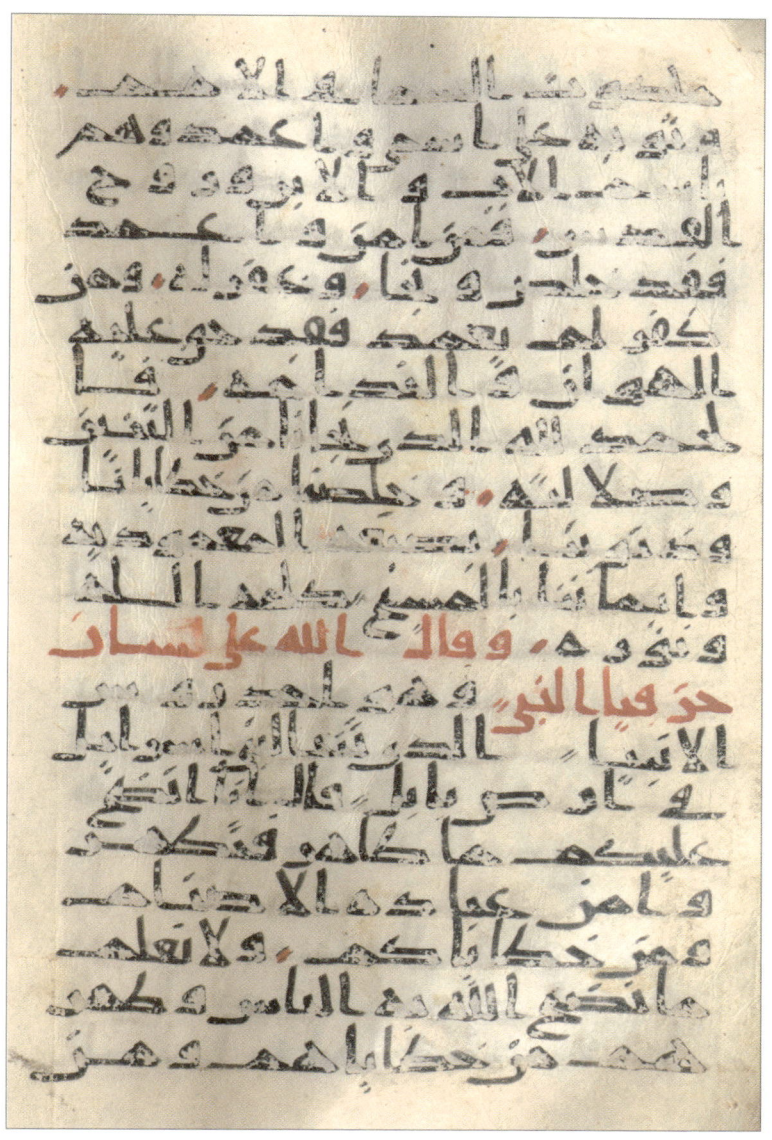

f. 132v

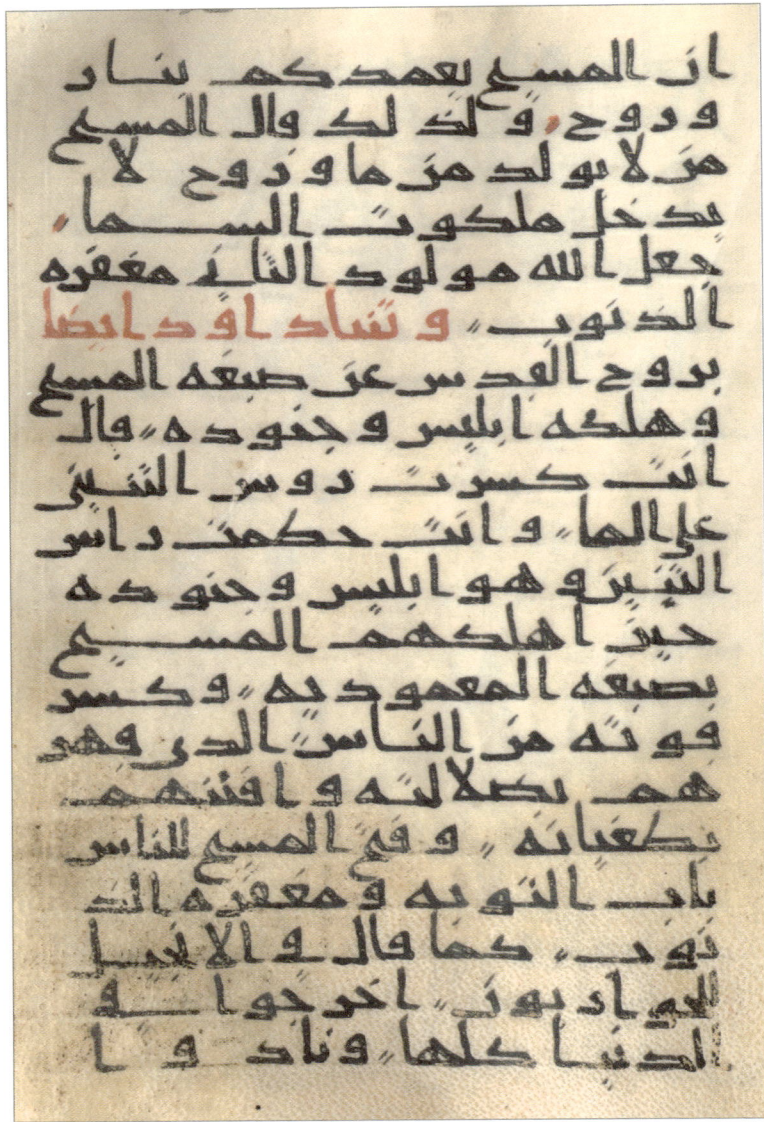

أن المسيح بعمدكم بماء
وروح وكذ لك وال المسيح
هو لا يولد من ماء وروح لا
يدخل ملكوت السما
جعل الله هؤلاء الناس معفره
الذنوب وتناد و دايضا
بروح القدس على صبعه المسيح
وهلكه ابليس وجنود ه وال
ان كسرت دوس النبي
على الما وان حكمت داس
النبي وهو ابليس وجنود ه
حين هلكهم المسيح
يصبعه المعمود يه وكسر
قوته من الناس الذي وهي
هم بصلا له وفنهم
يطعانه وفي المسيح للناس
باب النوبه ومعفره الد
نوب كما وال والا اسا
الواد يودن احجوا
اد بنا كلها وناد و ا

f. 132r

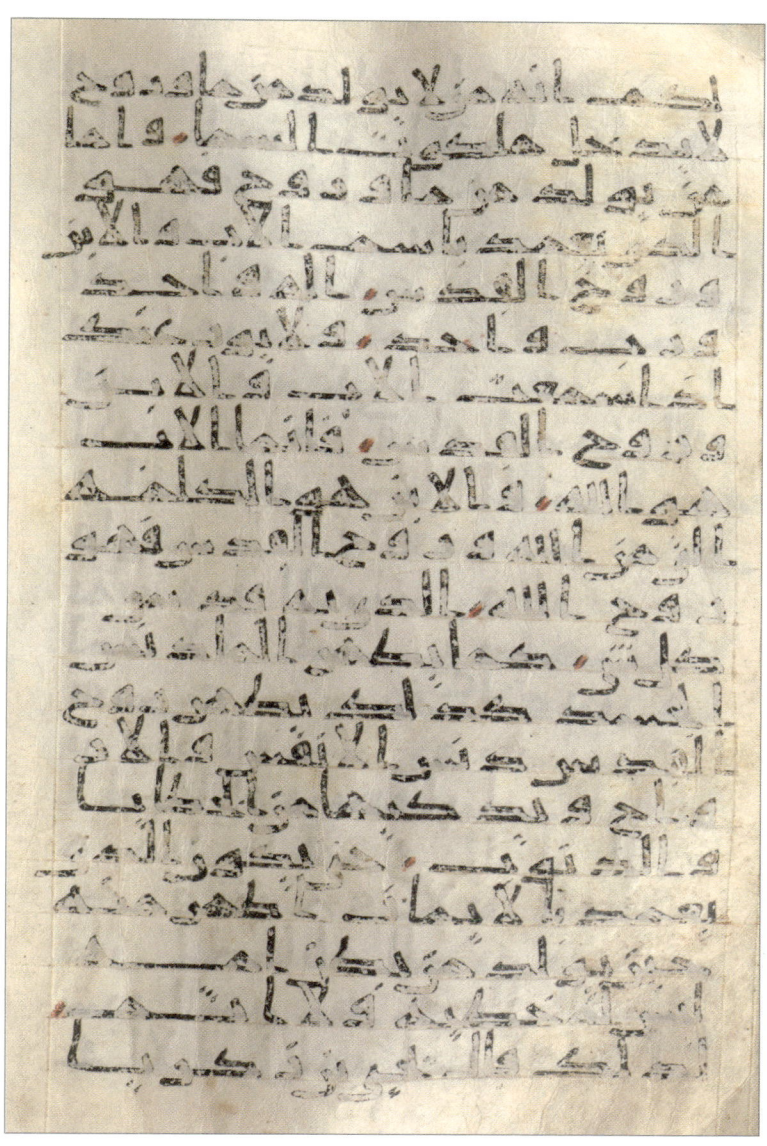

f. 131v

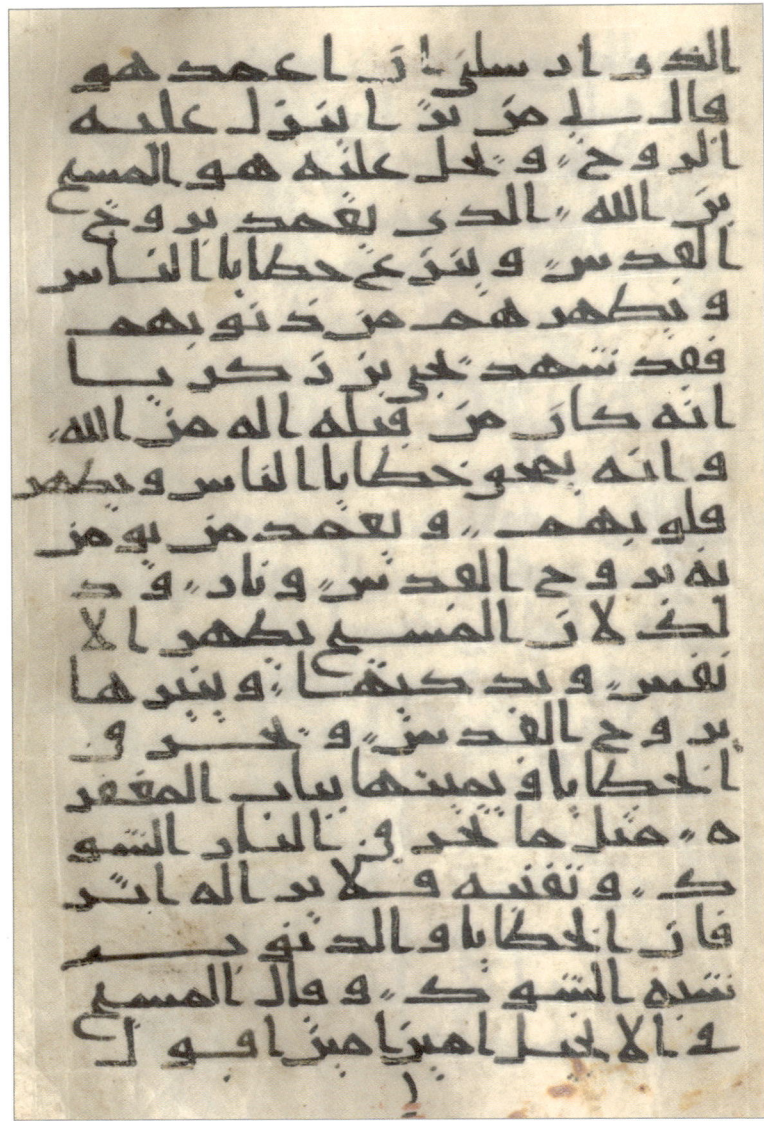

الـذ ـ ـاد سلـى ا ـ ـ ا ـحمد هو
والـ ـ ـ ا ـحمـ نـز ـ ا ـسو ل علـيه
ا ـلـر ـو ح و ـحـل علـيه هو ا ـلمسيـح
ـر ا لله ا لـذ ـ ـى ـعمـد ـو ـر ـح
ا ـلقـد س و ـنز ـح ـحطـا ـا ا لنـا ـس
و ـطهـر هم مـ ـز د نـو ـبهم
ـفقـد ـشهـد ـ ـحيـ ـز ذ ـكـر ـ ـا
ا ـنه كـا ـ ـمـ ـ ـقـبله ا لله مـز ا لله
و ا ـنه ـبعـو ـحطـا ـا ا لنـا ـس و ـطهـر
ـلو ـبهم و ـعمـد هـ ـبو ـمـز
ـه ـد ـو ح ا لقـد س و ـناد و ـد
لـكـ لا ـ ا ـلمسيـح ـطهـر ا لا
ـفسـ ـ و ـد ـحـكـتـه ـ ـ ـبيـو ـها
ـد ـو ح ا لقـد س و ـحـ ـ ـ و
ا ـلحطـا ـا و ـمنـها ـا ـا ـ ا ـلمعـقـ
ه ـمنـل ـما ـحـ ـ و ـا لنـا ـ ا لسمـ
ـك و ـنـقـسه ـفـ لا ـد ا له ا ـ ـ
ـقا ـ ا ـلحطـا ـا و ا لد ـنـو ـ
ـشـد ـ ا لشـو ـ ـ ـ ك و ـقا ل ا لمسيـح
لا ـ لا ـ ا ـ ـ ا مـز ـا مـز ا ـو ـ ك
ا

f. 131r

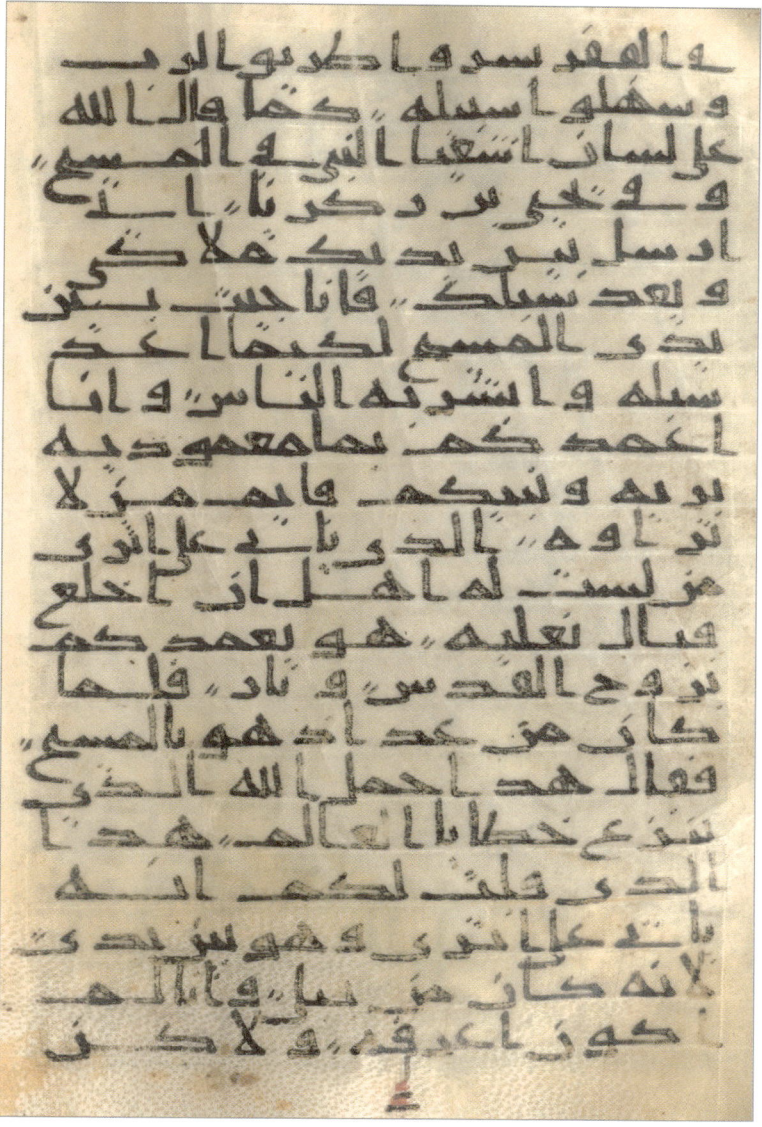

و القد سوا و اد لو و الو هـ
و سهلوا اسلـه كـما قال الله
عل لسان اسعا النبی ه المسح
و . نحی و دكر نا ا . . ـ
اد سل نـ بد دك هلا كـ
و بعد سبلك . فانا حسـ بـتن
بدی المسح لكـحا كـ
سله و اسونه الناس و انا
اعمد كم بما معمـ ده
بو به و نسكم فا مـ ز لا
تو او ه الدی با بد علا ند ـ
من لسـ له ا هـ لا . حلع
فال تعلـه ه . ه بعمد كم
ند و ح القد س و . باد . فا مـا
كار من عـ د هـ هو بالمسح
فعال هد ا حمل الله الدی
سـ ع خطـا نا العالـ هـ د
الد ی علـد لكـ انـه
لا . ـد علا ند ی . ه و سـ د ـ
لانه كان من با . فا لـ .
كو ناـ ع قـ و كـ نـ

f. 130v

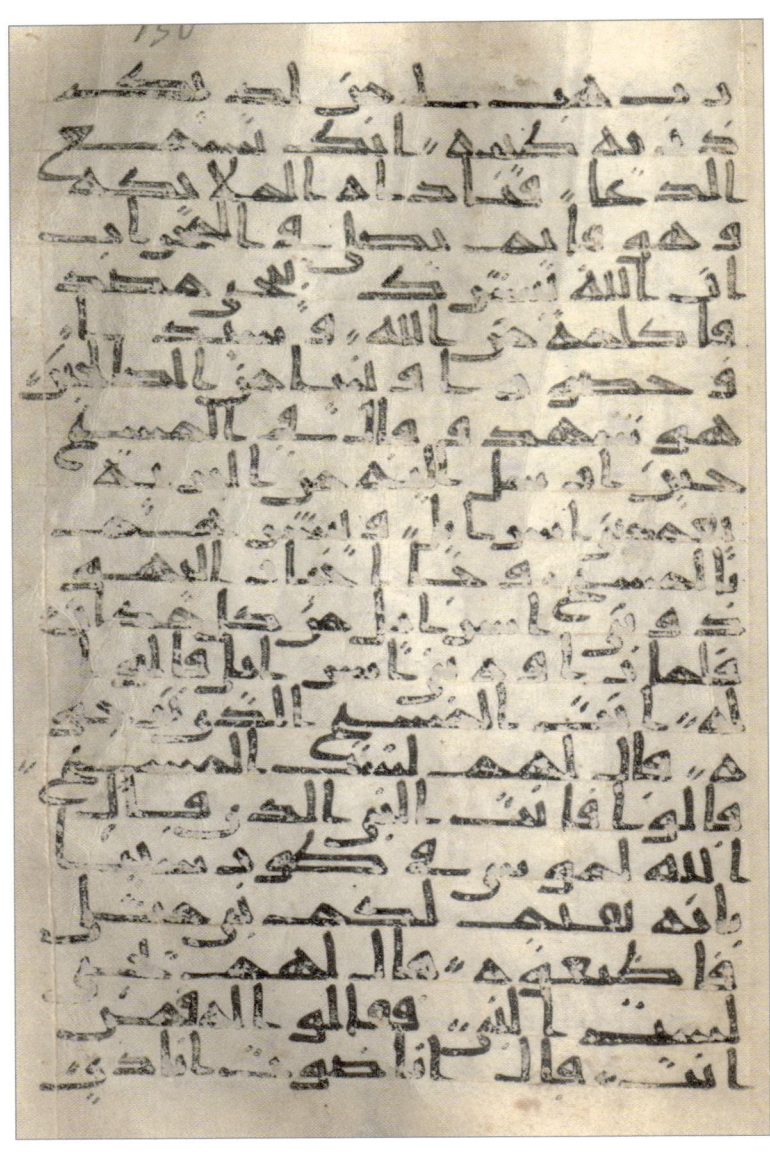

f. 130r

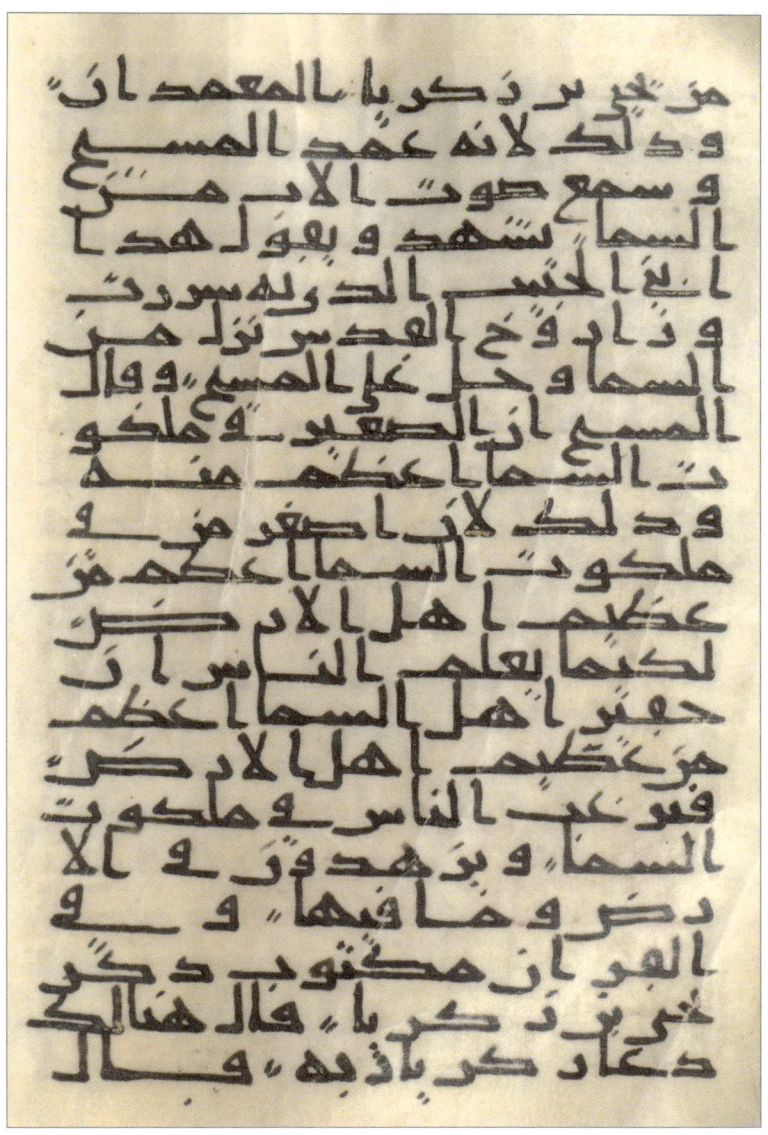

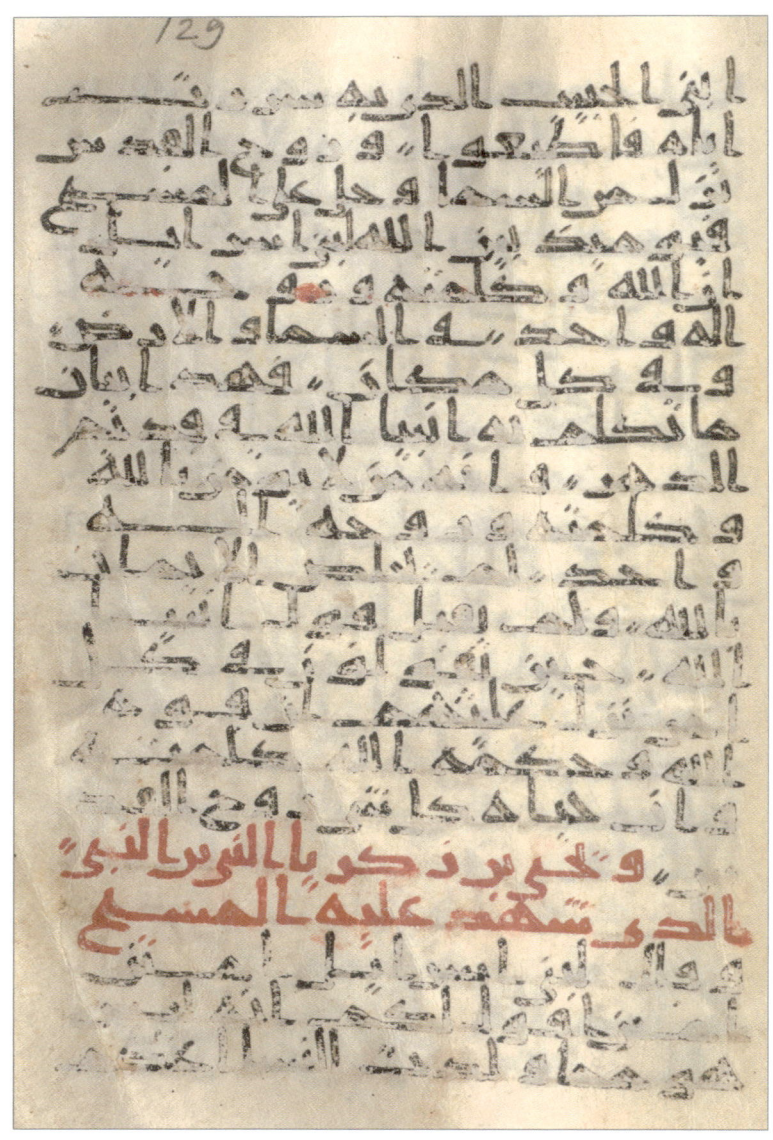

f. 129r

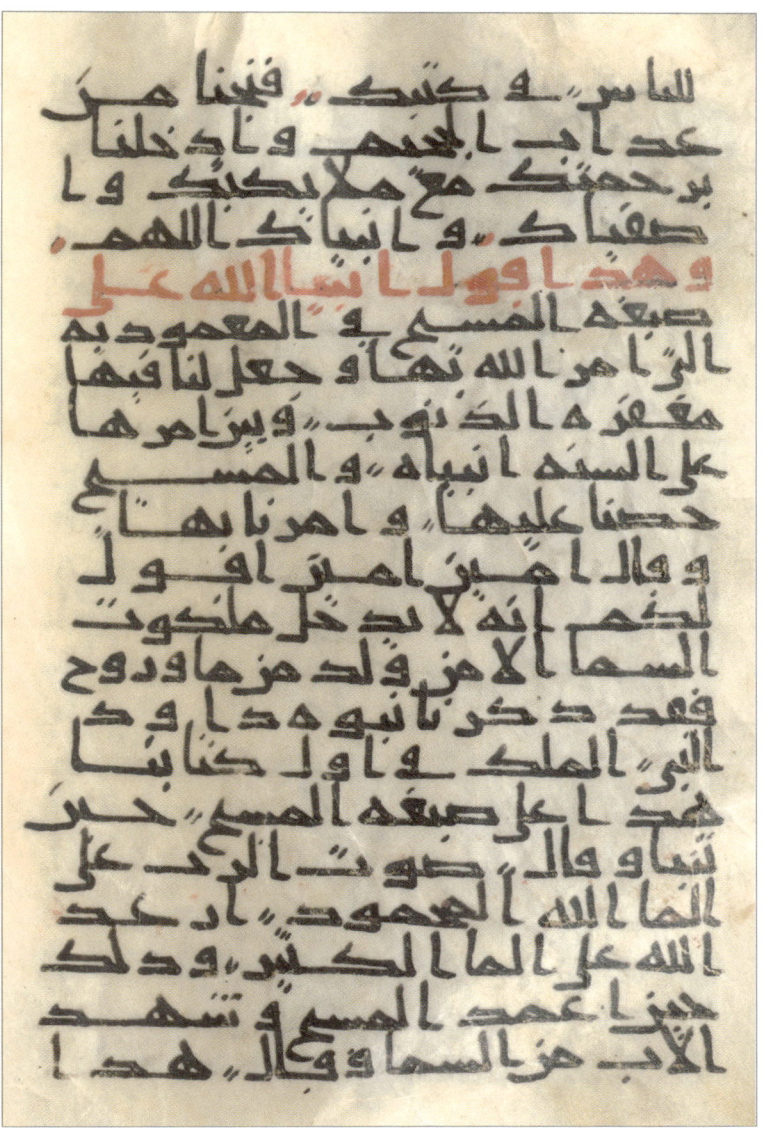

النا سـ ـ ه   كتـب   ، فنجنا مـن
عـدا بـ الجحيم   و إ ذ خلقنا
بو حمنك   معكم بحبك و لا
صفنـاك   و كا نبـاك اللهـم ،
وهـد ا و لا نسا الله على
صفه   المسيـ ه   المعمو د به
الر ا امر الله نها ا و جعل لنا فيها
معفـر ه الـذ نو ب   و يسا مر ها
علا السنه   انبيـاه و المسيـ
حصنا عليها و امر نا بها
و قال ا امبر امبر ا فو ل
لحهم انه لا يـد خل ملكـو ت
السمـا الا من ولد هـز ها و دوح
فعد د كر نا نوه و هـد ا ك
البو الملك   و و لا كنا بنـا
هـد ا على صفه المسيـ حيـ
نساه و قال ا صو ب الر جـ على
الما الله المعمو د ، اد حـد
الله على الما لك الـو د دلك
حبز ا عمـد المسيـ و تشهـد
الا بز الما هز السما و و قال هـد ا

f. 128v

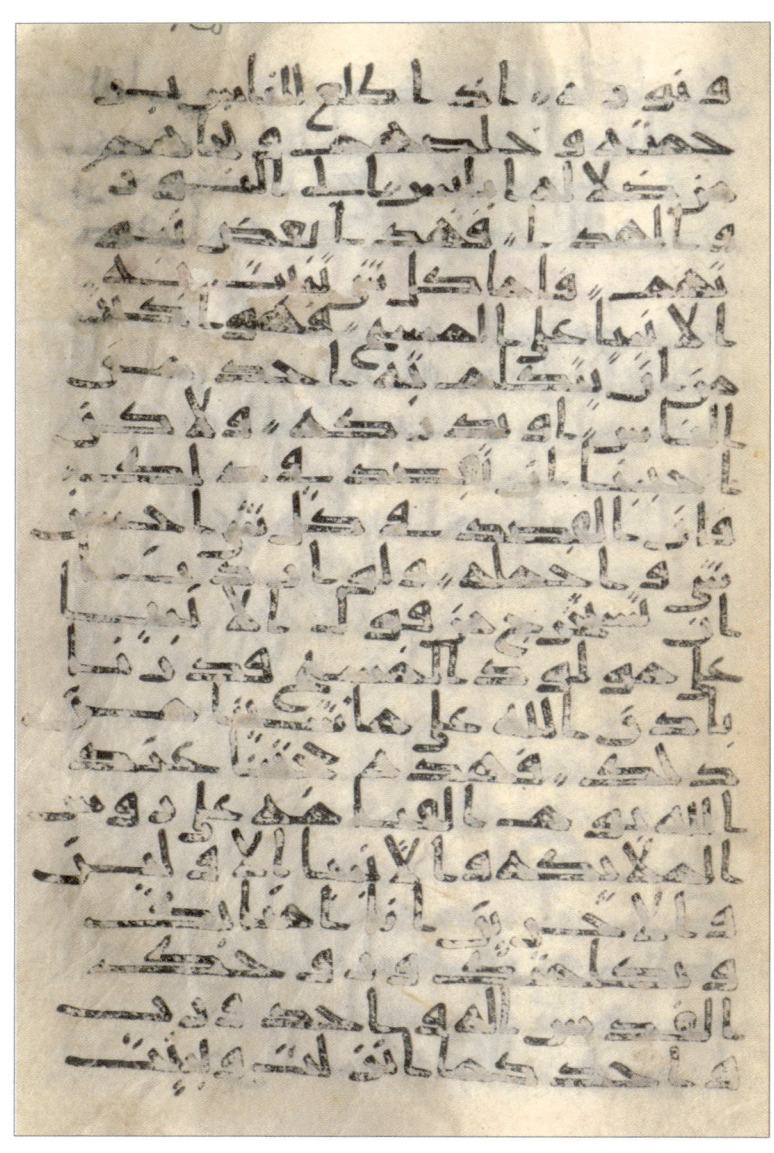

f. 128r

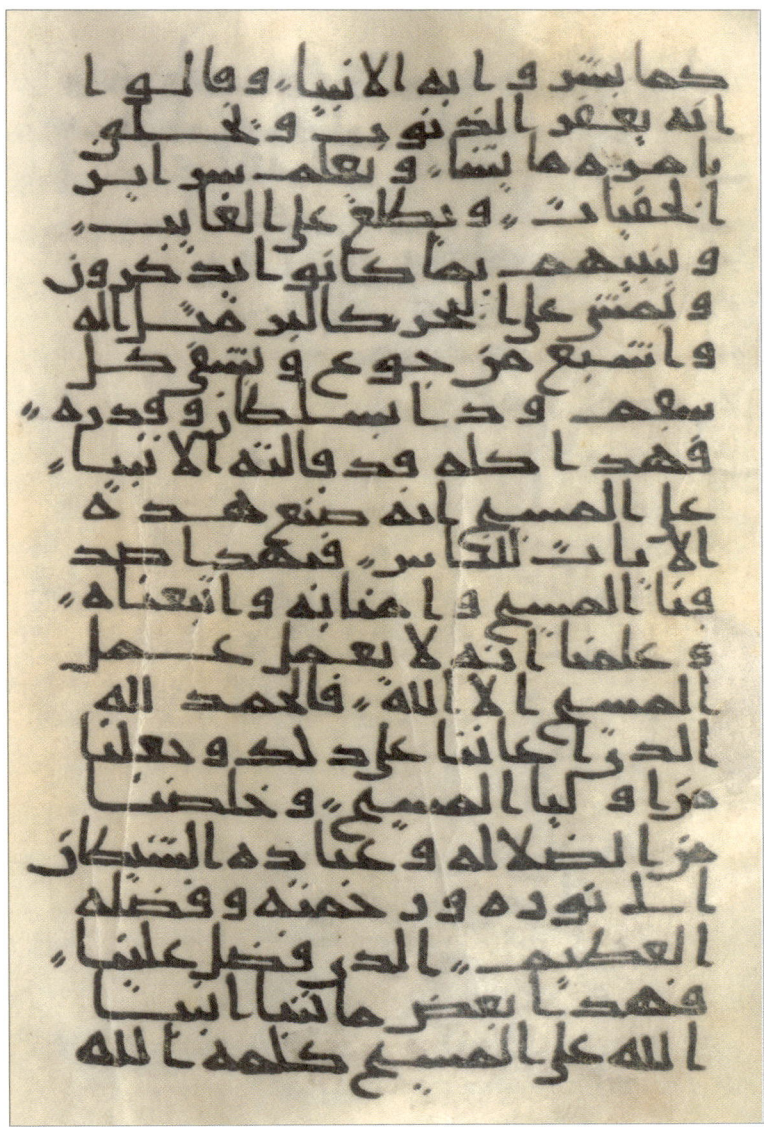

كما يسوع وانه الا نبيا وقالوا انه
انه بعقو الحر بود ويعلي
باهوهما بشا و يعلم سوائر
الحفيات و يطلع على الغاب
و يسهم بما كانوا يذكرون
و يمشي على البحر كالذي خلا الله
و اتسيع من جوع و يتوع كل
سهم و دا اسكان وقدره
فهدا اكه قد والته الا نبيا
على المسيح انه صنع هدا
الا بات الناس فهدا صد
هنا المسيح و اهنايه وانناه
و علمنا اده لا يعمل عمل
المسيح الا الله فالحمد الله
الدي اكاننا عاد لكد وجعلنا
هداو كيا المسيح و خلصنا
من الضلاله و عبادة الشكان
الا نوده و رحمنه و فضله
العظيم الدي فضل علينا
هدا بعض ماسأنا سال
الله على المسيح كلمه الله

f. 127v

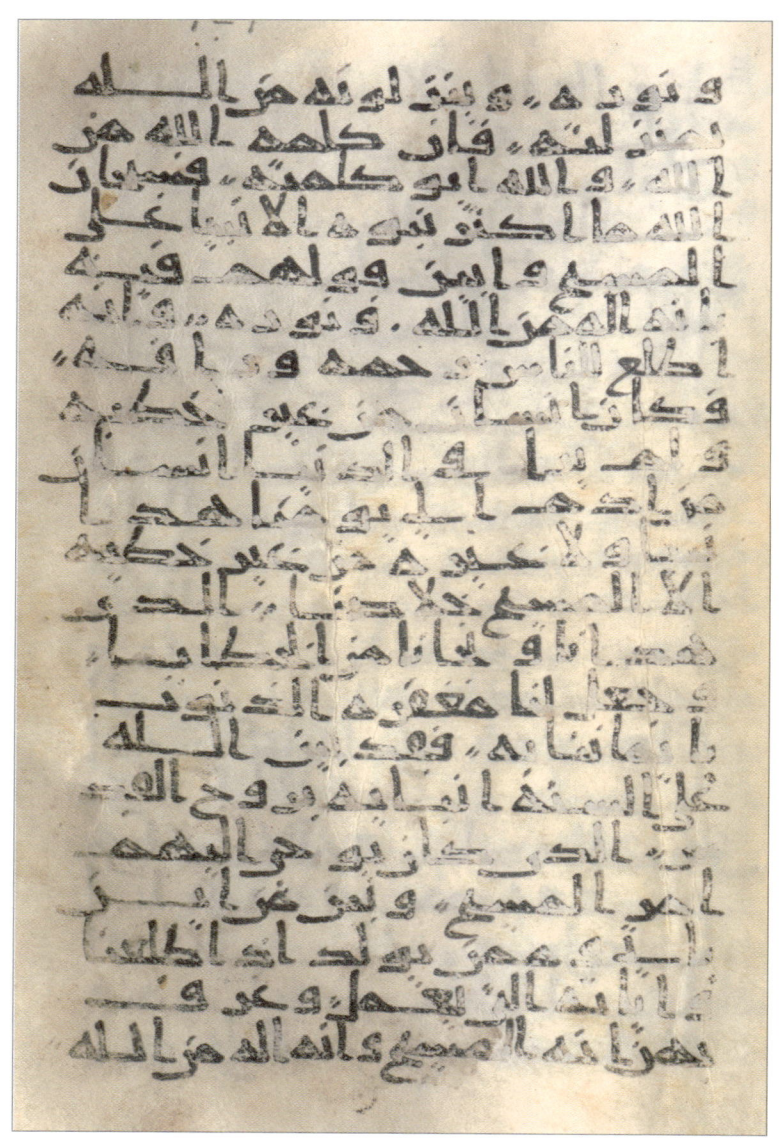

f. 127r

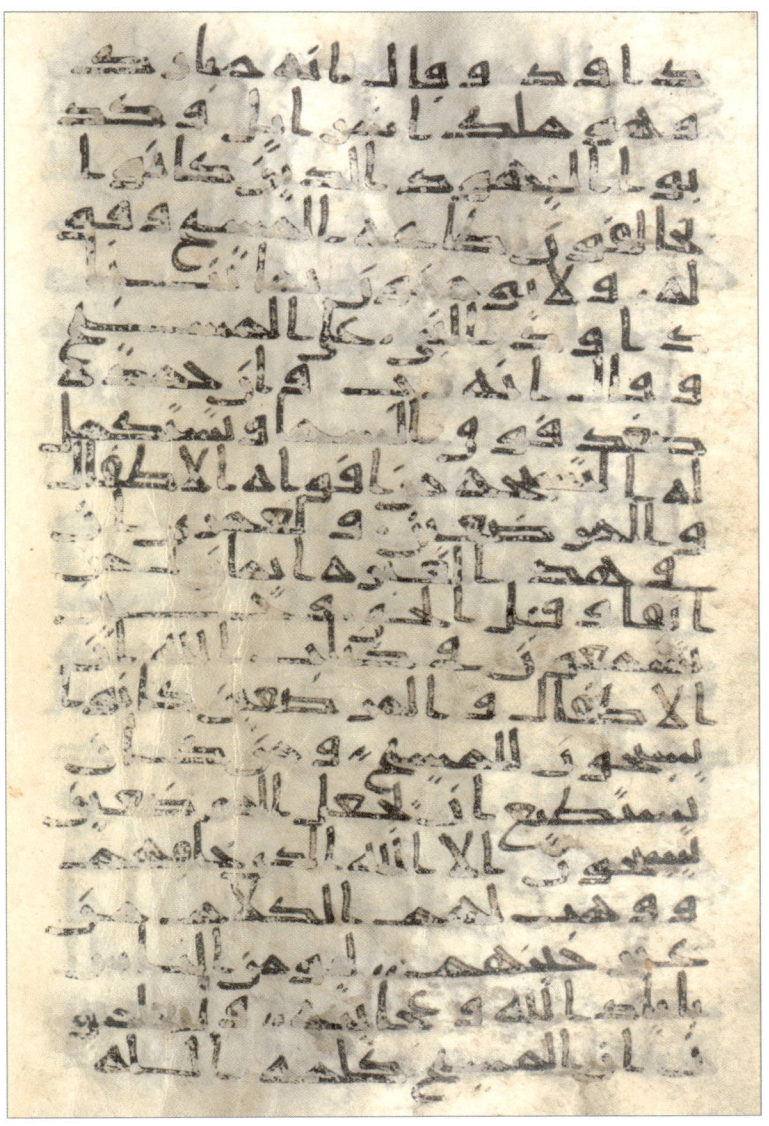

f. 126v

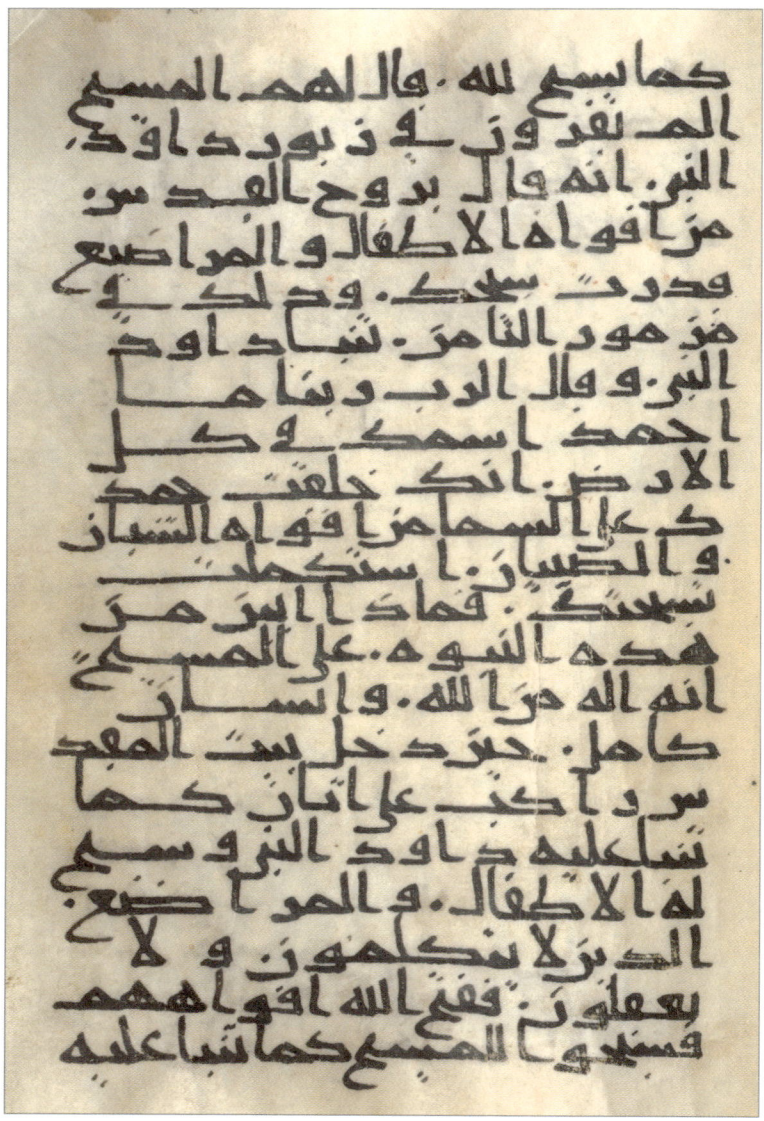

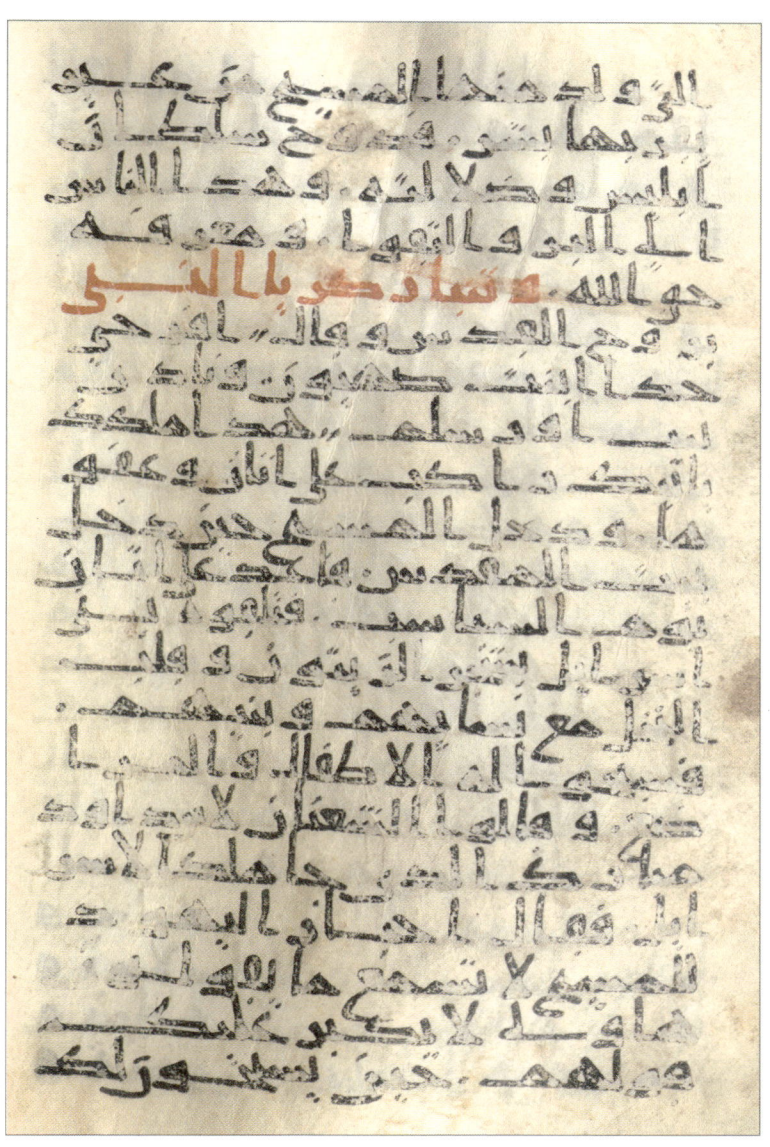

f. 125v

الفخار والحديد والناس و ا
لفضه . والذهب . فصار مثل
عباد حين ابدر و حصاد و
هيته شده الريح . فلم يرا
لهم اثر ا . و الحو الذي وصد
الصنم كان جبل عظم و
ملا الارض كلها . فقد نو حديل
الملاك دانيل . ان الصنم
الدي رداسه من ذهب و
صدرو يده و بطنه وعده
من نحاس و ساقيه و قدميه
من حد يد وفاد . فهم ملو
ك الدنيا الذي يملكو ن
و هده الدنيا . واما الحجر
الدي وقطع من جبل بغير يد ان
فانه كلمه الله و سلطانه
الدي يبدو حلو ك الدنيا
و يملكها الى الدهر و لا ند
و يملا سلطانه الارض كلها .
و يملك الى ممر يكا
و هدى و اما الجبل هي مريم

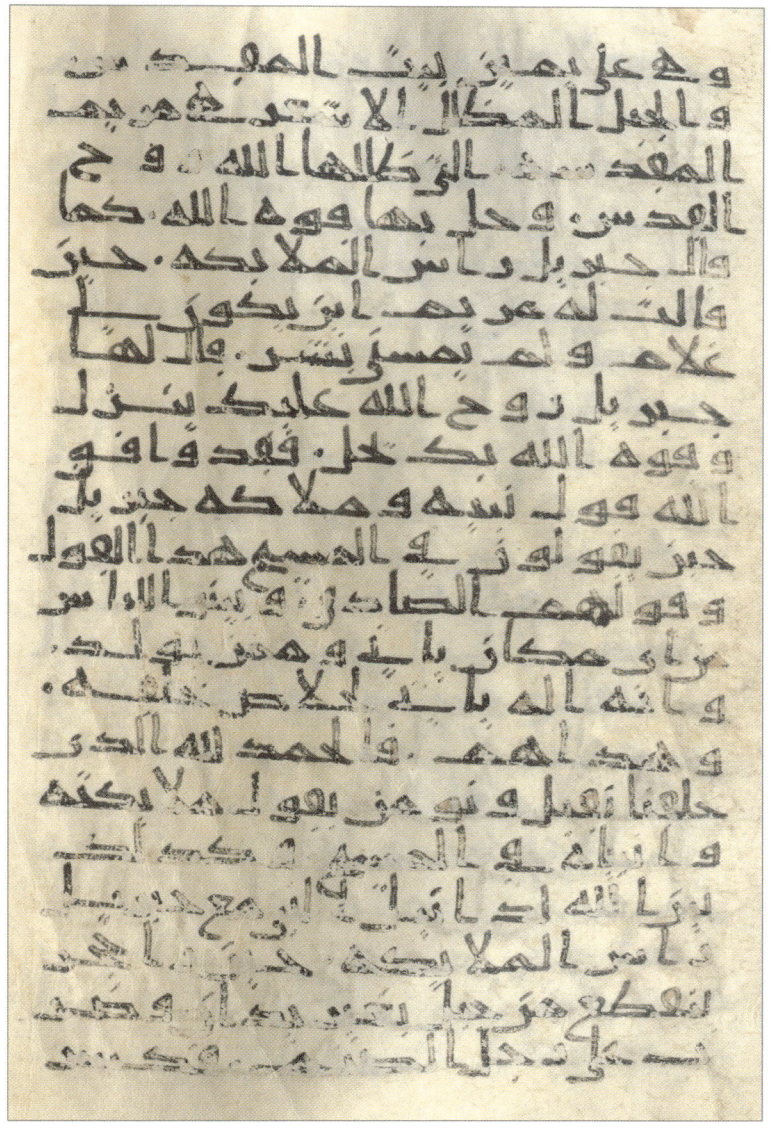

f. 124v

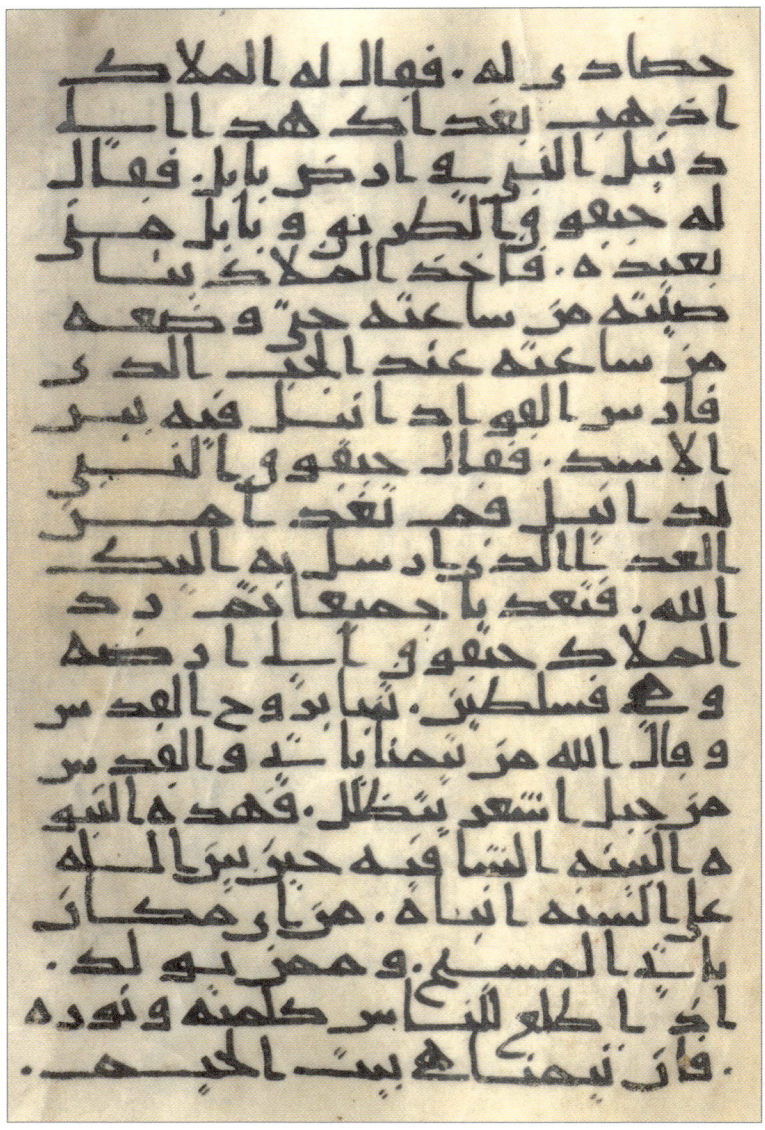

f. 124r

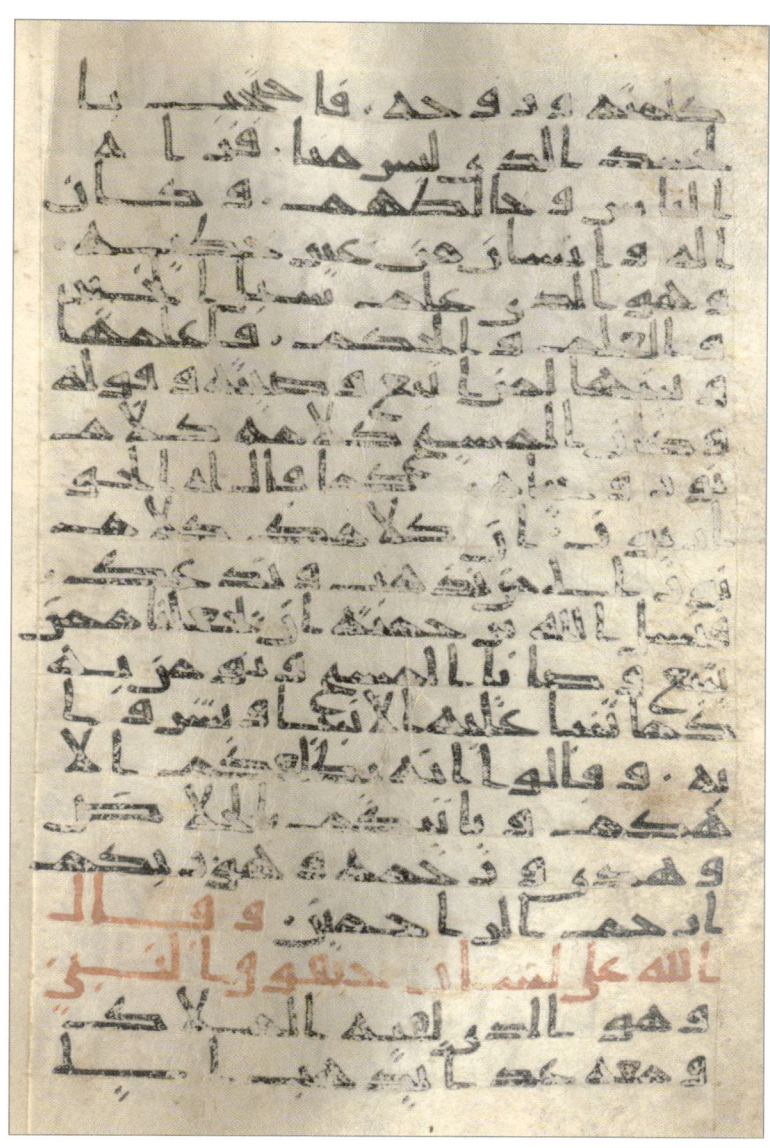

f. 123v

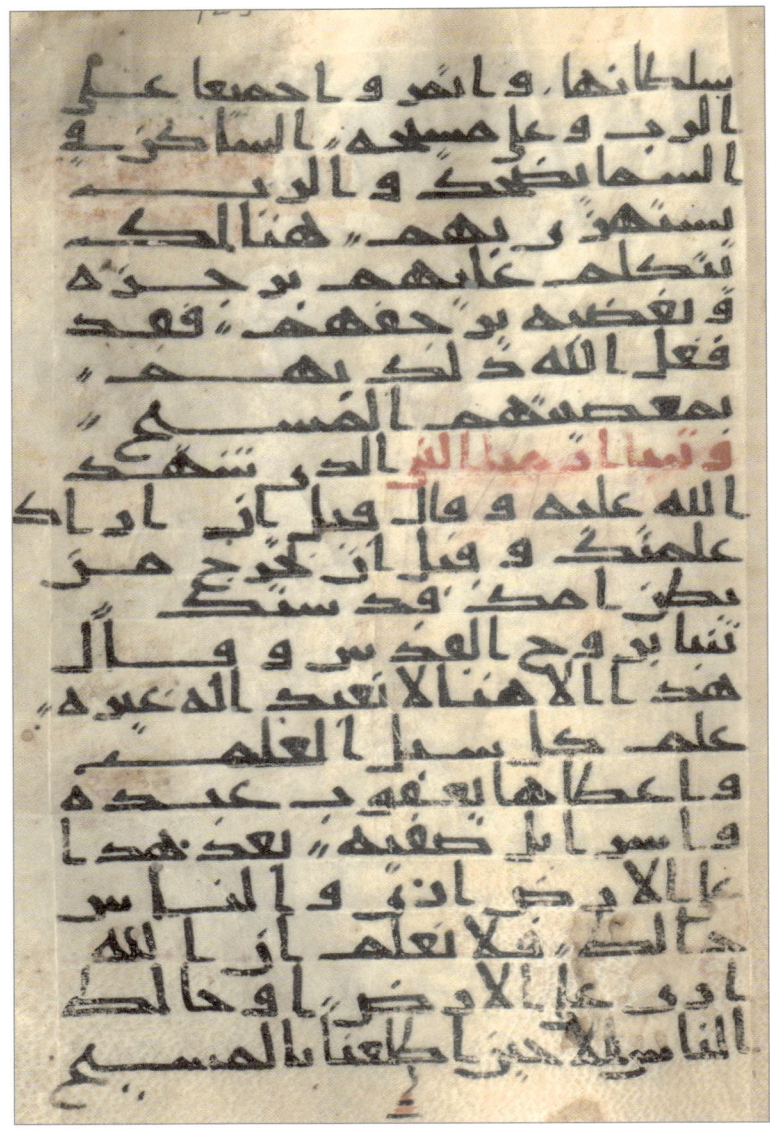

f. 123r

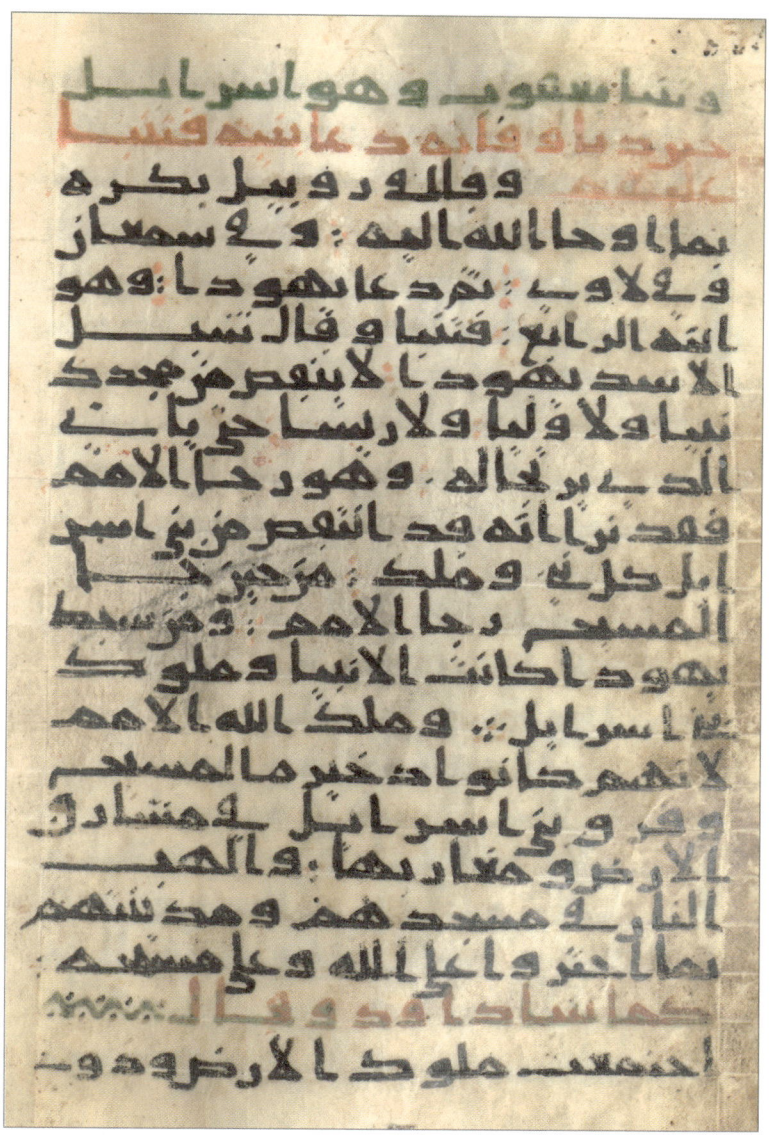

f. 122v

بوه السنه حير نعما مه سو
نفسر حنا ام نهلك والوا يل نعما
حيرا ىه السنه و ما نفسر قا
لهم المسيح صدقتم ته قلا
للدى باسه ده لكا قول اسه
يدك فسطها قا دا ه هل
يد ه الاحر قىں مرداه مں
اسمو ايل و علمو انه لا اسطىع
احد مں الناس ان نعما حمل المسيح
قاهزه حىو مں الناس و حد لك
بو يد الله اىمان الناس لا ىسد ان
نو مں ىه احد ا حرها قانه لا احد
ه الكره و لا حز بو يد الله ازم
مں ىه الناس طاسں قىكو ں احو هم
على السه نعه قاحمد لله اله انا
قو ا ا ىسا ىه نو قى ما حمال المسىع
قا ماته و سو للناس انه ه الاله مں
الله و هو الد ه حا نا و حلصنا
مز الصلاله و الهلاك و سفا د ا
سهم و مرص و هد انا الى
نوره و حراىه

فاند تستطع از تطهر ٮـ هر ـ من یدی روبه
فقال المسح قد تبت فاطهر و
مکانه حما قال المسح ۞ ومن من
الناس من سال الله واصفیاه قد
علما قدر علیها المسح بعمل الایات
وسع کل سقم وحرص بعد ره ما
وسلطان وخلوها سبا ۞ بلقر
الدنو ب وقهد ادله هر احمال
الله لا یستطع احد هر الناس امرهذا
هدا ۞ ولعمر ه ماقد احد هر
الناس من سال الله او جمرهم عملوا
الایات سلطان الا الدعا و قد
ده بالدع ۞ والمسله فمنهم
مردان سعیا ـ له و منهم مردان
لا سیا ل و کل حیر ه ۞ سم
دعل المسح ایضا ۞ کنسه
الهود یوم السبت ۞ فاحتمع
الیه بن اسرایل فعل یعص علیهم
وبعظهم قال هو برحل و
الدسه باسمه بده ۞ فمال
لهم المسح ماذا ینبع از یعمل

f. 121v

المسيح ايضا وهم الحواريون
وحلم بني اسرايل فلدا حل الطريق رحل
سايل ولداعما فسال الحواريون
للمسيح اردمزا خطا هدا والده
والدبه لا اننه ولداعما فقال المسيح
لهم لم يخطا هدا ولا خطا والده
ولا كن لتستبر احمال الله به قد حاه
المسيح قبر وخل الارض وصنع طينا
فلطح به عين الاعما وحال اد هب
الا عين السلوع فا عتسل فيها
فانفذ سانصر فانطلق الاعما
فاحتسل عين السلوع وخرج
بصر فقال اليهود انا لم نسمع
هد الدهر با حما ابصر حمل هد
فامنوا به عامه بني اسرايل نمل
مصاب اصما احرس قوصم اصم
خلاد ننه ويد وخل لسانه وزحر دلك
الشطان فرح عنه وبدا باصر
المسيح وسمع ياد نبه وتكلم
لسانه اننه لع المسيح ايضا ابرص
فقال لد الابرص رب ان شت

وارادوا ان يدخلون على المسيح
فلم يستطيعوا من كثرة الناس فعمد
فاصعد وايه على ظهر البيت
كشفوا السقف وانزلوه على سريره
جو وضع بين يدى المسيح وحوله
احبار اليهود والناس فقال له
المسيح يا عفرت لك خطاياك
فقالت الاحبار والدرسون له من
يستطيع ان يغفر الخطايا الا الله وحده
قال لهم المسيح يا معشر الاحبار
انهم اسرارا فى قلوبكم لك خطاباك
او اولياء العبد فما احد يسر
برك واد هم لا يسك فقام
العبد بين يدهم فحمل سريره
وانطلوا الى اهله كما امره المسيح
فلم يستطيع احد منهم ان يجاوبه
بكلمه ويسر لهم المسيح هذا لانه
الا يصيرى بالمعبد ازله سلطان يغفر
الذنوب ولسو يغفر الذنوب الا
الله وانما كان يا اعمال المسيح
كلها بسلطان وقدره فهمر

f. 120v

وبي اسرايل وعمودهم وبجار الناس
بالحكم والسر حرا عزا مزيه حماهد امه
وملكوت السما وحرا مر كعربه
ولم يومريه هوارو عدا اد الله
فانطرحف واقو يهوه السو لمهـ ال
مسجد واينه اك كب لا الاحمـار
من المسجد وما على معبد وهو
على سريوه عند نمار ولسرو سسه
لم يسقلب الا ماحر كهم احبر سرعا
سريوه ورحمه المسيح وقا
لهاانو جدا زيبرا عاله اله المعبد
يعمـار بـ فاى حاير لسر ل
احد: قال لها المسيح كم فاحمل
سر يرد وايطلب اسد
فقامـا المعبد باهر المسيح لهمـا
سريوه وايطلب اسد سه
دحل المسيح الـ اسد واحمـز
عليه احمار المهود ديواسرايا
جوامه لا الد عله بحو سطـ
احد دحل المسيح من عبر الناس
يحمل اله عله على احوط سريوه

f. 120r

شنك بالمسيح واحلصرا بما نده ود
لد وال المسيح به والاعمل طوبا
لمزلم تنك به ودال اصطا بطا لالمور
والحماه والقيامه مزيوم فقد
سيرمز الموت الا احماه الدايمه
وتمام تسمما بضابر وحم الله سوقال
داوالايد علته ورح محنه
عزوا با ضعفا الانفس والعبول ننتد
دواد لا تسر اهد لا الهدم با
لاحمحا يز هوا يز ويعدم حنلد
سلمر عدورا للو واد از الصم تسمع
حصر دالا يل المطلع ويعصدر الا السند
المزسو وهما انند د يد علته
ورد محنه حما ايا لالا هنا لا اكما
قال اني فيا مز الهلاك وسما كل
سلم ومزحرما الناس وهما بطرت
عدو را لله واد ازالصم سمب
واد حل الحمله حصر دا لا با
والسله المزسو وهم با لا حمزا لحلها
المسيح علما الله ومزه قد از
الناس رحمه عله وعمل حلا ابه

الا قد ويحو الظلم وعفر الذوب الاخير
حا المسيح الر الدايم ا ا الد هـ ر
والابد و نصد بو د لك ا نه حم عا دل
وهى و بو ه دا نـ ك ا يا سرا ال ز الاه
موسا ال ا رجا ال مسيـح قد و س المقد سو
فا ط ا لله ملك يا سرا ال و نو نهم
وحم عا د لك و حد لك وا لا المسـيح
للـحوا ر يو ن و ليا سرا ال و لا نسا هـهم
من حر حا ال مسيـح قد و س المقد سه
ا ا بو هنا هـذا فلو لم يكز ال مسيح
الا هز الله لم يسط ا المسيح قد و سرمن
المقد س ولم سط ا الملك و السو ه
ل يا اسرا ال حر عصو ه ولم سلو ا حو له
وا عطا ه ا مه ا خر كما ال و عو له ب
الصا د و لا لحد ا نه اسم ا حد هز الملو د
يا اسرا ال و لا هز الانسا قد و س المقد سر
و حد كا ر دا و د ملكا و عو ه حر يز اسرا ال
قد كا نو الانسا و ملو د فلم سما عنهم
ا حد قد و س المقد سر الا ال مسيح
الد ب ملك الا هم ا الهدا وا لطا عه
وقد سهم و حم القد سر فطو طوا المز لم

والارض وبه احيا الملايكه والناس اجمعين
وسابوا بـ الحد وايصار وحم العـدس
وقال د وحم الرب الدي خلقـى وباسمه ملـك
كرسى به الـى تعلمى الفهم فقد يرانبا الله
داصفيـاه اراله وكلمـه ورحه اقـام
كرسى داحيا كرسى ولسو ينبغى لاحد يعلم
ما انزل الله على انبيـاه ان يستكف لبـد
الله وكلمـه ورحه اله الواحد واوحا
الا انبيه دانيال الـى حكمـه الله وفهمـه
وسره علم الرحـان واوحى اليه مر حبر يـل
داسر الملايكـه وقال لـه المسيح كلمـه الله
ونوره بحد ما صام انيـر وعشر ون هما ونقم
الى الله وقال له سبعر سابوع تقطـع على اهل
وعلى المدسه وعلى البيـت المقدس لتيم
على الخطاـا وتصعر الآـك ويجـم الظلـم
ويغفر الذنوب وباتـى بالبر الـى الدهـر
وخـم على الوحى والسود وبسح قـدوس
المقدس ويعلم وتفهم مر حرج مرحم قـول
الجواب وبشار اورسلم الـى المسيح
الوالا سبعر وثـد ك صلا د ربـه
سه فحنا انقطـع الخطه وخـم على

وولوهم ـ فانظر هنا خلص مصر من
عباده الاوثان وضلالة ابلس الاخرو طبها
المسيح برحمته وا طلبهم يوده ـ فافهم
ايها الانسان ـ اما بنوا الاساد وعمل المسيح
وانظر ما حسن ـ توقموا اعمال المسيح
ونبوا الاساد ـ نبال ايب الصدو ايبا روح
القدس ـ وهو الواـد دره الله ـ وقال انه
حمد ناـد بها بار تعبد هزكل عمل النصو
نبا ـوقال ان الله الواـد ـ احدا السمه وحده
دهشا على البحر دابر ـ وـلا نعلم انه هشا
على البحر احد من الناس ـ الا المسيح ـ انه
هنا لعبه وسر كلناس ـ انه كلمه الله وبوره
الد ـ بها هلو السماوات ـ والارض وهما
فهما ـ هما ثما علبه ايوب ـ الحد بوروم
القدس ـ وحد لك نباد داك بروهم القدس
وقال بكلمه الله السماوات بسر ـ وبروم
فمه احبا حل حنود الملايكه ـ ثارزكار الله
بارد ك اسمه اعام السماوات بكلمته
واحبا الملايكه برـ وحه ـ ثالمسيح كلمه
الله وروحها بثم نشهد ـ بن ـ فلم نبسوا
علبنا حبر بوـم بالمسيح اله من الله هلو السماوات

فمن اجل الناس تنار عليه انبيا الله او مرحلو كد

الدنيا كازا اسمه مبارك ... الا هم او دام

اسمه قبل الشمس و قبل القمر الا المسيح

كلمة الله و نوره ؛ فلو لم يكن المسيح اهمز

الله نزل ا ل خلقه ؛ و فهم كان فرد لكد

فاطلبهم رحمه و هده ا لم يعطهم داود

ا لجح و لم يعول قهمه من هد هدا القول و ليس

سيذار يعال لانسار يعول من هدا هدا و سطم

من الا له ؛ و لا كزداود شبا ك المسيح

و كا انه الا له نزل ا ل خلقه و شهد هم

من الصلا له و شر و ؛ و فلو هم الرد موه

السلم ؛ و له يسهد طلو كا الا رد و كد

و تبا اسهايد يا مر و ح ا لقد س

و وا هد الا رب و اعد حايعاب حفيقه ؛

و ا ت مصر و يزلزل او نا رمصر فيد دجل

المسيح لا مصر ؛ لا سو جسد طاهر مزمزم

ا نه طهر ها الله ؛ و ا كرصا يد لك كما

بكرم الملك سهد و احا ها المسه نوه

نم هو الد ز ل ا و نا رمصر و ا بطل

عمل الشبطا ر سها و هد ا همر الصلا له

ا لبسرا ل حوا لله و جا انه و اسرو نوه

وقال
ايضا و هو حمل القدس بزل الرب حمطر على

كل حزه و كالعطر الذى يقطر على الارض
و يطلع الى باب السر و ذكره السلم حى ينفذ
العمر و يملك من البحر الى البحر و من
الانهار الى اقاطى الارض بزيده خر الحمد
واحد الى الثرات بحسوره يعبده كل ملوك
الارض و حل الامم بعده و نه لانه حلص فقير
من جبار و مسكن لم يكن له عون و اسمه
مدوم من ايد هم يدور اسمه مبارك
الى الدهر و قيل السمس ديما اسمه
و قبل القمر الى حمس الاحمان فقد نزل
السا الرب و لم يطلع الى الام المسيح البرا
و الناسر و اعمال الصالحه و ذكره السلم
بطاعه الله و زهاده و الدنيا الى الدهر
حله و ملك الامم من المشرق الى المغرب
لاجد مكان و الدنيا الا و قد اسم
المسيح يعبد و يكرم كما قال النبي و اسمه
يكرم بزيد هم و بعده و الامم و هو
المبارك الى الدهر لانه د جعل البركه
على اداكل لبابه و اسمه دايم قبل الشمس
و قبل القمر و قبل حلق ايا حمد الاحباب

f. 117r

كما وال الله على لسان نبيه صلى الله عليه وسلم المجيم
لا ندوء حقيره وسلطان يهودا انهم تخرج
منك رئيس وهو يرعى امه اسرائيل وخرجه
من قبل ايام الدهر ثم فمن هذا الولد ولدمن
اهل الدنيا احتر الناس كانت له ايات هل
هذه من ملوك الدنيا ومرائيل الله بر
فالمسيح ولد مرسول ويعين عدرا بعدما
ولدته من غير ان يمسها بشرا فاي اية اعظم
او افضل من هذه ثم طلع له جماعة السما
نور مثل نور الشمس ثم سبحت له الملائكه
حتى ولد وبشروا الناس رانه ولد لكما اليوم
مسيح رب وهذه داود وليس ند
الملائكه الا الله وحكمه وروحه وكانت
هذا المسيح لبابا فالبابا انما يقرب لله
ودهما انما يقرب للملوك وحدك
خز المسيح الذي من الله وملك هو الد
ملك الامم كلها وهذا هم من الجلاله
وكان امور المسيح كانت ايات وعجاي
حزيوم ولد واطلعنا رحمه الى السما
ورفعنا الى نور الله وكرامته فالحمد
لله الذي رفعنا المسيح وبابا داود

f. 116r

مرضا لله ويراه محا لفا لطاعه الله و قول
ا نبيا ه هو تشا د قال بروح القدس ا حلا د
المسيح قيما و حالله ا له و ا نت بيت
الحم لا تكو ن حقيره و سلطا ن هو دا لا نه
تخرج منك د يس و هو ر عا ما مه ا سرا يل
و تخرج مز اد لا يام الد هر فقد علم ا هل
الحمد و الناس ر كلهم ا ز المسيح ولد و
بيت الحم رحمه و هد و هنطا د كي
ا سرا يل د ا ج ا لا مم كلها د عا هم وساقهم
ا لا ك رم المنا ز ل ملد و ث السما و جا ز
تخرجه من قبل ا ما م الد هر لا نه كا مه الله
د نوره و جا ز عند الله قبل الد هر كله
فما ولد المسيح و بشا لحم ا ئل الله
ملا حا مز ملا يكته كا ر كا نو ا بو حور
عند بيت الحم فقا ل لهم ا بشر كم اليوم
بفرح عظيم هو فرح لا مم كا مه ا نه
المولد لكم اليوم مسيح رب و هد يد
داود و بيت لحم و هده الا يه
لكم ا ئكم لحد و ن غلا ما ب المهد
فيسا الملك بشر هم سمعوا د صوت
جنود الملا ئكه يكبه يسبحوز و يقولوز

f. 115v

مركره ؛ فهو هو قد امام الحوت والخطيه
وصلاه ايسر فلا احمد والسكر عاد لك
ووال الله على السازد اعدا لي ملك الله على
الاحم ودو رسلطان السمو بانور
وسعد وفداحك ودلك لا زا الاحم
لم سعد والله ولم سعد واما هو حجا
المسعر وحا لا حم ؛ ولم بملك الله الاحم
بطاعه وعباده حي قداهم المسعر
وملكهم وحلصهم والخلا له وحلهم
اوليا الله وحكمه ور وحه ؛ و قد ملك
السا السعادات والا كر وما فهم
بعد ه وسلطان لا حوه شوار اده مما حلو
ك لا حوار اد الله تبارك و بعد سرار بعلد
الناس بسمع وطاعه ويدو را جر طا عنه
علمه ؛ فان الله لا بردا بعده احد حرها
هو احز وا حل امز بحره احد من حلفه
سعد ه كرها و وال الله على لسار بعدا
وهو التي ا د م وكم احا ب ملك
اسرا ال على طعانه و صلا به على ه
الناسر ان ؛ و فله بود ا م الملك م احا ب
الملك الطالب ر السلا ي فيما كار بوحه

f. 115r

بصدق وقوله وقول انساه خارك لدرحمه
من الله ورضوانه ونو هو للخير، فاتقوا الله
واسمعوا قول المسيح ولا تشكوا فيه

ومن الاسلام الصابر و حمل الصدس

وقال مصهورثم لخرج السنه وكلمه
الرحمن واد وسلم، و حوحريب المصدس
والسنه الى حوحز مز صهوره و هو
الافضل الدي جاه المسيح وأخرجه
للناس سنه حدينا ونور وهدا، وقد علم
ولداهل العلم والدين لا يسك فمها
احد فه خر، فامل النور اله اله ابز لها الله
لموسى ويراسرايل، فمزسنه اله اله الى
ابزلها طور سينا، ولا تعلم امه اناما احد
من الناس سنه حدينه مزصهورز الا اسم
الافضل هدا ورحمه، وساؤ لحمل طاعه
الله، و تمام السمك داه الروح وتعوب
النصراله الله، وهاده والدينا ورعيه
والاخوه وهدا اتمام العلم والعباده الى
كان يريد الله مز الناس مزيرد رهمهم به
وهد لك قال المسيح لمن اراد مهم علو
موسى، ولا خرا نهما واحمل فسوفه ا

f. 114v

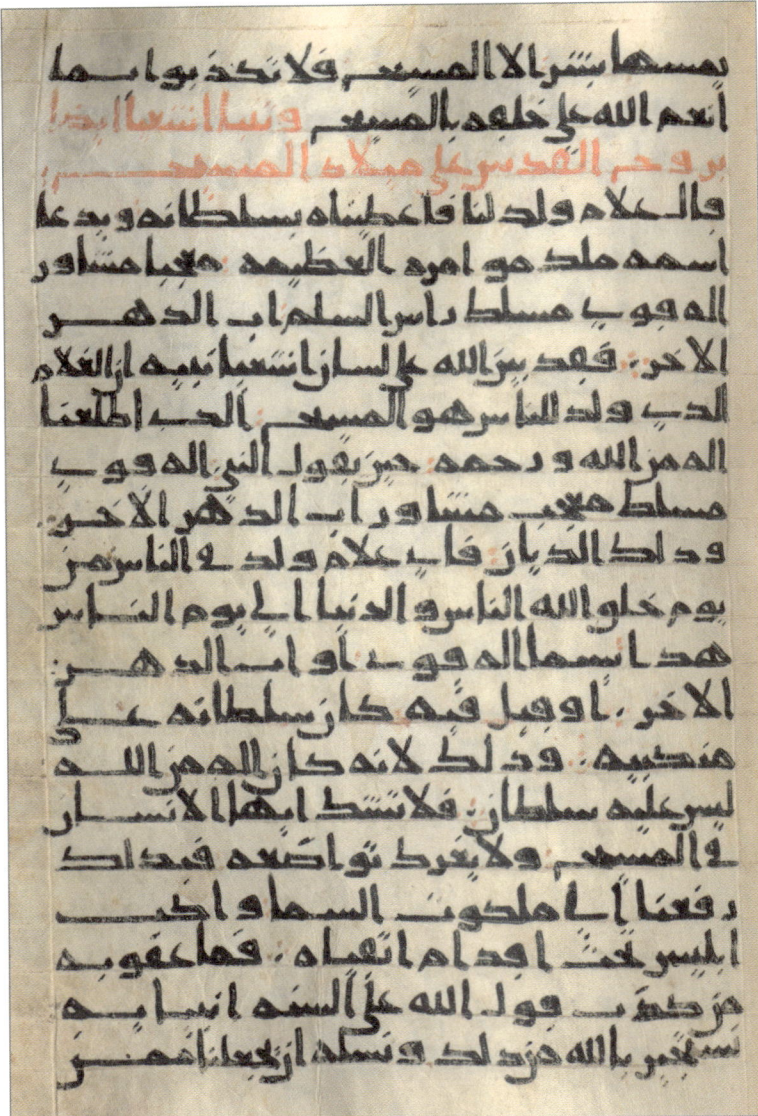

بسم ها بشر الا المسيح ولا يكد يو اسما
انعم الله على خلقه بالمسيح ونسا انعم ايدا
بروح القدس على ملاك المسيح

قال العلام ولد لنا فاعطيناه سلطانه ودعا
اسمه ملك وامره العظيم ومعنا حساد و
الله هو ب مسلط دار السلم باب الدهر
الاخر: فقد سرالله على السار انسا نسيه الى العلام
الد ولد للناسر هو المسيح الحد الطعنا
الهم الله و رحمه حين يقول الى الله هو
مسلط على حساد و اب الدهر الا خر
ودا كالديار فا علام ولد عا الناسر من
يوم خلو الله الناسر الدنا ه الى يوم النا سر
هدا اسم الله هو ساد ا اسا الدهر
الا خر. او جل فيه كان سلطانه
منسيه. ودا لك كانه كان الهم الله
ليسر عليه سلطان. فلا نسط اهل الاسار
و المسيح و لاعبد نواصه فد اك
دعنا ا ملد و ت السما و احد
المسر نحن اجدام انعاه فما عقوبه
من جهد ي يقول الله على السه انساب
سم ما بالله من لد ونسكه از عبا اعم ن

لا هلد ولا شفيع الا من ارتضى باء فخلصنا

من اجل انه احوه انه انه لم سنطر هلد و لا

شفيع ارحلصنا حي اطلسا بالحسم وخلصا

وهد الامم وسلط علمهم وملدهم

مثل الاه ومرعلمهم بالهدا وهو الرب

الد انا ان صهرو وصرف عنا الضلاله

ودار لنا هلصا وغاه من السطار لم

سنطر ار بهد بنامر الضلاله شفيع و لا

هلد من ملاكده الله و لا خلصا من السطان

ولا من مصا يده حي انا اد بنامر صهورو

وولد من در به دا ود الني نما طار وعكده

الله فلصنا بعد وه سلطان وهدا انا

نور الله وعمل طاعته ودار رحمه خلفه

انا وسما غما و يل رحمه معنا الاه هما

فالنول حي العدد الي ع من دربه ادهـ

ه ولد السه السم عما و يل اله من الله

ورحمه خلمه و لم سمعا حد من الناس

من ادم ا لى وهنا هدا سماهدا لا الله

اد سما كلمه الله و ولد من عدد را هر عير

f. 113v

بــ داود لانها كائنـ مرسط داود سو
فلد لك كان يسما المسيح ٥ وكان الله وعد
داود نسه ارمزدرينك بدور المسيح
وكان كل نبي يكلم داود الذي انما يكلم برو هم
القدس الذي كان يوحا الله كل نبي فاكرم
الله داود بالمسيح حين جسد مرد رسه ٥
ونبيا اسعيا راعوم يك هو الذ دا
السماوات منقضه و الارضعلي الوسطا كي
والكرو سردو لـ يصرخ بعضهم لبا بعض
ويقول قدوس قدوس قدوس رب الو
القوي الذي امتلت السماتـ والارض
سيحه والبروحح القدس على المسيح
باامرصهمن الخلم ويصر فـ الضلاله
حربهون وقال اسعيا روح القدس ٥ ٥
ويكون من اصل ايس يقوم ديسرايل هم والامم
عليه سيكون و ارا نبهو والد داود
النبي وحريم الطسه مرد ربه داود ومن
اصلابيس و منهما لد المسيح كله الله
وبوده الذي عليه سيكون كل الامم
وكان جاهم دكلا صهم من الضلاله ٥ ٥ ٥
وقال اسعيا بصار وح القدس سو

f. 113r

من الذ تكفرو ا وحا ك ا الذ ناسوط ق و و
الذ تكفرو ا ا ا يوم القامه ولا هو لانا
نوم الا امر ا وتقول د سر حد ا الله انما الله الله
واحد ور ب واحد بكلمته ور وحه ولا كى
الله ا وحا ا ا بده وسه د ا دو وسر له ا ز
المسح كلمه الله و نود ا د الطلر للسا س
برحمته قا سه ا ه ز الله وا ز كار سر ح د
فمرا طا عد عد ا طلر الله و حمصا ه فا الله
حا عله لته و حمده لعلم الناس از الله و حسه
و حرسر و حرا مه و احد ه و لسر سر م الله ب ا
سه د ز ر عص د حد ا لك عد د الا عم ل
از المسح سا ل اليهو د مر يا و ها ل اهم ها
كتم المسح از مر هو ما ل ا اليهو د
هو د ا و د فا ل اله م المسح طع تا ا
حا و د ا انى رو حر العد سر حل المسح قا ل
ا لرب لو ا ا حلس حى ا ص حا عدا ك حت
مص ب قد هك فا ز كا ر المسح رد ا و د
قد عد د و د ا و د رى تكعص اليهو د
د لم تعا د بو تكلمه و لو لم بكز المسح
ا ه ز الله لم تكت ا ز حمل تعسد د با الداو د
و لا ز حا ر المسح ا ه ز الله لمسح مر م

f. 112v

كلمته خلو كلو تي و رادي تي .. ه. و مال
الله على السار د واد للوا يضا و المسيح ايى
اند دا اما اليوم ولد تط سلى اعطط
السعوب لملك واحدىك حمار الادرص
ترعاهم يضى مرجدد . فانطر ا ا دص
مهاحلو الله والد نيلا سىم فها اسم
فها اسم المسىح . ولادد رفها
سلطانه . فعد ورث المسح الاهم
كلها حما هال الله على السار د واد النى
بلغ ا سمه وسلطانه فا ى الد نيا و لد لك
حر لحسد كلمه الله مرمرم المطهره
فحاز اله وانسان وهو دخلا لاهم وهم
كانوا د خىره المسىح .. ه. و نىا
اصاد اود رو حم القدس . و هال المسىح
هال الرب لو ا اعد نمرحز ا صر اعد ابط
خت منصب ودمىك . فعد صعد المسىح
ا ى السما ولم يفاد والسما قعد بمر
الاب . و وصر عد ابه الد رحصو ح
منصب ودهه دخا ا لد راهوا
المسىح . ودد لك خدر ى القرا ى
ا نو فد وا فعد الى و مطهرك

f. 112r

وحمل الناس وقولهم ما اظهر الله الصلاح

علا ايديهم . والله المحمود والا هو

كلها وسحانه له السلطان والقدرة في

السماوات والارض ٥ وهذا احوال ابنا

والمسيح الذي نحكم على المشهم بروح

القدس ويلهمه للناس وفعل ٥ انار المسيح

قال الله في المسيح على لسان داود النبي ولك

اليوم ولدنك وذلك ان الكلمه من الله

وبالله فعل اليوم وحمل الملائكه وجميع الدهر

كله ولم يكن الله قط نهار طا سه دور +

كلمه وروح بكلمه خلق السماوا

والارض وما فيهما فبروح وجه المهد سراحا

الملائكه والناس سراحميں ٥ وقد لكم

قال الله في الانجيل عند قط كانت الكلمه

والكلمه كانت عند الله والله هو الكلمه

فها دا المسر هدا وانوا رمزوا فوالله كتاب

الاساد والانجيل وقالوا ان الكلمه من الله

على كل حال وعم من طبعه الله وانها

ولد من لاه ولم يخلو بل خلو كل نبي +

بكلمه فكسريني لا حد من الناس ارزكسل شهم

الله مخلوق لكلمته ولا وحده ولا ذكر الله

f. 111v

الحسین وتعلمكم عال لهم عما البل وحل

سدمن يا اسرا ال كس العلم منهم يا حسن

يا اسرابل دعوا العوم ولا غلوا اسنهم

وبرما اسطموروهما يعلمون فاز كان

امرهم هزا الله تعد دنهم واستفا

لهم وارکاز امرهم من عرا الله ابطله

الله ولم يقوم لهم فهاامرا ولا نكونوا

همربعاده و يعانلامرا الله فانه لاطاطه

لكمد لك فاز اخرو علهم هز يا اسرابل

قد خرجوا يدعوا ال ادر اخر قابطل الله

علهم و تعلمهم فرضی عا حد يا اسرابل

يعول احهم هد ا و تزكوا الحواد يون

وتعلمهم وكان د لك كله هزا الله وحد

فلوا ال بکزا مرا المسح حو لم بکزا الله هن

الله ما استقام امرا الحوادبوز ولا تعلمهم

ولم سسطلو از بهد وا لاهم الدز لم

بعد وا الله قط ولا كزا المسح امد

الحوادبون برو حرا القدس وعملوا الايا

كلها قد لك هد ا الا هم اي نور الله

وعلده واستقام امرهم و الدسا

كلها وهم عر يا مساكز فرخ الله درهم

f. 111r

ولا ذكرا الحسين كان وهم كارهمها اضرا هزا الدنا

كلها داسد سلطان مرسلطان الدنيا يلوهم

ويعزيهم بردحم القدس ودير همنوره م

وكرامته ك كل مكار و ك كل هز فهدوا

الاهم كلها من منار والا درو همتار ها

باسم الحسين واتبدوهم مرصلا له البس

وقسمه لم يقاتلوا احد ولم يطرهـوا

الناس حرطهرا لحو والهدا و الناس م

يعا تلونهم ويو احد وهم البهود مرجان

والخنقا الدبر دانوا بعد و لا اصنام مرجان

فاطهرا الله نهم انور على الظهد و الهدا

على الضلاله والحو حلا الباطل و لولم يكن

هذا الدين دو مرا الله كم بس ولم يكو ه

هند سلا حيد سنه وسه واربعن سه

والاهم يقاتلونهم لا سنطبدو ز اربسطلو ز در

اوامدا الله وصنعه قلنمر كار ك هذا

لمواد ادا زنقد و بعرف الحو حبره ولبد

احنمها اجار البهود على الحوا د بو ن

فمالو الهم المنقد م الحكم الاشاد وا

باسم الحسين ولا ينلمو ابه وهذا انم

قد علا نمه بيت المقدس ولا رصها مرذكر

f. 110v

مسرتك كما في السماء كذلك في الارض
دد وكفاف اعطنا يوم بيوم فاعفرلنا
ذنو بنا كما نغفر نحن لمن ذنب الناس ولا تدخلنا
الى البلايا ولا تخلصنا من الشيطان رحمن اجل
ازلك الملكوت والعزه والحمد الى الدهر
الداهر امين ٥ فاظهر المسيح نور الله في
الناس وجعلهم مثل ملائكه الله والارض
قد علموا شهوات الدنيا جهاً وكان
مسره الله فيهم كما هو في الملائكه تم
خرج الحواريون فاقسموا الدنيا كلها
بينهم فبشروا باوملكوت السماء والنور
على اسم المسيح وعملوا الايات كلها
بروح القدس وشفوا كل مرض ودا بن
واخرجوا الشياطين من بادم وداوهوا
الاهواب باسم المسيح وابطلوا X وبار
وعبادها بامرهم وكهرنوا الله
وحمده وا X هم كلها وهدوهما الى
عبادة الله وطاعته وانما كانوا الناس
وخلا عبادك دعفاعوا الناس لا ملك
لهم ولا سلطان في الدنيا ولا مال يساعرون
به ولا معرفه ولا مراب يدلون بها كل احد

الحواريون كلهم بالسنه من نار لحل لسان
امه ﻣ الدنيا اتيرو سبعين لسانا وصدهم
المسيح وعدى حير صعدا الى السماء ولم
يخلفهم قوله. قمرهدا الدى يسطيح
ازبعى ﻓ السماء فخور وصاها الا الله وحده
بكلمته و روحه. فعد فظا المسيح
ﻓ السماء يعى. وارسل ا الحواريون
روح العدس حما وعدهم. ولوكان
صلا ادم ومتل احد من الناس نما اوجوه
لم يستطير ازبعى ﻓ السماء لا ا رطلح
ا السماء لبى ﻓ لا رض كماع ادم
دنوح وابرهيم وحوس ا الانبيا والرسل
كلهم. ولكنه كلمه الله ونوره اله
من الله. نزل من السماء لخلاص ادم و زريته
من الملبسرو صلا لقه. و صعد ا السماء حب
كان ﻓ و دراهته وسلطانه. وعلا قلو ب
الناس الذ ا اصوايه وه دو روح العدس
لحما اسم الله وكلمته و روح العدس
ﻓ السماوات والا رض. وحد له علمنا
المسيح اتقول. ابو الد ﻓ السما
يعد سوا سمك نا بك كونك تك و ز

بالمسيح فما كان يو حنا البهم سوى
القدس ه أحد كتاب شاهد أن رسل الله
فلا كتب سد ا يات واحد يشبهم قول
المسيح د قال للحوا ر جن صعد الى
السما من طور الزيت و أمرهم أن يبشروا
والد نبا كلها و يستر و ن عن ملكوت السما
والتوبه على اسمه د قال لهم المسيح ا نا
ار سلكم اليوم كنتم سور الدا ب ه فلا كتر
ا بعد د ما ا يبنه المعدسر حتى لسور الوه
من السما د أنا اذها ا ك حب كنت
وار سل الكم الروح على درهم القدس
الصاد والد ب لا بسطلر الناس را بنظر د زاله
هو الد ا بد حرحم ت ه د كرسع طلبهم
به هو يكلم و أفو اهم و سا شا فوا
ا ا حلوط الدنا ود و ب السلطان فلا همندم
ها شكمو ا به ه فازا الرو ح الد ار سل الكم
هو يكلم و ه افو اهم ه د عد و ا ا و
صهبور يتا المعدسور فنز ل علبهم درهم
القدس الدرو ع د هم المسيح كا نه د نهم
عا صف ه د كل بوم النصره بلد حدو د
المسيح ا ا السما بنشر ه ا يا من فمنكم

f. 109r

وٱعطا ٱلحوا دبور دو حم ٱلقدس و سلطهم
علىٱلشياطر و علىكل مرض و ليسرىطرد وحم
ٱلقدس ٱلا ٱلله هو ٱلدى نفخ فى ٱدم فاذا
هو ٱنسان حى ا نفس رحمه ٢ وصدا بها
ٱلسما رحم مزل على احده ٱلملا كه
و ليسرىطرد لك ٱلا ٱلله هو ٱلد ى مول
هو ٱلسما علىطورسينا و كلم موسى وٱعطاه
ٱلتوراه وهو ع كل مطار ابه ٱلانسان ناه
لا ينقص منه سى مرباء ٱلمسيح يوم ٱلقامه
قدر ٱلناس بٱعمالهم و يورث ٱلصالحن
ملكوت ٱلسما وجاه دا حد لا ينقطع
لها و ٱلمسح هو ٱلو سط بينا و بين ٱلله
ٱلا هام رٱلله و ٱنسان لم يقدر يسطر ٱلناس
 نظرو رٱلله و عمون فاراد ٱلله رحمه
خلقه و كرامه لهم فكان ٱلمسح بينا
و بين ٱلله ٱلا هام رٱلله و ٱنسان ٱلد بار للناس
بٱعمالهم فلد لك با ٱحب ٱلله ٱلانسان
مر يسير خطيه فرحما ٱلمسح و فوسا ٱلله
فهدا كله قد كلم به ٱنبا ٱلله و قالوا
على ٱلمسح قبل ان يظهر للناس و ساس
لك كله من قولهم و كتبهم و سراهم

القيامه واقام الموتى والبرص والعمى العمى ابرحمته

وهدى الناس دعا خلق الله ونوره الناس

وبرؤهم عظمته واعلمهم ازبد وبالله

وكلمته وروحه واله واحد ورب واحد

واعلم ان المسيح لم ينزل من السما لحلاص نفسه

لقد كان كلمه وروحه عند الله من قبل

الدهر وكانت الملائكه يسبحون لله وكلمته

وروحه رب واحد بعد ذلك فلاده

نزل وجسد وخلاصنا من دينه من الناس

وضلاله ولم يفار والسر عند الله وكل

اله من الله والسماد والامور برح خلقه

طف بنا فعمل المسيح من الايات عمل اله

ليعلم الناس من عمله انه اله من الله ونوره ⁖

ولكد لك وقال المسيح لبنى اسرائيل امنوا

فامنوا والنصارى الد اعمل خلو المسيح

وكسرخلوا الا الله وانتم بحدون القران

وقال وخلوا من البركه الطير فعقد

فيه فاد هو طير باذن الله وعطر الدين

ومن يقر الكنوب الا الله وانتسبح من الموتى

وليس يعمل هدا الا بود والا الله وانتم

خد وزهد احله من المسيح سبحانكم

f. 108r

تلد بزل المسيح خلص اسرايل فقالت هريم
ام يكون لي ولد ولم يمسني بشر فقال جبريل دوم
الله عليك نزل وقوما لك فمك خلق الدنـ
يولد منك مهد سراير الاب سما فانت مباركه
والنسا فمبارك وشهاده من جبريل
د اسرالملايكه الذي يقوم عند العرش و رسل
لطل بشر و نور هو الله فولد المسيح من
هريم المطهره بروح القدس من غير مسها
بشر انه هو الله و نور من نوره كلمته
من روحه و انسان كامل بالنفس والجسد
من غير خطيه و يسمى هريم حده رابعدها
ولدته فلوا لم يكن المسيح اله من الله
ونور لم تسما هريم حده راابعد ما ولدته
ولاكنها ولدت نور الله وكلمته رحمه
هدا وخلاص لخلقه فلسرادم ودريته
من صلاله ابليس و اقام ادم من خطيته وشفا
فرحه وحدد صلاه و حرصه عنه وانقده
دريته من ابليس و ابطل ظلمته وطغيانـ
نه و قد اشام عباده الشيطان و صلب
الخطيه بضله واهات الموت بالذنب
ورشاد من المعصيه بموته واطهر

المعصيه والموت فاز كان الله علي ليس
ذلك يحـد الله قادر فاعل الما يريد لا
يعجزه شيا اداده فلذ لذ اهلك الله ابليس
واكيده بالانسان الذي السه هالكه ها
لا يقدر عاد يده اداه بانه وهرهم ما
فا فتهم واحـد الله ازكز بابلس وارا
علـه صعيفا وسر للناس انه عبد اعاصـا
صـف العا الله الهر السما معصيه فلا شعوه
وعمروه وجعل عباده وليا طا عـه
يستهرو زيه وعمر وبه بعد ما كان وذ
قهرهم وتعدهم فانظر ايه الانسان
هاذا عمل الله بنا وكيف دفعا ا عـملكوت
السما وا كبـا ابلس واوله اسفل المنازل
وتركه صعفا شـد بدا لمسره برا فبها
كراهه الله اليه ادرحنا ودعـا ا ا
السما المسر كلمته ودر وحده وحعلنا
من ملايكته نسبح وعطم ا سمه
العطيم فارسل الله كلمته وود ده
هريم الى احاد ها الله هزد يده مطاهره
طبه فاتاها حبريل واسر العلا يكه وقال
لها السلم عليك ايتها العما دحمالرب بعد

ولما رأى الله ذله العرب والعدد ارادان يهلك ابليس وهو والعرس فعل لانه وذلك مكان على كل شيء قادر لايرد شيء اداه والسماوات والارض ولاذر كان ابليس قد صرف ادم واقشه واوريته الموت والمعصيه واخرجه من الجنه واقتر عليه وعلى ذريته وطول الحبس انه لايرا يهرد ريه ادم وشمهم ولسو يستطيعا احد ان يخلصهم من صلاته فاحب الله ان يهلكه ويطمعه هذا الانسان الدى اقترا استضعفه واهلكه وحمله حمله بمعصيته الله فيما كان يرا فارسل الله من عرشه كلمته الى عمه وخلق وريته ادم وسرهذا الانسان العبد المعبود مريم الطيبه الى اصطفاها الله عل العالمين واحبب بها واهلك به ابليس اكشه وطمته وتركه عبد ذليلا لايقرر عاد ومن ادم وسد هذا الحسره حين وهره الله بهذا الانسان الدى بعد به طمعه لم يبتز البسر الحسره والندامه واد زله لعال لجيب جا قد صرفت واقنت واخرجت من الجنه الانسان الدى خلقه الله بده على شرهه ونفناخ وفضنه من الله واورثه من

عزد و رأى الله وانبياه وبركوز البهاز لخلص مردريه
ادم مز هلكه ابليس و صلاته و حائه
سقطه ادم و دريه اشد هواز سبطيع احد
مز الناس از يعقهم و يشفيهم مز و حدهم
فوسع الله علىهم و حمته و مز عليهم برافته
و لم برا اثار ادا اسمه و تبلد سرايضيح خلىقه
و لم برا از يزد و زحلوا الناس و حمته و مروكهم
از يعمد و زا السطاز مردو ته و يشكوز بسيهم
و بناتهم للاحتام و يبكوز الهدارم و حصاد
الله و ابليس يفتوز على خلو الله بانه و دو حرهم
و تعدهم و لبس سبطيع احد مز الناس از
خلصهم مز بده و لم برا الله از بلو احد مز الناس
خلص برا ادم و در بته فتولاد اك برحمته
فلصهم مز بده ابليس و صلاته اك بته اك بمها
بشكر الله و بعد و حمد بشامه علىهم
و مته و فضله و حمته و خلاصه لهم
و اما بكز بنبو لهم الخلاص و لهدم الرحمه
الاحمه بنبها احد مز الناس الا الله تا حمه
الله و حمته و رافته و فضله از يا خلص
عباده و خلقه لكما بشكر و زله و بعد و د
د بسلموز از الله هود بهم ارحم الراحمبز
خلف و حاز الله تا علم ادا خلقه و حلاصه

السيطان ولم يستطيع احد منرا من الناس از يخلص دريد

ادم من الصلاه والهلده و بحمل انبيا الله و رسله

ايا الله و ساله از ينزل ا ل خلقه و عباده به

فيو لا برحمه خلاصهم من صلا له السيطان

فمنهم من قال د طاط السما واهبط النا

ومنهم من قال ا لجا لسرحلا الدرو و برا ظهر لنا

اجيم فونك و تعال لخ لا صنا ومنهم العال

لا سفيع ولا ملك ولا من الرب ات فخلصا

واخر نشاد قال ا ر سل الله كلمته فشفانا

جهدنا وخلصنا و اخر نبا وقال حما ربا ا

ولا يلت ود اود النبي نبا وقال هيا د

الد يا ة ياسم الرب اللهم سا حلس

وقال الضا با ة الله ولا سكا النار ا كل

فدامه و تعم از يستعل حوله فماد البرم

دا نور من هده النبوه على المسح هبرز يا

الا نبيا و قالوا انه الاه ورد و خلق وهو

الد سط من السما خلا در لعباده وا م

يغار والمرسل فاز الله وكلمته درو حه

على السرسل و كا ماز يام لا يتفد را منك

السما وات و الا ر ضروما فيهما من طاعته

فلما د الله خلقه عد هلدوا وحاسجود

السيطان عليهم و عبد كلامه ود لروا

مده وعشرين سنه ٥ فعاد بوا اسرابل ايا
انشرما كانوا فطعد ور الشطار ٤ كل
مكان ولايذكرو راللة وبذخوريهم
وبانهم للشطار وجود٠ وذلك بعدما
ادخلهما الارض فلسطر الارض المقدسه
فارسل اللة اليهم انبياه ورسله ٠ وكرفهم
الانبيا فكانوا بسطونهم ويذخونهما ايا
اللة وبسورله عمل الشطار وقتله وصلانه
فغلب الشطار علىبو اسرابل وعلا الناس كلهم
وافقرهم وطغاهم واخذ الناس جمد
مرد ورا اللة وافتهم واصلهم بكل عمل
خبس ودلل الناس علىا انبيا اللة ورسله ٠
فعما ولوهما بفهمور كلام انبيا اللة ٠
فمنهم مزقتلوه ومنهم مزرجموه ومنهم
مزكذبوه ٠٠ وظهر عملا لبسر وصلانه
فكلامه وكروهم وعبدوا النارو ٥ ا X
صنام والدواب والشجر وعبد االحبوا
والختار وكلدواب الارض ٠ فلم بر ض اللة
هذا الخلقه ٠ وكان اللة ارحم الراحمير
خلعد واحو مزبو لخلاصهم وفرقانه
مزقته البسر وصلانه فلما دا لك انبيا
اللة از بو ادم قد هلكوا وقد عليسكلهم ٠٠

ابليس الخبيث وعمل قوم سدوم والدرسي
فهم لوط ارا اخا ابرهيم العمل الفاحش الذي
القبيح فاهلكهم الله بمطر من نار ونقط فلم
يخلص منهم احدا وخلا الله لوطا واثنته
من الهلاك فاراد الله مع الذين يتقونه و يعملون
صلاحا ٥ ثم دخل اسرايل وبنيه الى مصر
وهم خمسه و سبعين نفسا بيد جل واهراه
وحى فكثرهم الله وانماهم حتى خلفوا
سنه سنه الف و زياده فقام على مصر
فرعون اخر لم يكن يعرف يوسف فعزوهم
وانهم بالعمل الشديد واراد ان يهلك
بني اسرايل وجعل يقسه الالها واستعملهم
بالنبار الشديد وحه بهم اشتد احد
فقتل بنيهم وخلص الله موسى ورده بنى
فرعون فقد دعي بني اسرايل الى الله ار
يخلصهم من العهد الذي كانوا فيه وموبد
فرعون فاستجاب الله لهم واطلاهم
برحمه فخرج موسى من مصر فاراد فسايره
الله حتى بلغ طور سينا تكلمه الله تكلمه
من جانب الطور الايمن وقال لموسى قد صبر
اناثوا احم بني اسرايل وجهد هم الد
اجهدهم فرعون ودعوهم فار سلك الله

دعا القوم ثم ان الله انا بالطوفان على بلاده م
وعلى كل دابه وعلى حمار نوح ۰ فغرق واهل
الدنيا كلهم وخلص نوح واهل بيته
وهم ثمنيه انفس والسفينه الذي امره الله
ان يصنعها وحمل معه في السفينه من كل
دابه وكل طير كما امره الله ثم اخرج
الله نوح واهل بيته بعد سنه من السفينه
وسكن الارض هو واهل بيته ۰ وقرب
لله قربانا فقبل الله قربانه وبارك لكم
ثم ملك بعده ... ابرهم الذي
الذي اتاه الله الطاعه عشره اشيا
ولك لعله وعشر سنه ...
فكان الناس بعد ... وزال الشيطان مردوز الله
ويركبون المحارم ومعاصي الله الا اصفا
الله وهم قليل في زمانهم ۰ يندرونهم
يدعونهم الى الله ويلعون عنهم الـ
الشديد والعداوه الظاهره من ابائهم
وعشيرتهم من الناس

ه وكان ما بين ابرهيم ايا موسى بن الله اس
... فصار الناس اشرما
كانوا قط واسواهم فعلا واجمعهم
واستعر الشر في الناس وظهر فيهم كم ال

f. 103v

فكان ادم يفسرح بما اسكنه الحمد وحلو
له من صلاه و حمه و واحد ها باكلام
كل سيره والحمد وامام سيره ا لحمرو السر
فلا اكلام منها فاهما يوم باكلام منها
موت نوتان فسدهما بالسر دار ادان
اخرحهما من ذراعه الله فاتاحوا وحمه
ادم · فقال الها لد ك قال الله لا اكلا من
سيره العلم انه قد علم منا انا كلام منها
نكونان الاصر مثله فزل لهما بالسر عرهما
فاكلت منها حوا واطعمت زوجها
فعريا وبد ات لهما سوانهما واستحوا
يود والشر فاخرجهما الله من الحمد
وسكنا معا لهما وحمل الله حاط الحمد
منار ودرت ادم المعصه والخطه با
والموت . فراد لد كورنه ادم له
يسطيع احد من الناس نسا ولا عيره ان علص
دريه ادم من المعصه والخطه والموت

وكان ماسر ادم د نوح عشره اباواك
القبر و هيبرو سبا سي سنه
لا يد كرو ن الله و لا يعبدونه ا ا نو حـ
دمن احد الله واطلعه منهم وكا ز نو م
يعطهم ويحوهم ابا الله وهم يستهزو زيه

ونور لاهل الدنيا انهما ۇ السما ۇ والاۇ ۇ ۇه
ۇالجبال ۇالاكام ۇالجون لا يفنر ۇ ۇلاينفل
من مكان الا مكان ۇ لا كنه حمد يسا
يكون كما يشا هلا كل شى عطمنه ۇ سلطانه
ۇ لا شى اجل منه ۇ ۇ حد لك شها د ۇ ا د ا لی
على صفنه المسمع ۇ قال ۇ صون الر ب خی
الما الله المحمود ا ۇ حد الله علی الما الكنیر
فما ذا ا بنر من هد ه السۇ ه علی صفنه المسمع
ا ز الا شهد من السما ۇالار ض کا ر علی
الما ۇ ۇ حم القد س نز ل علیه ۇ لک كله
الاه ۇ ا حد ۇ سلطا ز ۇ ا حد فهد الما ننا
ۇ شهادنا بالله ۇ كلمنه ۇ رۇحه هۇ
الا ۇ الا بن ۇ ۇ حم القد س الۇ ا حد
ۇ ب ۇ ا حد اما ی المسم فخلق النا س
ۇ جا هم فسا بن لک از شا الله طیه
ا رسل الله كلمنه ۇ نۇ ره ۇ حمه للنا س
ۇ هد ا ۇ من علهم به ۇ لم نز ل من السما
خلق ا دم ۇ درنه من ا بسر ۇ كلمنه ۇ ضا
لهم ا ز الله نبار ك ا سمه ۇ نفد س ۇ نعا لا
حلو بفطله ۇ رحمنه العطیمه السمۇ انت
ۇالار ض ۇ ما فهما ی سنه ا بام ۇ خلو
ا د م من نرا ب ۇ نفح فیه نسمه الجا ه

f. 102v

امنوا بالله وكلمته · وايضا رو وح القدس
برسوله روح القدس من ربك رحمه وهدا
فءامنوا بالله رسله وايوا حرخ الالوراه
والانبيا والرسول · والاخل · واسم محمدونه لـ
القران ار بالله وكلمته وروحه اله واحد
رب واحد · وقد امرنه ان وامنوا بالله بـ
وكلمته وروح القدس قلم تسموا عليه
ايها الناس ان تومن بالله وكلمته وروح حـ
وعبدالله بكلمته وروحه اله واحد
رب واحد وحالو واحد · والله قد يسـ
والكتب كلها ان الامر علا لك و الهدى
وديرا الحق فمن حالفا علا هدا فلسوي شي
و والاخل مكتوب حير عمد المسيح
الاد رالنصر المعمد سر ان الا ب شهد من السما
وحال هدا ابنا الحبيب الدي به شيت اتاه
فاسمعوا · وروح القدس نزل من السما
وحل علته · بسلام الناس ان بالله وكلمته وروحه
اله واحد ورب واحد · واله انزل و الاخرين
ولا نقول ان الله يفعل من مكانه او بجورحه
سر دونـ تي معاذ الله · بل نقول ان الله كله نـ
والسما وكله تام ءالمسيح · وكله تام ءـ
كل مكان الا ان الشمس لجعلها الله ضـا

ولكلمته ورو حه فار كل شي مزامراالله عن
... ولسانه يقول ارا الله ولد كلمته كما
يلد احد مزالناس معاك الله ولاكنا يقول
ارا الله ولد كلمته كما يلد السمس الشعاع
وكما يلد العقل الكلمه وكما يلد النار
السخونه لم يكن شي مزها ولا جعل الدرولد
منه ولم يبض الله ساك اسمه جط دوز
كلمه وروح ولاكز الله هذ وط كلمته
وروحه وكانت كلمته ورو وحه مزالله
والله فمل ارعلوا الخلا ويقول كيف يكوز
ذلك فار كل شي مزامراالله عطمه وجروه
وكمالا يستطير احد مزالناس ارد ردشي
مزامر الله هذ لك لا يستطير ارد رد كلمه
الله ورو وحه وهذا لدا وال الله والمؤداه
علوا الاسار على سبهنا ومثالنا ولم يقول
الله سار كا اسمه خلقت الانسان
ولكنه وال انا خلقنا الانسان ليعلم الناس
ار الله كلمته وروحه خلوا كل شي واحدا
خلق شي وهو الخلا والعليم وحد و ه
والقرار انا خلقنا الانسان وحدا انا
قصنا ايواب السما ما عنكم وال ياتونا
هوادر وكما خلعاكم اول هره وال وقال

الإنسان وعمله والكلمه اي تولد من عمله
بعضها من بعض والروح والعقل والكلمه
من العقل وبعضه من بعض لا نقر وبينهم
وكل واحد من الاخر بيده اوبحرف ؛؛ وكمل
القم واللسان الـ ـن القم والكلمه التي تخرج
من اللسان كذلك قولنا ـلاب والابـ ـن
وروح القدس مه تبا الاسيا والواقم
الرب ـطلم ؛؛ فهذ اكله بار ايماننا بالاب
والابن وروح القدس دب واحد نعرف
الله بكلمته ور وحه ؛؛ وكلمه الله ووحه
به سبعه وتمده ؛؛ وكذلك بسي ازبو من
الناصريه ؛؛ ولا خر بسي ابعلم انا لا ندرك
ثوم من امر الله ولا تعطم كلام ولا بامثال
ولا نقول ؛؛ ولا خر بامار وتقوا وحشته الله
وذكاه الروح ؛؛ فا زكار من هزا الناصر دجا
ازبدورك ثوم من عطمه الله ؛؛ فانه بطلـ
طله الذي لا يذرك امدا ؛؛ وكل من طر
انه اخر بعزود رالله ؛؛ فانه قد قد رعلى ان
بطل ما امر بكفه ؛؛ فاز الله نادا اسمه
وتعلا الذكره احل امرا و اعطم سانا من ان
بذركه العقول والابصار هو الذ
لا بذرك ؛؛ وكذلك بشي لله العلى الكريم

الاه واحد وخالو واحد ﴿﴾ ودلك هل
طبعه الشمس اك ﴿ والسها ﴾ والشعاع الدى
خرج من الشمس ﴿ والحونه الى تكون ضوه
الشمس بعضها من بعص لانهو ﴿ ل ﴾ ه تلقه
الشمس ﴿ ولاكن شمسر واحد فيها اسما ﴾
لمه لسريقرو وبعضهم من بعص ﴿﴾ وكمثل العبر
وحد هها العبرو والنورو الد ﴿ ه ﴾ والسر لانول
هرتله اعبر ﴿ ولاكن عبرو واحد فيها اسما
تلمه ﴿﴾ وكمثل النفسرو الحسد والروح
لانفرو وبعضهم من بعص لانهو ﴿ ل ﴾ تلمه انا اس
ولاكن انا سارو واحد ا اسما تله بوحه
واحد ﴿﴾ وكمثل اصل الشحره ﴿ وفرع الشحره
وثمر الشحره لانهول هرتله شحرات ﴿ ولاكن
شره واحده بعضها من بعص ﴿﴾ وازكار به
سدو وبطهر للناس وحسه فقد علم
ا رد لد كله ﴿ ه ﴾ الشحره اذا طهرو هل ا ر
بطهر ﴿﴾ وكمثل عبر الما لى بسر من العبر
ينها ثمر او ا د من ما النهر خمر فقد ول
خيره لا تستطيع ا رتقرو وبعصه من بعص وار
كار اسما ها علله لانهول ﴿ ه ﴾ تله هما
ولاكن هما واحد ﴿ ه ﴾ العبرو النهر والحيره
اذا احتمع واذا افترقو ﴿﴾ وكمثر ادو حر

الامو وبعرف الحق وبسرح صدره ليومن
بالله وكتبه كما قال المسيح والا انت
تدبر وراللته فاندم تد ورفها الحيوة
الدايمه وقال ايضا مرسل بسلطان ومر
المسيح ومرستقيم بعده له
وهكتوب ايضا داسراالنور اد الزمان لها
الله علاموسا عليه وطور سينا بد واحلو
الله السما والارض ثم قال ر وح الله
كان علا المياه ثم قال بكلمته بدور نور
فكان نور ثم قال بدور دهي قطار وهما
وهي السما الدنيا ثم قال نسا الارض
وحضوه وبعرد انمو وعرد لط وخرح
الارض من تقسرحه هوالو حوش والانعام والسبا
والد واب قطار كدلط ثم قال وخرح
المياه من حداب دات النفس وكل طيرالسما
علا السما احناقها واجناسها قطار
كدلط ثم قال وخلو انسا كل شبهنا ومثالنا
فهدر الامه واولكتاب اتوله علا يسه هوى
از الله وكلمته وروحه الله واحد واز الله
تبارك وتعالا لا يخلو كلمته واحا كلمتي
بكلمته وروحه ولسانقول تلته الهه هذا
الله ولا يقول ان الله وكلمته وروحه

وما قه هما كلمتك وروحك ٠ ولك الحمد

اللهم ساكر النور وحالو الملايكه والروح

ليسوا اسمك ٠٠ اسمك المقدس ولرساله

اسمك دلسلطان ودرتك ٠ فهم لا يقدرون

من عظمتك ونقدسك ٠ ما لمروك وقدوس

قدوس الرب العزيز الدي هلك السماوات

ولارض ومن دراهمته ٠ وانما اسمورتك

وكمروز بوب ولحد لبعله الناس از الملايكه

يسورله وكلمته وروحه ٠ الاه واحد

ورب واحد ٠٠ فلك نعبد يا ولاهما من

كلمتك وروحك ٠٠ وانت اللهم بكلمتك

خلقت السماوات والارض وما فيه ها ٠

وبروحم القدس راحيت جوه الملايكه

قنى حمد الله وسبط وقد ك

كلمتك الخالقه وروحك المقدس المحى الله

واحد ورب واحد وحالو وحد ٠ لا يقرو

الله من كلمته وروحه ٠٠ ولا نعبد مع الله

مكلمته وروحه الماحى ٠ وقد سراله امره

ونوده ٠ التوراه والانسا ٠ والزبور والانحا

١ الله و كلمه وروحه الوحد ورب

واحد ٠ وسا يبود لك از تنا الله ٠ في

همده لكتب المنزله لمن يريد العلم وبصر

f. 99v

بسم الاب والابن وروح القدس اله واحد

اللهم برحمتك نومن بالصدق والصواب

الحمد لله الذي له يطرس وبله : وكان فصل
كرسي الذي السرسي بعده وهو واحد كل
سوى : واله مصر كرسي الذي : حفظ علمه
علم كرسي : ولمن سوى لذلك لا عمله : الذي
الا علمه اسها كرسي ۰۰ واحصا كرسي علمه ۰۰
تسلط اللهم برحمتك وحدتك وارواحنا
همر يار ورحمتك ونشر داك ويبني ۰۰
سطك وسبح باسماك الحسنا وتكام
باسماك العليا : انت الواحد الرحمن الرحيم ۰۰
علا العرش استويت : وعلا الخلا يوعلمه : وصل
ويعلمه : خير ولا ضار عليك : نفع ولا يضر
عليك : تسقي عنا وتفقر اليك : قرب لمزدنا
منك : عبد لمزد عاد وتكدم اليك ۰۰
فانت اللهم رب كرسي : والاه كرسي : وخالق
كرسي : افقم افواهنا وانشر السنتنا و
علوبنا واسرح صدورنا : لنسبح باسمك
الكريم العالي العظيم المبارك المقدس ۰۰
فانه لا اله قبلك ولا اله بعدك : الحمد
المصير : وانت علا كرسي قدير ۰۰
ولك الحمد اللهم خالق السماوات والا۰۰ رض